Mut zum Recht!

Oliver Scheiber

Mut zum Recht!

Plädoyer für einen
modernen Rechtsstaat

FALTER *VERLAG*

ISBN 978-3-85439-660-4

© 2019 Falter Verlagsgesellschaft m.b.H.
1011 Wien, Marc-Aurel-Straße 9
T: +43/1/536 60-0, F: +43/1/536 60-935
E: bv@falter.at, service@falter.at
W: faltershop.at
Alle Rechte vorbehalten.

Autor: Oliver Scheiber
Lektorat: Helmut Gutbrunner
Covergrafik: Raphael Moser
Layout: Claudia Fritzenwanker
Produktion: Susanne Schwameis
Druck: Finidr, s.r.o., 73701 Český Těšín

Wir haben bei diesem Buch im Sinne der Umwelt auf die Verpackung mit Plastikfolie verzichtet.

Inhalt

Hinter dem Papier – eine persönliche Einführung ... 7

Vorbemerkung ... 15

1. **Recht und Gerechtigkeit in Literatur und Kunst** ... 19
   These 1: Die Kunst liefert der Justiz wichtige Impulse ... 47

2. **Recht und Gerechtigkeit: Mission (im)possible?** ... 49
   These 2: Die Justiz muss raus aus dem Elfenbeinturm ... 72

3. **Courage und Leidenschaft** ... 74
   These 3: Ein gutes Justizsystem braucht Leitfiguren ... 93

4. **Aus dem Faschismus lernen** ... 95
   These 4: Es ist höchste Zeit, ein Zeichen in Hinblick
   auf die Zeit des Nationalsozialismus zu setzen ... 116

5. **Das Strafrecht im gesellschaftlichen Auftrag** ... 118
   These 5: Das Strafrecht verfehlt heute seine
   gesellschaftliche Bestimmung ... 139

Zur Halbzeit: Wer denkt da schon an Schikane? ... 142

6. **Die europäische Perspektive** ... 148
   These 6: Europa verbessert unser Rechtssystem;
   wir sollten uns stärker einbringen ... 160

7. **Sprache und Kommunikation der Justiz: Der Zugang zum Recht** 161
   These 7: Die Bevölkerung versteht die Sprache der Justiz
   nicht – also muss die Justiz anders kommunizieren ... 168

8. Zum Verhältnis von Polizei, Staatsanwaltschaft, Gericht und politischer Verwaltung ... 170
These 8: Zwischen Polizei, Staatsanwaltschaft und Gericht braucht es mehr Abgrenzung und eine effizientere wechselseitige Kontrolle. Den Gerichten kommt auch die Kontrolle über Verwaltung und Politik zu ... 187

9. Justiz und Politik ... 189
These 9: Justiz ist (fast) immer politisch; Richterinnen und Richter brauchen daher politisches Bewusstsein ... 209

10. Justiz im Wandel ... 210
These 10: Um den berechtigten Erwartungen der Bevölkerung zu entsprechen, muss die Justiz eine völlige Änderung ihrer Unternehmens- und Kommunikationskultur anstreben ... 221

Epilog ... 224

Hinter dem Papier – eine persönliche Einführung

Ich arbeite seit gut 25 Jahren für die Justiz. Seit mehr als zwanzig Jahren bin ich Richter. Wenn ich gesund bleibe, trete ich nun ins letzte Drittel meines Erwerbslebens. Rechne ich die Zahl der bisher von mir geführten Verfahren hoch, werden bei meiner Pensionierung rund 15.000 Angeklagte auf mich als Richter getroffen sein. Es ist also genug Zeit vergangen, um eine Zwischenbilanz zu ziehen.

Ich konnte mir als junger Mensch viele Berufe vorstellen, ohne mir einen davon fix in den Kopf gesetzt zu haben. Ich habe Jus studiert, um die Berufsentscheidung aufzuschieben. „Mit Jus hast du alle Möglichkeiten", sagen viele. Vor allem die Juristen.

Das Studium war langweilig. Es bestand vorwiegend im Auswendiglernen. Eine praktische Anwendung des Vorgetragenen konnte ich mir nicht vorstellen. Das konnten wohl auch viele Universitätslehrende nicht, denn sie erörterten – wie der Rückblick zeigt – allzu oft Irrelevantes ausführlich und vergaßen das im Rechtsleben Relevante. Zwar erfuhr man im ersten Semester, die Rechtswissenschaft gehöre zu den Sozialwissenschaften. Im weiteren Verlauf des Studiums spielten Mensch und Gesellschaft nur noch eine geringe Rolle. Zwanzig Jahre in der Rechtsprechung machen klar, dass die Rechtswissenschaft selbstverständlich zu den Sozialwissenschaften zählt. Bei der Gestaltung und Anwendung des Rechts geht es laufend um Phänomene des gesellschaftlichen Zusammenlebens.

Ich habe den Richterberuf nicht angestrebt. Er ist mir zugefallen. Ich bin dafür dankbar. Ich habe nach dem Studium das Gerichtsjahr begonnen, um die endgültige Berufswahl weiter hinauszuzögern. Die Arbeit bei Gericht hat mich sofort fasziniert. Der Einblick in menschliche Schicksale. Die Möglichkeit, ausgestattet mit der richterlichen Unabhängigkeit, gestaltend einzugreifen. Die Gesetze räumen Richterinnen und Richtern großen Spielraum ein. Das Gericht kann einen Ladendieb zu mehreren Jahren Gefängnis verurteilen oder zu einer Psychotherapie während einjähriger Probezeit verpflichten. Eine breite Palette an Sanktionen steht im Strafrecht zur Verfügung. Der Gesetzgeber war so vorausschauend, maßgeschneiderte Lösungen für den Einzelfall zuzulassen.

An meinem Verhältnis zum Staat hat sich seit meinem Eintritt in die Justiz wenig geändert. Als Arbeitgeber hat mich der Staat gut behandelt. Er hat mich solide ausgebildet. Er stellt mir eine hervorragende Infrastruktur zur Verfügung. Er erlaubt mir internationale Einsätze und den Wechsel in verschiedene Arbeitsfelder. Dennoch bleibt jeder vernünftige Mensch gegenüber dem Staat misstrauisch. Staatliche Einrichtungen tendieren dazu, Bürgerinnen und Bürger zu kontrollieren. Sicherheitsapparate streben nach immer mehr Eingriffsmöglichkeiten. Traditionellerweise lehnt die Bürokratie Transparenz ab. Manchmal verletzt der Staat seine eigenen Regeln – und neigt in der Folge dazu, diese Verstöße zu vertuschen, so wie auch jeder Betrüger und Dieb seine Tat verbergen will. Konkret: Es gibt im Rechtsstaat nichts Schlimmeres, als wenn ein Mensch durch Organe des Staates zu Tode kommt. Etwa durch Schüsse der Polizei, wie das in Österreich schon mehrmals geschehen ist. Doppelt schlimm ist es, wenn die Aufklärung zögerlich oder gar nicht erfolgt.

Ich habe das Glück, in meinem engsten beruflichen Umfeld seit Jahren mit durchwegs hoch motivierten Menschen zusammenzuarbeiten. Der Einsatz von Familienrichterinnen und Familienrichtern, die mit viel Geduld lange Gespräche mit Eltern führen, um eine Einigung im Sinn der Kinder herbeizuführen, nötigt mir Respekt ab. So wie die professionelle Abwicklung von Anlegerprozessen durch Zivilrichterinnen und Zivilrichter, die im Verhandlungssaal zwei Streitparteien in der Stärke von jeweils einer Fußballmannschaft gegenübersitzen, während sie den Prozessstoff allein bewältigen müssen. Und umgekehrt schmerzt es alle,

Staatsangestellte genauso wie Bürgerinnen und Bürger, wenn Wirtschaftsstrafverfahren über Jahre zu keinem Ende kommen, wenn Justizorgane Formalismus vor Inhalt stellen oder schlicht unfreundlich auftreten. Es ist unerträglich, wenn Polizeibeamte einen Asylwerber foltern oder einem jugendlichen Einbrecher in den Rücken schießen, ohne dass solche Vorfälle schnelle und ernsthafte Konsequenzen haben. Und die heutige Republik muss sich eingestehen, dass die Nachkriegsjustiz viele mutmaßliche Kriegsverbrecher in die Demenz statt in den Gerichtssaal begleitet hat. Man wünscht sich, dass staatliche Behörden und Organe lernen, sich bei den Opfern ihrer Fehler zu entschuldigen.

Ich selbst habe meine lang hinausgeschobene Berufsentscheidung nie bereut. Die Überzeugung, an einer Verbesserung der gesellschaftlichen und staatlichen Strukturen mitzuwirken, bildet einen starken Antrieb. Staatliche Strukturen lassen sich von innen und von außen modernisieren. Mich begeistert es, am Entstehen des europäischen Rechtsraums mitzuwirken. Es war spannend, eine Korruptionsstaatsanwaltschaft und Justizombudsstellen zu entwickeln. Die eigentliche richterliche Tätigkeit wiederum ist befriedigend, weil sie gestaltend ist. Während die Arbeit vieler Beamter mangels politischen Umsetzungswillens in der Schublade landet, sehen Richterinnen und Richter täglich die Früchte ihrer Arbeit. Jeder gelungene Vergleich, jedes erfolgreiche Mediationsverfahren, jede gut angenommene, weil gut begründete Entscheidung motiviert. In den von mir geführten Verfahren habe ich jedes Jahr mit rund tausend Menschen zu tun. Diesen Personen in für sie schwierigen Lebenssituationen menschlich zu begegnen und konstruktive Lösungen zu finden ist Herausforderung und Aufgabe.

Unser Justizsystem verdient im internationalen Vergleich ein gutes Zeugnis. Die offenen Wunden indes dürfen über diese positive Bilanz nicht vergessen werden. Die Frage der Klassenjustiz bleibt aktuell. Sie lässt sich nicht vom Tisch wischen mit dem Argument, mit Geld sei man in unserem Gesellschaftssystem eben immer besser dran: Man bekommt die bessere Ausbildung, die bessere Gesundheitsversorgung und die bessere Rechtsvertretung. Es gibt eine Empathie- und Mitleidlosigkeit, mit der unsere Strafrechtspraxis Schwachen begegnet, der mit aller Kraft entgegenzuwirken ist. Woher kommt die oft in der Anwendung von Gesetzen zutage tretende verstörende Bösartigkeit staatlichen Handelns? Schlägt man da auf die ein, die sich nicht wehren können, weil man gegen andere nicht ankommt? Prügelt man die kleinen Gauner, weil man die großen nicht kriegt? Die kleinen Gauner melden keine Berufungen an. Sie drohen nicht. Sie kommen nicht mit Rechtsvertretern, die unzählige Anträge stellen, sodass der Richter oder die Richterin das Wochenende mit der Familie verliert. Die kleinen Gauner schicken einem keine Privatdetektive hinterher und machen einem generell selten das Leben schwer.

Setzt man sich in den Verhandlungssaal eines Wiener Bezirksgerichts und hört sich einen halben Tag lang Strafverhandlungen an, so wird man Angeklagte sehen, die zu einem guten Teil psychisch krank oder sozial verwahrlost sind. Die Delikte liegen zum Großteil im Bagatellbereich. Es geht um den Diebstahl von Parfumtestern aus Drogeriemärkten, um die Beschädigung von Glücksspielautomaten, nachdem man in ein paar Minuten einige hundert Euro verloren hat, und Ähnliches. Wirft man einen näheren Blick auf die Biografien, so zeigen sich die immer gleichen Bilder: früher Verlust eines Elternteils, Tod eines Kindes oder Partners, Gewalterfahrungen. Das ist kein Plädoyer für die Straflosigkeit kleiner Vermögensdelikte, sehr wohl aber für verhältnismäßige Reaktionen darauf.

Allein das Wort „Strafverfolgung" ist für viele der betroffenen Menschen unpassend. Das amerikanische Wissenschaftsprojekt „We are all criminals" dokumentiert, dass die laut Strafregister ihr Leben lang unbescholtenen Bürgerinnen und Bürger jede Menge Straftaten begangen haben. Unsere Praxis, sehr viel an Energie in die Aufklärung und Verfolgung kleinster Regelverstöße zu stecken, erscheint angesichts dieser Realität doppelt unsinnig. Unsere Gesellschaft, unser Staatssystem, unser Wohlstand sind von Vorgängen wie jenen rund um die Hypo Alpe Adria real bedroht; von einer Schwankung der Ladendiebstahlsstatistik um ein oder zwei Prozent bestimmt nicht.

Mehrere Jahre Haft für einen Wirtschaftskriminellen sind unangemessen, heißt es oft. Es sei doch niemand verletzt worden, wo bleibe denn die Verhältnismäßigkeit zu Körperverletzungsdelikten. Ich antworte dann zumeist mit Geschichten aus meinem Gerichtsalltag, denn das erste Ziel muss sein, vergleichbare Delikte gleich zu behandeln.

Zwei Fälle sollen das veranschaulichen. Da ist zunächst die junge Frau, die in Tschechien aufwächst und nach der Matura drogensüchtig wird, wir nennen sie Lena. Lena konsumiert jahrelang täglich ein Gramm Kokain oder Heroin. Trotz einer medikamentösen Entzugsbehandlung gibt es immer wieder Rückfälle. Ihre Drogensucht finanziert Lena durch kleine Diebstähle. Dafür wird sie in Tschechien 19-mal vorbestraft. Meistens werden Geldstrafen oder bedingte kürzere Freiheitsstrafen verhängt. 2008 fährt die damals 27-jährige Lena mit einer Freundin nach Österreich und begeht weitere Ladendiebstähle. Wieder sollen mit dem Gewinn Drogen für den Eigenkonsum angeschafft werden. Als die beiden Freundinnen erwischt werden, beträgt der Schaden an gestohlenen Kosmetika insgesamt 2900 Euro. Die Strafe dafür: drei Jahre und neun Monate Gefängnis.

Lena hat den Eindruck, dass ihrer Pflichtverteidigerin der Fall egal ist. Die Verteidigerin verzichtet auf eine Berufung gegen das enorme Strafausmaß. Lena verbringt die folgenden Jahre in österreichischen Haftanstalten. Sie, offenkundig hoch begabt, spricht nach Selbststudium heute ein nahezu perfektes Deutsch. Auch in der Haft pflegt sie sich, liest, versucht, den Anschluss an das Leben draußen nicht zu verlieren. Ihre Familie lebt bei Prag. Einmal im Monat kommt ein Angehöriger nach Wien, um Lena zu besuchen. Lena ist sozial angepasst und selbstreflektiert. Und doch ist sie durch die Haft seelisch gebrochen. Das Urteil spricht davon, dass in diesem Fall nur eine drakonische Strafe helfe. Unter dem Strich: knapp vier Jahre Gefängnis für einen Schadensbetrag von weniger als 3000 Euro für eine junge Frau, die so ihre Drogenkrankheit finanziert.

Oder eine Verhandlungssituation kurz vor Weihnachten. Zwei Angeklagte kommen in den Gerichtssaal: ein junger Bursch, nennen wir ihn Marko, und seine ebenfalls angeklagte Tante. Marko ist 16 Jahre alt, er besucht ein Gymnasium in Wien. Der Bericht der Wiener Jugendgerichtshilfe spricht davon, dass Marko mutmaßlich mehrere Jahre lang sexuell missbraucht wurde. Das Gericht möge das Thema nicht ansprechen, sondern eher eine Weisung zur Psychotherapie erteilen.

Im Bericht der Jugendgerichtshilfe heißt es: „Marko ist ein sensibler, reflektierter junger Mann. Die Kontrolle verliert er, wenn überhaupt, nur dann, wenn seine Familie angegriffen wird." Die Mutter ist vierzig Jahre alt. Sie hat Krebs mit einer schlechten Prognose. Die nächsten sechs Monate wird sie überwiegend stationär im Krankenhaus verbringen. Die gesamte Familie ist in Psychotherapie, um die Krankheit durchzustehen. „Marko hat fast lauter Einser, trotzdem", sagt die Tante im Gerichtssaal. Marko weint, als sie das sagt.

Marko und seine Tante sind wegen Körperverletzung angeklagt: Markos kleiner Bruder hat im Park gespielt, die Kinder sind laut. Ein 18-jähriges Mädchen, das sich mit zwei Freundinnen im Park aufhält, ohrfeigt den Kleinen. Der Kleine blutet an der Lippe: Er ist Bluter, Marko und seine Tante geraten in Zorn und Panik, sie laufen in den Park. Es kommt zu einer Rangelei. Die Mädchen rufen immer wieder: „Zigeuner, Zigeuner", denn Marko und seine Tante haben eine dunkle

Hautfarbe. „Das war nicht in Ordnung", sagt die Tante und fügt hinzu: „Aber ich bin eh stolz darauf." Schließlich rangeln rund 15 Personen im Park miteinander. Das Mädchen, das die erste Ohrfeige ausgeteilt hat, hat danach Kratzspuren am Hals und ein paar Haarbüschel weniger.

Marko und seiner Tante bringt das eine Anklage ein. Im Gerichtssaal kichern und lachen die Mädchen pubertär, während Marko noch immer weint. Eine harmlose Parkstreitigkeit, wie sie sich in Wien jeden Tag zigmal abspielt; wie sie von kompetenten Polizeibeamten in den meisten Fällen vor Ort beruhigt und ohne Anzeige geschlichtet wird oder von sensiblen Anklägern mit alternativen Maßnahmen geregelt wird, ohne sie vor Gericht zu bringen. Wer von uns weiß, wie sich die wochenlange Ungewissheit einer bevorstehenden Gerichtsverhandlung auf einen sensiblen 16-Jährigen auswirkt, der für die Familie sorgt und mit der lebensbedrohlichen Erkrankung seiner noch jungen Mutter umgehen muss?

Vor Gericht selbst lässt sich die Sache nach einer Entschuldigung und einer Schmerzensgeldzahlung von fünfzig Euro schnell mit einer Verfahrenseinstellung regeln. Die Mädchen, auch erschrocken von Markos Geschichte, wollen am Ende das Geld gar nicht recht annehmen.

Der oft sorglose Umgang mit Menschen und ihren Schicksalen in der Strafpraxis wird unseren Strafgesetzen nicht gerecht. Sie sind von aufgeklärtem Geist getragen und haben den Menschen im Fokus, egal ob es um Täter oder Opfer geht. Man braucht bloß auf die Strafzumessungsgründe zu sehen: Das Strafgesetzbuch nennt viel mehr Milderungs- als Erschwerungsgründe. Die Herausforderung liegt also in der sorgsamen Anwendung der Gesetze und im Verzicht auf Floskeln und Formalismen, die die Menschen hinter dem Papier vergessen.

Die große Herausforderung, vor der die Justiz steht, ist, für eine durchgehende Modernisierung, das heißt Humanisierung von Kommunikation und Justizabläufen zu sorgen. Wer sich darauf einlässt, Menschen zuzuhören, allen gleich viel Zeit und Chancen zu geben, sich wenigstens kurz in Schicksale hineinzudenken und möglichst viel davon in die Entscheidungen einfließen zu lassen, der wird in den Rechtsberufen Erfüllung finden. Und zugleich einen kleinen Beitrag zu einem besseren Zusammenleben leisten und feststellen, wie faszinierend die Lebenswege, denen man begegnet, in ihrer Buntheit, Skurrilität, aber auch in ihrer Traurigkeit sind.

Vorbemerkung

Eine funktionierende Justiz trägt dazu bei, einen Ort lebenswert zu machen. So wie das Bildungs- oder Gesundheitssystem bildet die Gerichtsbarkeit einen Eckpfeiler des demokratischen Rechtsstaats. Kompetente Familiengerichte schützen Kinderrechte, ein gutes Grundbuch- und Firmenbuchsystem stärkt den Wirtschaftsstandort, ein effizientes Strafrechtssystem schafft Sicherheit im Land.

Das Recht ist ein weites Feld, es reicht vom Strafrecht über das Urheberrecht bis hin zum Beihilfen- oder Ausschreibungsrecht. Wie auch anderswo, ist die Spezialisierung weit fortgeschritten. Dieses Buch versucht einen Überblick über Bereiche der Justiz zu geben, die deshalb so sensibel sind, weil sie starke Eingriffe in Biografien vorsehen: also etwa Strafrecht, Familienrecht oder Erwachsenenschutzrecht. Anhand dieser Felder wird aufgezeigt, unter welchen Rahmenbedingungen die Gerichtsbarkeit ausgeübt wird. Österreich zählt zu den reichsten, bestorganisierten Staaten der Welt; auch die Justiz ist auf einem entsprechend guten Niveau. Recht und Gerichtsbarkeit entwickeln sich heute aber so dynamisch, dass größte Anstrengungen nötig sind, um nicht den Anschluss an internationale Standards zu verlieren. In zehn Abschnitten geht dieser Band zentralen Fragen unseres Rechtssystems nach: etwa der Frage nach der Existenz einer Klassenjustiz, dem Verhältnis von Recht und Gerechtigkeit, der europäischen Perspektive oder dem demokratiepolitisch wichtigen Verhältnis von Polizei, Staatsanwaltschaft und Gericht. Bei der Analyse wird auf bekannte Strafverfahren ebenso Bezug genommen wie auf den Alltag der Bezirksgerichte.

Alle Überlegungen haben die aktuellen Entwicklungen in vielen Ländern der Erde als Hintergrund – es zeigt sich, dass auf einmal vieles wieder infrage steht, das uns abgesichert schien. Die Unabhängigkeit der Justiz gerät zunehmend unter Druck. In Ungarn, Polen oder der Türkei haben die politischen

Machthaber bereits einen maßgeblichen Einfluss auf die Justiz gewonnen und das Prinzip der Trennung der Gewalten – Gesetzgebung, Verwaltung, Gerichtsbarkeit – teilweise aufgehoben. Verbal wird die Justiz in vielen Staaten attackiert; wir können das in den USA oder in Italien, zuletzt aber auch in Österreich beobachten. Dazu kommt, dass die österreichische Justiz durch Einsparungen und Stellenabbau in ihrer Funktionsfähigkeit gefährdet ist. Das macht es notwendig, darüber nachzudenken, wie die Unabhängigkeit der Justiz bestmöglich abgesichert werden kann. Wie organisiert man das Justizsystem so, dass es über eine breite Akzeptanz in der Bevölkerung verfügt und die Unabhängigkeit der Justiz einen Wert für eine breite Schicht darstellt?

Recht und Justiz haben dem Menschen zu dienen. Die Qualität der Justiz bemisst sich unter anderem danach, wie menschengerecht und menschlich Recht und Gerichte organisiert sind. Die Untersuchungen der zehn Kapitel dieses Buches zu Fragen, wie unser Strafrechtssystem Ressourcen einsetzt, wie die Unternehmenskultur der Justiz aussieht oder wie das Verhältnis von Medien, Politik und Justiz ausgestaltet ist, zeigen: Bei aller Anerkennung des Erreichten, es ist noch viel Platz für Verbesserungen. Vor allem aber fehlt es an jenen Visionen, die großen Innovationsschüben in der Regel vorangehen. Solche Visionen sollen in diesem Buch skizziert werden.

Es fasst Überlegungen zusammen, die im Laufe einer langjährigen Tätigkeit in der Justiz gewachsen sind und sich verdichtet haben. Um konkret zu werden und der Politik Handlungsanleitungen zu bieten, stehen am Ende jedes Kapitels mehrere Vorschläge, die als Thesen formuliert sind.

Ich danke dem Falter Verlag dafür, dass er die Idee einer Publikation frühzeitig unterstützt hat. Namentlich gilt mein Dank Florian Klenk, Armin Thurnher und Siegmar Schlager. Armin Thurnher danke ich für die durchgehende persönliche Betreuung des Projekts, für viele Einwürfe und Anregungen und die Genauigkeit in formaler und sprachlicher Hinsicht.

Anna Portenschlager und Tamara Rubey danke ich nicht nur für die redaktionelle Unterstützung, sondern auch für wertvolle inhaltliche Hinweise. Ich bin meinen Eltern, beide Juristen, dafür verbunden, dass sie mir einen von Solidarität und Mitgefühl geprägten Zugang zur Gesellschaft, aber auch zum Recht vorgelebt haben. Ich danke den vielen Menschen, die mich zu den hier niedergeschriebenen Ideen und Gedanken angeregt, mich unterstützt und durch ihre Freundschaft gestärkt haben. Und ich danke einem Menschen, für den all das gilt und dessen Liebe mich trägt: Danke, Mira.

1. Recht und Gerechtigkeit in Literatur und Kunst

Nähern wir uns dem Thema von Recht und Gerechtigkeit über einen Seiteneingang: die Kunst. Kann sie uns helfen, unser Rechtssystem besser zu verstehen und zu entwickeln? Die Kunst hat der Justiz einiges zu bieten. Die Justiz kann sich Kunst zum Beispiel zunutze machen, indem sie sie direkt in das Modell ihrer Aus- und Fortbildung integriert.

Literatur und Recht sind seit jeher in vielfältiger Weise miteinander verknüpft. Neben der Liebe und dem Tod gehören Recht und Gerechtigkeit zu den wesentlichen Fragen des Lebens, mit denen sich die Literatur seit der Antike beschäftigt und die sie zu ihren großen Themen gemacht hat. Somit kommt auch der Person des Richters als literarischer Figur eine gewisse Bedeutung zu. Wir können hier ruhig die männliche Form verwenden, da Richterinnen erst im 20. Jahrhundert auftreten und in der Literatur kaum präsent sind. Der Richter ist, ähnlich dem Priester, in allen Gesellschaftsformen seit der Antike weitgehend unverändert eine die Gesellschaft tragende Figur. Die Verbindung zwischen Recht und Literatur wird dadurch verstärkt, dass viele große Schriftsteller ausgebildete Juristen waren und sind.

Man denke nur an Goethe, Kleist, Grillparzer, Storm, Kafka oder Tucholsky. Die Tradition des schreibenden Richters wird heute etwa von Janko Ferk oder Bernhard Schlink fortgeführt. Nicht selten steht, wie etwa bei Thomas Bernhard, die Beschäftigung mit der Gerichtsreportage am Beginn einer Schriftstellerkarriere oder wird, wie bei Karl Kraus, zu einer zentralen schriftstellerischen Betätigung.

Zu dieser Verbindung von Literatur und Recht trägt auch die Nähe jeder Gerichtsverhandlung zum Schauspiel bei. Theater und Gerichtssaal sind weitgehend austauschbare Spielstätten. So wie das Theater ist die Gerichtsverhandlung mit Ritualen und Symbolen aufgeladen. Die eigentümliche

Sprache, die Talare der Richterinnen und Richter, die Roben der Verteidigerinnen und Verteidiger, der Staatsanwältinnen und Staatsanwälte, die feierliche Verkündung des Urteils – das alles sind Elemente des öffentlichen Regelungs- und Reinigungsprozesses, wie ihn vor allem die Strafverhandlung darstellt.

Die Sprache ist das Hauptinstrument der Dichterinnen und Dichter und eines der wichtigsten, wenn nicht das elementare Mittel der Rechtsberufe – eine weitere Verbindung von Recht und Literatur. Wenige Berufe sind so auf die Sprache und auf Ausdrucksfähigkeit angewiesen wie das Richteramt, produziert doch jedes einzelne Rechtsprechungsorgan jährlich hunderte bis tausende Seiten zum Teil doch recht individueller Texte. In Zivilsachen tätige Bezirksrichterinnen und -richter haben in Österreich rund hundert Urteile pro Jahr auszufertigen, die im Schnitt zwischen zehn und fünfzehn Seiten lang sind.

Die vielfältigen Verflechtungen von Recht und Literatur wurden von der Wissenschaft interessanterweise erst in neuerer Zeit systematisch bearbeitet, und zwar in der sogenannten *Law and Literature*-Bewegung, die in den 1980er-Jahren in den USA entstanden ist. Diese Bewegung hat heute im amerikanischen rechtswissenschaftlichen Diskurs einen fixen Platz. *Law and Literature* beschäftigt sich unter anderem mit der Analyse von literarischen Werken, dem Einsatz von Literatur in der juristischen Ausbildung und der Anwendung literaturwissenschaftlicher Methoden sowie der Rolle des Narrativen im Rechtsdiskurs.

Die Funktion der Richterinnen und Richter, die die Streitigkeiten der Bürgerinnen und Bürger beilegen und den Rechtsfrieden herstellen sollen, finden wir in allen Gesellschaften und Epochen. Aufgaben und Grenzen der richterlichen Tätigkeit werden in Rechtswissenschaft und Philosophie, je nach eigenem weltanschaulichem Standpunkt, mit gewissen Abweichungen beschrieben – so spielt es etwa eine Rolle, ob jemand dem Naturrecht oder dem Rechtspositivismus anhängt. Ungeachtet der verschiedenen Definitionen des Berufsbilds ist die Rolle der Richterinnen und Richter für jede Gesellschaft zentral. Die Entwicklung der Rechtsprechung in Arbeits- und Sozialrechtssachen, in Asyl- und Mietangelegenheiten, die Entscheidung, ob Straftätern Bewährungshilfe gewährt oder eine Therapie bewilligt wird, der Umgang mit den Opfern von Straftaten – all dies sind gesellschaftlich relevante Fragen und Beiträge zur Entwicklung jeder Gemeinschaft. Das Rechtsprechen wird hier zu einer in höchstem Maße politischen, wenn auch im zu wünschenden Regelfall nicht parteipolitischen Aufgabe. Und die Bedeutung der Gerichte wächst, zumal die Politik immer öfter heikle Fragen offenlässt. An die Stelle des unentschlossenen Gesetzgebers treten die (Verfassungs-)Gerichte. Die Vorstellung von Montesquieu, Richter sollten nur willenlose Wesen sein, nicht mehr als der „Mund des Gesetzes", ist damit heute nicht haltbar.

Richterinnen und Richter sind aber auch selbst unmittelbare Zeuginnen und Zeugen gesellschaftlicher Entwicklungen: Zum einen schlägt sich etwa eine Verarmung oder zunehmende Verschuldung bestimmter Personengruppen sehr rasch in steigender Kriminalität oder in einer Zunahme der Zahl der Exekutionsverfahren nieder. Zum anderen legen die Personen, die vor Gericht aussagen, in der Regel ihren Alltag und ihr Denken sehr bereitwillig offen. Wenige Berufe gewinnen daher einen so umfassenden Eindruck von den Lebensverhältnissen der Menschen wie Richterinnen und Richter. Ihre Berichte – wie das „Tagebuch" des Richters Dante Troisi („Diario di un giudice", 1955) – sind deshalb spannende zeitgeschichtliche Dokumente.

Vor allem die Fragen nach Gerechtigkeit und Wahrheit sind es wohl, die das Richteramt für die Literatur so spannend machen. Es herrscht Unsicherheit über die Existenz von Wahrheit und Willensfreiheit. Die unterschiedlichen Auffassungen darüber, was *wahr* und was *gerecht* denn bedeuten, zeigen: Wer Recht spricht, begibt sich auf gefährliches Terrain.

Um Ordnung und Rechtssicherheit zu gewährleisten, verleiht der Staat dem Richterspruch Autorität. Urteile, und seien sie auch noch so irrig, werden mit staatlicher Hilfe durchgesetzt. Philosophische Rechtfertigungen für richterliche Entscheidungen bleiben ungewiss. Vielleicht ist es heute zweckmäßiger, mit Begriffen wie Wahrheit und Gerechtigkeit sparsam umzugehen und besser von Spielregeln zu sprechen, die sich in den Gesetzen ausdrücken und allen bekannt sein sollten.

Eine weitere zentrale Fragestellung der richterlichen Berufsausübung ist die Willensfreiheit des Menschen. Das gesamte Strafrecht, letztlich aber auch das Zivilrecht, baut auf der Grundthese auf, dass sich der Mensch aufgrund seiner Willensfreiheit für oder gegen bestimmte Taten und Handlungsweisen entscheiden kann. Im Strafverfahren wird bestraft, wer Schuld hat. Die zentrale Frage, ob der Mensch in seinen Handlungen determiniert oder nicht determiniert ist, ob man also jemandem die Entscheidung für das Unrecht zum Vorwurf machen kann oder ob jeder in seinen Entscheidungen vorherbestimmt ist, ist in der Philosophie strittig und wird sich wohl nie lösen lassen. Die richterliche Tätigkeit leidet daher in diesem Punkt in gewisser Weise immer an einem Legitimitätsproblem, das nur durch pragmatische Erklärungskrücken gelindert werden kann. Selbst neueste Erkenntnisse der Hirnforschung helfen in der Frage der Willensfreiheit nicht weiter. So meint der langjährige Präsident des Wiener Jugendgerichtshofs, Udo Jesionek, tatsächlich fühle sich der Mensch in seinen Handlungen frei, weshalb die Menschen Strafen für Unrecht auch als gerecht akzeptieren würden. Dieser Ansatz findet Unterstützung in der Tatsache, dass nur ein geringer Prozentsatz von Verurteilungen im Strafverfahren bekämpft wird.

Bei Richterfiguren in der Literatur denkt man zuerst an Werke wie Kafkas „Prozess", die Ringparabel in Lessings „Nathan der Weise" oder an den „Zerbrochnen Krug" von Kleist. Richter begegnen uns in der Literatur von den griechischen Dramen der Antike und alten religiösen Schriften (der Richter Salomon im Alten Testament oder Pontius Pilatus) bis zur Kriminalliteratur der Gegenwart. Allerdings treten Richterfiguren nur eher selten in literarischen Werken hervor oder tragen gar die Handlung. Häufiger sind es Fragen von Recht und Gerechtigkeit, von – nicht nur bei Dostojewskij – Schuld und Sühne, die im Mittelpunkt stehen, und weniger die Figur eines konkreten Richters. Nur in Ausnahmefällen wie dem „Zerbrochnen Krug" können wir also einem Richter in der Literatur bei der Arbeit zusehen. Wo das der Fall ist, konzentriert sich das Interesse der Kunst auf den Strafrichter. Nicht anders ist es bei der Prozessberichterstattung in den Medien. Auch hier gilt fast die gesamte Aufmerksamkeit den Strafverhandlungen, die jedoch nur einen vergleichsweise geringen Anteil an allen Rechtsprechungstätigkeiten ausmachen. Aber das Strafrecht ist eben näher an den Grundfragen des Lebens und an den entscheidenden philosophischen Fragen. Dies mag seinen Reiz ausmachen.

Manche Probleme, wie die Ausübung besonderer Formen der Gerichtsbarkeit, etwa der sogenannten Besatzungs- oder Siegerjustiz, die sich im letzten Jahrhundert zu einer internationalen Gerichtsbarkeit entwickelt hat, ziehen sich durch die Epochen, von der Beschreibung der Gerichtsverhandlung des Pontius Pilatus im Neuen Testament bis zu Peter Handkes „Rund um das Große Tribunal".

Nach Richterinnen suchen wir in der Literatur vergeblich. Zwar beträgt der Frauenanteil in der österreichischen Richterschaft heute mehr als fünfzig Prozent. Aber historisch waren Frauen die längste Zeit nicht nur vom Richteramt, sondern von den rechtswissenschaftlichen Studien überhaupt ausgeschlossen. Es ist heute schwer vorstellbar, dass erst im

Jahr 1887 mit Emily Kempin-Spyri die erste Juristin in Europa, an der Universität Zürich, promovierte. Es dauerte bis in die zweite Hälfte des 20. Jahrhunderts, dass Frauen in Österreich in die Rechtsprechung gelangten. Erst 2007 erhielt Österreichs Oberster Gerichtshof zum ersten Mal eine Präsidentin.

Welches Bild der Richter finden wir in der Literatur gezeichnet? Die positiven und negativen Darstellungen halten sich, und zwar in allen literaturgeschichtlichen Epochen, die Waage. Die Beschreibungen der Richter schwanken zwischen den beiden folgenden Extremen:

„Darum nimmt man auch beim Streite seine Zuflucht zum Richter. Zu ihm zu gehen bedeutet zur Gerechtigkeit zu gehen. Denn der Richter soll so etwas wie eine beseelte Gerechtigkeit sein, und man sucht einen maßvollen Richter, und einige nennen sie ‚Mittelsmänner‘ …" (Aristoteles, Nikomachische Ethik)
„Immer war der Richter ein Lump, jetzt soll der Lump ein Richter sein." (Brecht, Der kaukasische Kreidekreis)

Wir stoßen auf das Phänomen, dass der Beruf des Richters bzw. der Richterin bei Umfragen in der breiten Bevölkerung nach wie vor hohes Ansehen genießt. Gleichzeitig gibt es gerade in der deutschsprachigen Literatur eine Tradition harter Kritik an der Justiz und ihrem Umgang mit den vor dem Richtertisch stehenden Menschen. Diese Kritik stützt sich mitunter auf – wie im Falle von Karl Kraus – sehr intensive Prozessbeobachtung. Sie setzt frühzeitig ein, etwa mit dem in Vergessenheit geratenen Franz Xaver Huber im 18. Jahrhundert. Gut hundert Jahre später, knapp nach 1900, treffen wir auf die harsche, satirische Justizkritik von Karl Kraus, die sich allerdings nicht nur gegen die Prozessführung der Richter, sondern gleichermaßen gegen den Gesetzgeber mit dessen „grauenvollen Strafgeboten" richtet. Das liest sich etwa folgendermaßen:

„Johann Feigl, Hofrat und Vizepräsident des Wiener Landesgerichts, hat als Vorsitzender einer Schwurgerichtsverhandlung am 10. März 1904 einen dreiundzwanzigjährigen

Burschen, der in Not und Trunkenheit eine Frau auf der Ringstraße attackiert und ihr die Handtasche zu entreißen versucht hatte, zu lebenslänglichem schweren Kerker verurteilt."

Um nichts weniger hart fällt die Kritik Kurt Tucholskys an der deutschen Justiz aus:

„Eine der unangenehmsten Peinlichkeiten in deutschen Gerichtssälen ist die Überheblichkeit der Vorsitzenden im Ton den Angeklagten gegenüber. Diese Sechser-Ironie, verübt an Wehrlosen, diese banalen Belehrungen, diese Flut von provozierenden, beleidigenden und höhnischen Trivialitäten ist unerträglich."

Nicht selten knüpft die Literatur an die politischen Vorgänge an, an Justizsysteme, die sich von den Machthabern instrumentalisieren lassen. Werke von Leonardo Sciascia, „Der Zusammenhang", und Anatole France, „Crainquebille", sind Beispiele dafür. Das Thema „Justiz und Nationalsozialismus" hat in der deutschsprachigen Literatur unter anderem Thomas Bernhard in seinem Stück „Vor dem Ruhestand" aufgegriffen. Bernhard nahm für dieses Stück Anleihen beim Fall des deutschen Ministerpräsidenten Hans Filbinger und führte das Thema Justiz, Politik und Nationalsozialismus in den Dramoletten „Der deutsche Mittagstisch" (1978), „Freispruch" (1981) und „Eis" (1981) weiter.

Der Gerichtssaal, selbst in seiner modernen architektonischen Ausgestaltung, ist ein dramaturgischer Ort. Die Rituale des Strafprozesses mit der Verlesung der Anklage, dem Abfragen der Personalien, der Frage nach dem Schuldbekenntnis und den Plädoyers schaffen eine eigene Welt, in der sich die Eingeweihten sicher bewegen und einfache Bürgerinnen und Bürger sich von Beginn an auf einer schiefen Ebene wähnen.

Wie immer man dieses Szenario bewertet, eine gewisse Faszination ist mit den Themen Strafprozess, Schuld, Sühne,

Wiedergutmachung, Strafe und Ausgleich durchaus gegeben. Das Kino hat mit dem Gerichtsfilm früh ein eigenes Genre geschaffen. Sidney Lumets „Zwölf Geschworenen" und Billy Wilders „Zeugin der Anklage" mit Marlene Dietrich sind zwei bekannte Beispiele dafür, beide 1957 entstanden. Heute findet die Beschäftigung mit dem Gerichtssaal, unserer Zeit entsprechend, vor allem im Fernsehen statt. Richterpersönlichkeit und Strafprozess werden mal mit mehr Esprit, etwa in amerikanischen Fernsehserien wie „Ally McBeal" oder „Boston legal", mal weniger geistreich, wie in den vor Jahren gehypten Gerichtsshows der deutschen Privatfernsehsender, abgehandelt. Als Verbindung zur Welt des Theaters finden wir in Letzteren regelmäßig den Überraschungszeugen als Deus ex Machina, der das Blatt wendet.

Freilich, die Rituale und die Sprache des Gerichtssaals sind heute zu hinterfragen. Die Kommunikation des Gerichts ist traditionell von jener des Alltags entfernt, eine Notwendigkeit dafür nicht immer erkennbar. Die Wahrheitsfindung als hochgehaltener Zweck des Gerichtsverfahrens lässt sich in natürlicher Umgebung wohl leichter herstellen als im Rahmen überholter Riten. Diese Erkenntnis setzt sich allmählich durch, jahrhundertealte Gepflogenheiten des Gerichtslebens fallen daher. Mussten früher alle Zeugen und Parteien vor der Richterbank stehen, selbst bei stundenlangen Befragungen, so verfügen sie seit rund zwanzig Jahren über einen Sitzplatz hinter einem kleinen Tischchen. Die Beeidigung wird nach und nach aus den Prozessordnungen gestrichen, die Erhöhung der Richterbänke wird reduziert oder fällt in modernen Gerichtsbauten ganz weg. Die Architektur ebnet den Weg zur gleichberechtigten Kommunikation.

Anders als beispielsweise in den Vereinigten Staaten, wo das Gericht die Parteien agieren lässt und Distanz die höchste Tugend der Richterinnen und Richter ist, stehen Österreich und Deutschland mit ihren Strafprozessen nach wie vor in der Tradition des Inquisitionsverfahrens, mit einer starken

Rolle der Richterinnen und Richter, die die Strafverhandlung über die Maße zu dominieren scheinen. Dialoge und fruchtbringende Gesprächssituationen sind die Ausnahme. Dieses Festhalten an einem überholten Verfahrenskonzept mag die traditionell heftige Richterschelte in der deutschsprachigen Literatur erklären.

Die Gegenwartsliteratur scheint den Gerichtssaal etwas aus den Augen verloren zu haben. Das mag man bedauern, denn die literarische Beschreibung und Intervention dokumentiert nicht nur den Justizalltag einer bestimmten Zeit, sie kann auch Fehlentwicklungen aufzeigen und korrigieren helfen. Zolas Beschäftigung mit der Affäre Dreyfus oder Anatole France' Erzählung „Crainquebille" sind gute Beispiele dafür. Aus der jüngeren Justizgeschichte böten etwa die Polizei- und Justizverfahren der Operation Spring (1999/2000) ausreichend Stoff, fragwürdige gesellschaftliche und justizielle Entwicklungen zu bearbeiten. Im Jahr 1999 wurden in einem anlaufenden Wahlkampf in Wien mehr als hundert afrikanische Flüchtlinge festgenommen und in der Folge zu exemplarischen Gefängnisstrafen wegen Drogenhandels verurteilt. Die Verfahren wurden vielfach kritisiert, der schwerwiegendste Vorwurf war jener des rassistischen Behördenvorgehens. Noch immer harrt dieser Fragenkomplex einer bereinigenden Aufarbeitung.

Das spätere Tierschützerverfahren (die Ermittlungen begannen 2007, die letzten Freisprüche wurden 2014 rechtskräftig) und der Wiener Prozess gegen den Demonstranten Josef S. im Jahr 2014 werden wohl in Zukunft in einem Atemzug mit der Operation Spring genannt werden. Die sogenannte BVT-Affäre (2018) um die Hausdurchsuchung in einer Spezialbehörde ist demokratiepolitisch der wahrscheinlich dramatischste Sachverhalt. Alle diese Verfahren sind dadurch gekennzeichnet, dass sie von polizeilicher Seite mit Vehemenz vorangetrieben und im Falle der Operation Spring sowie des Tierschützerverfahrens auch noch im Stadium des Gerichtsverfahrens polizeilich dominiert wurden – unter Ausnutzung aller dramaturgischen Effekte, die der Verhandlungssaal zulässt. Das beginnt bei einem Spalier von Sicherheitsbeamten, durch den sich Besucherinnen und Besucher der Verhandlungen den Weg bahnen mussten, und endet bei Polizeischülern, die einen guten Teil der Zuhörerplätze im Verhandlungssaal füllten, sodass interessierten Bürgerinnen und Bürgern nur wenige Restplätze zur Verfügung standen. Die Verbindung von Gerichtssaal und Bühne wurde noch augenfälliger, als eine Polizeibeamtin hinter einem Vorhang aussagte, sodass nur ihr Schattenbild zu sehen war.

Während die überhöhte Rolle der Richterinnen und Richter im Gerichtssaal zunehmend in der Kritik steht und auf den Boden heutiger Realität geholt wird, nutzen umgekehrt die anderen Verfahrensbeteiligten den Verhandlungssaal immer mehr als Bühne. Der gesellschaftliche Trend zur permanenten Inszenierung des Banalen, zur täglichen Ausrufung des Spektakels macht vor den Toren der Gerichte nicht halt. Staatsanwältinnen und Staatsanwälte trachten danach, sich als coole, moderne Ermittler im Sinne amerikanischer Fernsehserien in Szene zu setzen. Angeklagte versuchen, ihre Aussichten vor Gericht durch dramaturgische Effekte zu verbessern, und werden dabei von ihren Verteidigern tatkräftig unterstützt. Wir sehen Beschuldigte, die auf der Anklagebank wochenlang ihr krankes Bein hochlagern, Verdächtige, die ungeachtet ihres beträchtlichen Vermögens mit dem kleinsten am Markt befindlichen Wagen zur Vernehmung vorfahren, andere Angeklagte, die, bevor sie sich in der Gefängniszelle das Leben nehmen, ihre nationalsozialistischen Parolen ein letztes Mal im Gerichtssaal herausbrüllen. Auch den Angeklagten schadet letztlich die Überinszenierung. Die Öffentlichkeit liebt das Spektakel, doch übertriebene Selbstdarstellung ruft Missgunst auf den Plan und provoziert einen tiefen Fall.

Viele Rituale und Symbole des Gerichtssaals haben ihre Berechtigung, auch in der aufgeklärten Moderne. Die Robe macht Richterinnen und Richter als Vertreter der Staatsmacht, die ihre Gesetze umsetzt, erkennbar. Der Mensch tritt hinter der Rolle zurück. Die Überinszenierung freilich schadet auch im Fall des Gerichts. Es beschädigt das Ansehen des Staates, wenn sich Justizorgane überhöhen. In gewisser Weise jedoch werden die Verfahrensbeteiligten, die vor Gericht ihre Position durchbringen möchten und lange Aufgestautes erstmals vor einer staatlichen Autorität darlegen können, den Verhandlungssaal immer als Bühne, ja als *ihre* Bühne verstehen. Der Gerichtssaal wird seinen Charakter als dramatischen und dramaturgischen Ort so bald nicht verlieren.

Vom französischen Literaturnobelpreisträger Anatole France, insbesondere von seiner kurzen Erzählung „Crainquebille", lässt sich zu Rechtsfragen viel gewinnen. „Crainquebille" ist in seiner Schlichtheit wohl eine der großartigsten Parabeln zu Gerechtigkeit und Justiz. Der berühmte Rechtswissenschaftler Gustav Radbruch hat sich nicht von ungefähr in einem bekannten Zitat auf Anatole France bezogen: „Die großen Zweifler an der Wissenschaft und dem Werte des Rechts, ein Tolstoi, ein Daumier, ein Anatole France, sind für den werdenden Juristen unschätzbare Mahner zur Selbstbesinnung. Denn ein guter Jurist kann nur der werden, der mit schlechtem Gewissen Jurist ist."

Anatole France (1844–1924) war zu seiner Zeit einer der führenden französischen Schriftsteller und Intellektuellen und erhielt 1921 als vierter französischer Autor den Literaturnobelpreis. Er wuchs als Sohn eines Buchhändlers in Paris auf. Im Alter von 37 Jahren gelang ihm mit dem Roman „Die Schuld des Professors Bonnard" („Le Crime de Sylvestre Bonnard") der Durchbruch als Schriftsteller. Politisch stand France in dieser Zeit noch den Konservativen nahe. Die Bedeutung, die Anatole France zu seinen Lebzeiten hatte, lässt sich heute nur mehr erahnen. Die Auswertung der Ausleihungen der Bibliotheken zeigt, dass France damals auch im deutschsprachigen Raum zu den meistgelesenen Autoren zählte. Zu seinem achtzigsten Geburtstag, 1924, wurde Anatole France mit Ehrungen überhäuft. Kurz darauf verstarb er. Er erhielt ein Staatsbegräbnis, an dem der Präsident der Republik und sämtliche Minister sowie zahlreiche Arbeiterführer teilnahmen. Einen Eindruck von der Einschätzung der Zeitgenossen vermittelt der Nachruf, der am 13. Oktober 1924 in der österreichischen *Arbeiter-Zeitung* erschien: „Eine Leuchte ist erloschen, deren Schein über den Erdkreis strahlte, eine Stimme verstummte, deren Klang die ganze zivilisierte Welt lauschte, ein Geist gebrochen, der ein Menschenalter hindurch unter den klarsten Geistern Europas glänzte." Vom „bedeutendsten Schriftsteller der Gegenwart" spricht der Nachruf der *Neuen Freien Presse*.

1901 unter dem Titel „L'Affaire Crainquebille" erschienen, erzählt die Novelle die Geschichte von Jérome Crainquebille, einem einfachen, wenig gebildeten Mann von etwas über sechzig Jahren. Sein ganzes Leben war er fahrender Gemüsehändler. Um fünf Uhr früh ersteigert er Gemüse auf dem Großmarkt, um dann den ganzen Tag seinen Gemüsewagen durch die Rue Montmartre zu ziehen.

Das Unglück des Gemüsehändlers beginnt, als er eines Tages auf eine Kundin wartet, die, um den Einkauf zu bezahlen, Geld aus ihrem Laden holt. Durch das längere Anhalten mit seinem Wagen verursacht Crainquebille in den Augen eines Polizisten („Der Polizist mit der Nummer 64") einen kleinen Stau in der Rue Montmartre. Auf dessen Aufforderung hin weiterzugehen, erwidert Crainquebille, er müsse doch auf sein Geld warten. Der Polizist bildet sich fälschlicherweise ein, Crainquebille habe eine Beleidigung („Mort aux vaches! – „Tod den Bullen!") geäußert und verhaftet den Gemüsehändler.

Crainquebille verbringt eine Nacht auf der Wache und wird dann ins Gerichtsgefängnis überstellt. Ihm wird ein Verteidiger beigestellt, die Gerichtsverhandlung findet bald statt. Obwohl ein angesehener Arzt als Zeuge für Crainquebille aussagt und dessen Unschuld deutlich wird, gibt der Polizist in der Verhandlung völlig unglaubhaft an, auch der Arzt habe ihn beleidigt. Der Richter folgt allein der Aussage des Polizeibeamten und verurteilt den Gemüsehändler zu zwei Wochen Haft und einer Geldstrafe.

Nach der Verbüßung der Haft zeigt sich, dass durch Mundpropaganda die Tatsache von Crainquebilles Gefängnisaufenthalt in der Rue Montmartre verbreitet worden ist. Die Kunden bleiben aus. Crainquebille beginnt zu trinken, lässt sich auf Streitigkeiten mit Kunden ein und verliert seine wirtschaftliche Existenz. Er übernachtete bis dahin in einem Verschlag; nicht einmal in diesem kann er jetzt mehr bleiben. Aus seinen ohnedies elenden Verhältnissen stürzt er weiter ab. Crainquebille verfällt auf die Idee, nun tatsächlich einen Polizisten zu beleidigen, um wenigstens in den Genuss der Grundversorgung eines Gefängnisses zu kommen. Aber auch hier scheitert Crainquebille. Der Polizist, an den er diesmal gerät, sieht von einer Anzeigeerstattung ab. Der Schluss der Erzählung ist trist, der Weg in den Selbstmord wird angedeutet: „Crainquebille senkte den Kopf und schritt mit hängenden Armen durch den Regen in die Dunkelheit."

1903 gab France eine Version der Erzählung als Theaterstück heraus. Darin gestaltete er den Schluss positiver. An die Stelle des angedeuteten Suizids tritt die Einladung eines Waisenjungen, der Crainquebille ein Abendessen anbietet. Das Stück erlebte bereits am 24. November 1903 im Theater in der Josefstadt seine österreichische Uraufführung und wurde dort in der Folge weitere achtzehn Mal gezeigt.

1922/23 entstand nach dieser Erzählung ein Stummfilm nach einem Drehbuch und unter der Regie von Jacques Feyder. Maurice de Féraudy spielte die Hauptrolle. Das Ende des Films folgt der Theaterfassung: ein kleiner Junge tritt auf, der von allen „die Maus" genannt wird. Ihm gelingt es, den alten Crainquebille vom Sprung in die Seine abzuhalten und wieder fröhlich zu stimmen. Die Authentizität des Maurice de Féraudy in der Rolle des Jérôme Crainquebille prägte eine ganze Generation französischer Schauspieler. Der Film gilt als eines der wichtigsten Werke der französischen Stummfilmära. Kopien verstreuten sich in alle Welt. Erst im 21. Jahrhundert konnte aus mehreren Fragmenten eine restaurierte Fassung mit einer Länge von 73 Minuten hergestellt werden. Sie wurde am 2. Juli 2005 im Pariser Jardin du Luxembourg im Rahmen des Sommerkinos uraufgeführt, begleitet von einem Orchester unter der Leitung von Antonio Coppola.

„Crainquebille" zeigt eine Klassenjustiz, die völlig bedenkenlos im Sinne der Mächtigen agiert. Die Erzählung erschien, als die Dreyfus-Affäre auf ihren Höhepunkt zusteuerte, und ist zweifellos in deren Kontext zu sehen. Die Kritik am Justizsystem hat darüber hinaus aber allgemeine Gültigkeit, zeigt sie doch die Hilflosigkeit des einfachen, mittellosen und ungebildeten Menschen im Gerichtssaal, vor dessen Ritualen und der dort herrschenden abgehobenen Sprache. Interessant ist, dass Karl Kraus etwa zur selben Zeit seine Prozessbeobachtungen unter dem Titel „Sittlichkeit und Kriminalität" veröffentlichte.

France' Erzählung ist formal äußerst kompakt und kurzweilig. Die Sprache ist einfach, voll Ironie, Witz, Spott und Sarkasmus. Während der Autor mit diesen Mitteln Missstände anprangert, lässt er den einfachen, unter die Räder der Gesellschaft gekommenen Personen, wie hier dem Gemüsehändler Crainquebille, Wärme und Empathie zukommen. Der Autor ergreift die Partei der wirtschaftlich Schwachen, die unter den damaligen Verhältnissen kaum Möglichkeiten hatten, sich aus ihrem Elend zu befreien. Diese auch in den anderen Werken von France dominierende Grundhaltung machte ihn nach Émile Zolas Tod (1902) zur führenden Persönlichkeit unter jenen französischen Schriftstellerinnen und Schriftstellern, die für eine gerechtere Gesellschaftsordnung ein- und gegen soziale Missstände auftraten.

Die Erzählung, der schon zitierte Schlusssatz der Urfassung macht es deutlich, enthält wenig Hoffnung. Der Romanist Thomas Baldischwieler bringt es im Nachwort der Reclam-Ausgabe auf den Punkt, wenn er davon spricht, dass die Geschichte um Crainquebille deprimierender als die Dreyfus-Affäre, trotz aller Anklänge an diese, sei, da Crainquebille nicht einmal begreife, dass er Opfer eines Justizirrtums geworden ist.

Crainquebille ist sich im Zuge seiner Auseinandersetzung mit dem Polizisten noch sicher, diesen nicht beleidigt zu haben. Beeindruckt von der Zeremonie der Verhandlung und der Ausstattung des Gerichtssaals, stellt sich bei ihm jedoch ein Schuldbewusstsein ein, das der Autor mit der Erbsünde vergleicht. Die Verurteilung wird für Crainquebille zu einem „hehren Mysterium", zu einer „zugleich dunklen und einleuchtenden, herrlichen und schrecklichen Offenbarung".

Der Justiz gelingt es, den unschuldigen Crainquebille allein schon mit ihrem Zeremoniell und ihren Ritualen zu erschlagen:

„Er war sich selbst nicht darüber klar, dass sich die Richter geirrt hatten. Das Gericht hatte seine geheimen Schwächen unter der Erhabenheit der Formen vor ihm verborgen. Er vermochte nicht zu glauben, dass er Recht haben sollte gegenüber Männern in der Robe, deren Rechtsgründe er nicht verstanden hatte: Unmöglich konnte er davon ausgehen, dass etwas an dieser schönen Zeremonie nicht in Ordnung sein mochte. Denn da er weder in die Messe ging noch im Élyséepalast verkehrte, hatte er im Leben noch nichts so Schönes gesehen wie diese Verhandlung vor der Strafkammer."

Dieser kurze fünfte Abschnitt der Erzählung mit dem Titel „Von Crainquebilles Unterwerfung unter die Gesetze der Republik" schließt an den ersten Abschnitt an, der nicht ohne Sarkasmus mit „Von der Erhabenheit der Gesetze" bezeichnet wird. Hier, am Beginn der Erzählung, hebt der Autor das Einschüchternde an der Erscheinung von Gerichtssaal und Richtern hervor: die Verdienstorden, die der Richter in der

Verhandlung trägt, die Büste der Republik und das Kreuz an der Rückwand des Verhandlungssaales. Crainquebille empfindet im Verhandlungssaal „den gehörigen Schrecken", er ist, von Ehrerbietung durchdrungen, von Furcht und Schrecken überwältigt, bereit, die Entscheidung über seine Schuld ganz den Richtern anheimzustellen. Vor seinem Gewissen empfand er sich nicht als Verbrecher. Doch er spürte, wie wenig das Gewissen eines Gemüsehändlers im Angesicht der Symbole des Gesetzes und der Bevollmächtigten der rächenden Gesellschaft bedeutete: „In dieser Umgebung verschlossen ihm Ehrfurcht und Angst den Mund." In der Verfilmung der Erzählung wird die Übermacht des Gerichts mit – für die damalige Zeit beachtlichen – Trickeffekten versinnbildlicht, indem die Richter und der Polizeibeamte im Gerichtssaal zu Riesen werden.

Die Erzählung spricht die Ähnlichkeiten zwischen Gerichtsverhandlungen und religiösen Zeremonien an. Beides rituelle Handlungen innerhalb entsprechender Baulichkeiten, wirken sie erschreckend und Ehrfurcht einflößend. Betrachten wir heute einen der historischen Verhandlungssäle des Obersten Gerichtshofs im Justizpalast in Wien, so können wir Crainquebilles Gefühle gut nachempfinden. Prunkvoll ausgestattete Räume mit stark erhöhten Richterbänken, womöglich zusätzlichen Schranken, die die Angeklagten oder Parteien des Verfahrens vom Richtertisch noch weiter abtrennen, dunklem Holz sowie staatlichen oder religiösen Symbolen sind durchaus in der Lage, eine faire Kommunikation erst gar nicht aufkommen zu lassen. Nach heutigem Verständnis verlangt ein faires Verfahren im Sinne der Menschenrechtskonvention wohl auch eine adäquate Ausstattung des Verhandlungssaals.

In den letzten Jahren ist es durch eine nüchterne Gerichtsarchitektur zu einem gewissen Bruch mit der Vergangenheit gekommen. Gemeinsam mit diversen Änderungen der Prozessordnungen – Sitzgelegenheit für Angeklagte, Zeuginnen und Zeugen bei ihren Einvernahmen, Zurückdrängung der Beeidigung – führte dies zu einer neuen Kultur des Gerichtssaals, die modernen Vorstellungen von Justiz und Streitbeilegung angemessener ist. Fragt man Parteien und Zeuginnen sowie Zeugen, aber auch Geschworene und Schöffinnen und Schöffen nach ihren Eindrücken von Gerichtsverhandlungen, so hört man freilich nach wie vor viel zu oft, dass sie sich überfahren und in die Ecke gedrängt fühlten.

Die Autorität muss jedoch nicht ganz ohne Insignien auskommen. Der Talar, den der Richter oder die Richterin in der Verhandlung trägt, kann für alle Beteiligten positiv wirken. Für Angeklagte im Strafprozess bzw. Parteien des Zivilverfahrens, weil er deutlich macht, dass der Richter und die Richterin Träger der staatlichen Macht sind. Auch wenn es in der Verhandlung zu einem ruhigen Austausch der Argumente zwischen Gericht und Parteien kommt, wird am Ende doch der Richter bzw. die Richterin eine Entscheidung treffen, die für alle verbindlich ist. Diese Hierarchie des Gerichtssaals bleibt durch den Talar für alle ständig präsent. Auch für die Richterinnen und Richter: Tragen sie den Talar, so verstecken sie sich zwar nicht hinter dem Gesetz, es wird aber auch für sie selbst deutlich, dass sie eine Rolle spielen, nämlich die eines Wahrers und Anwenders der Gesetze. Entspricht ein anzuwendendes Gesetz nicht der persönlichen Einstellung des Justizorgans, was zwangsläufig immer wieder vorkommt, so wird die Erfüllung der Aufgabe einfacher, wenn der Talar dem Richter bzw. der Richterin die Rolle als Amtsträger bzw. Amtsträgerin ins Bewusstsein ruft. Im Übrigen unterliegt auch die Haltung zu den Insignien der Macht der Mode. Es gibt Generationen von Richterinnen und Richtern, die ziemlich geschlossen den Talar tragen, dann wieder andere, bei denen sich der Talar geringerer Beliebtheit erfreut. In den österreichischen Gerichtssälen tragen die Richterinnen und Richter in Strafverhandlungen in der Regel den Talar. Die Zivilrichterinnen und Zivilrichter, vornehmlich der älteren und mittleren Generation, verhandeln auch gerne in ziviler Kleidung – und nehmen damit in Kauf, das Gesetz zu verletzen, das das Anlegen des Amtskleids (eines schwarzen Talars und einer Kappe, Barett genannt) vorschreibt und auch – freilich rein männerbezogen – Details nicht vergisst: „Zum Amtskleid sind zu tragen: ein Straßenanzug oder ein Anzug aus dunklem Stoff, schwarze Straßenschuhe, dunkle Socken oder Strümpfe, eine Krawatte aus schwarzem Stoff und ein weißes Hemd", heißt es in der Verordnung des Bundesministeriums für Justiz vom 9. Mai 1962.

Im Gerichtsalltag schätzen Angeklagte ihre Situation oft falsch ein. Der Verteidigung kommt daher besondere Bedeutung zu. Auch die Verteidigung neigt in manchen Fällen dazu, ihrer Mandantschaft vorschnell zu einem Geständnis zu raten. Nicht anders ergeht es Crainquebille: „Schon sein Anwalt hatte ihn halbwegs davon überzeugt, dass er nicht unschuldig war."

Crainquebille wird in der Verhandlung von seinem Pflichtverteidiger durchaus nicht ohne Engagement verteidigt. Der Verteidiger endet sein Plädoyer so:

„Und selbst wenn Crainquebille ‚Scheißbulle' gerufen hätte, wäre es noch sehr die Frage, ob dieses Wort aus seinem Munde als strafbar anzusehen wäre. Crainquebille ist das uneheliche Kind einer in Lastern und Trunk vegetierenden ambulanten Händlerin und damit der geborene Alkoholiker. Sie sehen selber, welch ein Wrack sechzig Jahre Elend aus ihm gemacht haben. Meine Herren, sie werden ihm Unzurechnungsfähigkeit zubilligen."

Dieser argumentative Zug ist für Crainquebille einerseits demütigend, spricht er doch – bis dahin – keineswegs dem Alkohol zu. Auf der anderen Seite schöpft der Verteidiger, wie es seine Pflicht ist, damit alle Mittel aus, um Crainquebille eine Verurteilung zu ersparen.

Crainquebille ist der Szenerie der Gerichtsverhandlung in keiner Weise gewachsen.

„Der Vorsitzende, Herr Bourriche, widmete der Befragung von Crainquebille volle sechs Minuten."

Hält man sich die geringe Bedeutung der Sache, die Beleidigung eines Amtsorgans, vor Augen, so erscheinen die sechs Minuten für die Befragung gar nicht so kurz. Schwerer wiegt, dass es Crainquebille nicht gelingt, sich vor Gericht verständlich zu machen, und ihm der vorsitzende Richter keinerlei Hilfestellung leistet. So kommt es, dass der Richter die Verantwortung Crainquebilles in der Verhandlung als Geständnis wertet, wo doch Crainquebille versuchte, das Gegenteil zu artikulieren.

Einer der Hauptpunkte jeder Justizkritik ist die für juristische Laien wenig verständliche Fachsprache. Es ist eine der größten Herausforderungen für die moderne Justizpolitik, hier bei Richterinnen und Richtern für eine andere Einstellung zu sorgen. Zweifellos, Fachausdrücke und Wortwiederholungen, die der juristischen Präzision dienen, sind unumgänglich. Auf endlose verschachtelte Sätze kann aber ebenso verzichtet werden wie auf veraltete, außerhalb des Gerichts ausgestorbene Begriffe. Im Ergebnis sind sie schlicht und einfach menschenfeindlich. Eine Gerichtsentscheidung wird für die Betroffenen unlesbar, wenn die Parteien des Prozesses darin nicht als „Herr Müller" und „Frau Müller", sondern, um ein Beispiel zu nennen, als „Antragsteller und gefährdete Partei" und „Antragsgegner und Gegner der gefährdeten Partei" bezeichnet werden.

Die Verwendung der Fachsprache mitsamt dem ihr eigenen vertrackten Satzbau entspricht ohnedies mehr einer schlechten Tradition und dem Wunsch, den Bürgerinnen und Bürgern die Macht des Gerichts vor Augen zu führen, als irgendwelchen sachlichen Notwendigkeiten. Das mag bei anderen Berufen ähnlich sein, wirkt sich aber im Gerichtsalltag besonders schlimm aus: Wie muss sich der Angeklagte fühlen, der eine Urteilsverkündung nicht versteht? Wie fühlt sich die Partei eines Zivilverfahrens, die ohne anwaltliche Hilfe einen ihr zugestellten, für sie ganz wesentlichen Gerichtsbeschluss nicht deuten kann?

Der Zugang zum Recht hat viele Facetten. Einige werden im Fall Crainquebille angesprochen: Zugang zum Recht bedeutet nicht nur, dass auch die Mittellosen die Möglichkeit haben, von Rechtsanwältinnen und Rechtsanwälten vor Gericht vertreten zu werden. Es muss auch heißen, dass die weniger Gebildeten in einer ihnen verständlichen Sprache vom Gericht belehrt und befragt werden. Geschieht das nicht, so werden Ungleichheiten verfestigt, das Verfahren wird unfair.

Unsere Rechtsordnung kennt wie die meisten entwickelten Rechtssysteme das Prinzip der freien richterlichen Beweiswürdigung. Richterinnen und Richter sind demzufolge ganz frei darin, die ihnen präsentierten Beweise zu würdigen. Es gibt keine Beweisregeln, etwa dass Schriftstücke mehr Beweiskraft hätten als Zeugenaussagen. Auch kann das Gericht eine Verurteilung trotz mehrerer Alibizeugen auf einen einzigen Tatzeugen stützen, wenn es diese Alibizeugen für unglaubwürdig hält und dies auch begründen kann.

Das Abwägen der Aussagen von Parteien und Zeuginnen und Zeugen bzw. der sonstigen Beweismittel (Schriftstücke, Sachverständigengutachten usw.) ist wohl die schwierigste Aufgabe des Gerichts. Bei der schriftlichen Urteilsausfertigung gilt vielen die Beweiswürdigung als anspruchsvollster Teil, schwieriger als die Feststellung des Sachverhalts und als die rechtliche Würdigung der festgestellten Tatsachen. Nicht selten finden wir daher in der Beweiswürdigung bloße Leerformeln („war glaubwürdig", „aufgrund seines glaubhaften Auftretens" usw.). Es ist nicht einfach zu beschreiben, aufgrund welcher Eindrücke und Wahrnehmungen man dem einen Menschen mehr glaubt als dem anderen. Crainquebilles Richter macht es sich leicht. Aus dem Ablauf der Gerichtsverhandlung wird deutlich, dass er nicht geneigt ist, die verschiedenen Aussagen wirklich abzuwägen. Er glaubt dem Polizisten aufgrund von dessen Amtsstellung.

In der Erzählung selbst werden zwei denkbare Begründungen für die Handlungsweise des Richters entwickelt. In einem eigenen Abschnitt („Rechtfertigung für den Vorsitzenden Bourriche") lässt der Autor zwei Prozessbeobachter, einen Laien und einen Rechtsanwalt, über das Vorgehen des Richters im Fall Crainquebille diskutieren. Der Laie, ein Kupferstecher als Vertreter des einfachen Volkes, nimmt den Standpunkt ein, dass der Richter, unabhängig von jeder Überlegung, wer die Wahrheit gesagt habe, dem Polizisten als Amtsorgan zu folgen habe und dass dies schon seine Richtigkeit habe. Der Beamte sei eine staatliche Autorität, die ganz abstrakt für eine eigene Wahrheit stehe. Wir treffen wieder auf die Analogie zum Religiösen, wenn der Kupferstecher meint, das Gericht stütze sich

> *„auf die Aussage des Beamten 64, der reine Vorstellung ist, so etwas wie ein auf den Zeugenstand gefallener Abglanz des Göttlichen. (...) Die Gesellschaft beruht auf der Macht, und die Macht verdient Achtung als die erhabene Grundlage jeder Gesellschaftsordnung. Die Justiz aber verwaltet die Macht."*

Damit vertritt der Kupferstecher ein zynisches Verständnis von Rechtsprechung – die Justiz als bloßer Büttel der Herrschenden, als Vollzugsorgan der Regierenden. Der Richter dürfe nur folgendermaßen denken:

> *„Die Starken entwaffnen und die Schwachen bewaffnen, das hieße die Gesellschaftsordnung ändern, die ich zu erhalten beauftragt bin. Die Justiz ist dazu da, die bestehenden Ungerechtigkeiten zu sanktionieren. Hat man je erlebt, dass sie sich gegen Eroberer gewendet oder neuen Machthabern im Wege gestanden hätte? Wenn eine ungesetzliche Macht entsteht, braucht sie nur von der Justiz anerkannt zu werden, schon ist sie gesetzlich. Die Form ist alles. Nur ein dünnes Blatt gestempelten Papiers trennt Verbrechen und Unschuld."*

Anders als der Kupferstecher sieht die Sache ein bei Crainquebilles Verhandlung anwesender unbeteiligter Rechtsanwalt. Aber auch seine Einschätzung ist für den Richter nicht vorteilhaft:

„Ich glaube nicht, dass der Herr Vorsitzende Bourriche sich zu einer so hohen Metaphysik aufgeschwungen hat. Ich glaube, er hat die Aussage des Polizeibeamten 64 ganz einfach deshalb als den Ausdruck der Wahrheit betrachtet, weil er es nie anders erlebt hat. In der Nachahmung müssen wir den Grund für die meisten Handlungen der Menschen erblicken. Wer sich an das Althergebrachte hält, wird immer als ehrlicher Mann dastehen. Anständige Leute nennen wir die, die sich so verhalten wie die anderen."

Tatsächlich ist die Bequemlichkeit eine Gefahr für jeden Berufsstand, nicht nur für die Richterschaft. Dennoch finden wir gerade in jüngerer Zeit auch Beispiele, in denen Richterinnen und Richter mit ihren Urteilen aufzeigen, dass bestimmte gesetzliche Regelungen nicht mehr zeitgemäß sind oder gesellschaftlichen Grundwerten widersprechen. Die Gerichte haben unter anderem die Möglichkeit, Gesetze dem Verfassungsgerichtshof zur Prüfung der Verfassungskonformität vorzulegen. Fortschritte bei der Gleichstellung gleichgeschlechtlicher Partner, Anstöße zur Abschaffung des Ehebruchs als Straftatbestand oder zu einer gelasseneren Beurteilung des Cannabiskonsums sind in Österreich immer wieder aus der Rechtsprechung gekommen.

Aber zurück zu „Crainquebille": Gerade in diesem Abschnitt der Erzählung, der die Handlungsweise des Gerichts diskutiert, wird die Anknüpfung an die Dreyfus-Affäre deutlich:

„Nur ein paar Querköpfe wollen, dass sie [die Justiz] menschlich und einfühlsam sei. Man übt sie nach festen Regeln aus und nicht mit mitleidigem Schauer und erleuchteter Intelligenz. Vor allem verlangen sie nicht von ihr, dass sie gerecht sei; das braucht sie nicht zu sein, weil sie die Justiz ist, ja, ich

sage ihnen, die Vorstellung von einer gerechten Justiz konnte nur in den Köpfen von Anarchisten bestehen. (...) Der wahre Richter wägt die Aussagen nach dem Gewicht der Waffen. Das haben wir im Fall Crainquebille erlebt, aber auch in anderen, berühmteren Fällen."

Crainquebille wird zum Opfer eines Zusammenspiels von Polizei und Justiz. Der Richter macht leichtfertig und wohl wider besseres Wissen die bösartige Unterstellung des Polizeibeamten zur Grundlage seiner Verurteilung von Crainquebille. Auch der heutigen Justiz wirft man immer wieder vor, sie gestehe Amtspersonen, insbesondere Polizeiorganen, vor Gericht mehr Glaubwürdigkeit zu als einfachen Bürgerinnen und Bürgern. Tatsächlich verwenden Urteile in ihrer Beweiswürdigung immer wieder das Argument, es sei nicht anzunehmen, dass ein Amtsorgan – gerade bei nicht so schwerwiegenden Angelegenheiten – durch eine falsche Aussage seinen Amtseid breche oder sein Amt missbrauche. Diese Denkfigur erscheint dort unbedenklich, wo Polizistinnen und Polizisten Zeugen (einer strafbaren Handlung) werden. Sobald sie aber direkt in den Fall verwickelt sind, ist Sensibilität angebracht. Wenn es etwa um behauptete Polizeiübergriffe geht, kann sich eine lebensnahe Würdigung der Beweise nicht einfach auf die Amtsstellung der Beamtinnen und Beamten stützen. Der Antrieb, einer eigenen Verurteilung zu entgehen, ist menschlich und wird alle erdenklichen Verpflichtungen, die sich aus einer Amtsstellung ergeben, wohl aufheben. Das Verhältnis von Justiz und Polizei sollte auch heute ein Thema sein. In Österreich bleiben Polizeiübergriffe allzu oft folgenlos, wie viele Evaluierungen ergeben haben.

Im Übrigen spielt die Polizei naturgemäß in jedem Strafverfahren eine gewichtige Rolle. In Österreich ist es seit mehr als hundert Jahren Praxis, dass die Polizei die strafgerichtlichen Ermittlungen weitgehend ohne Einwirkungen der Justiz führt und das fertige Ergebnis der Staatsanwaltschaft mitteilt.

Die Entscheidung, welche Personen als Zeuginnen und Zeugen einvernommen, in welchem Stadium Hausdurchsuchungen oder Beschlagnahmen durchgeführt werden, lag lange weitgehend im Ermessen der Polizeibehörden. Das seit 2008 geltende Strafprozessreformgesetz hat das strafrechtliche Vorverfahren verrechtlicht. Die Staatsanwaltschaft hat nun den Auftrag, die strafrechtlichen Ermittlungen von Beginn an zu steuern. Überdies stehen alle Grundrechtseingriffe unter der Kontrolle des Gerichts. Die BVT-Affäre lässt erahnen, dass die Reform die jahrzehntelang eingeübte Praxis mit der Dominanz der Polizeibehörden dennoch nicht nachhaltig verändert hat.

Gerichte müssen, bevor sie eine Entscheidung treffen, feststellen, was passiert ist. Diese Tatsachenfeststellung ist an sich eine zweifelhafte Aufgabe; was sind schon Tatsachen? Gibt es nur eine Wahrheit oder gibt es nicht viele Wahrheiten im Hinblick auf ein und dieselbe Angelegenheit? Der Kupferstecher, der Crainquebilles Verhandlung verfolgt hat, verwendet dieses Problem zur Verteidigung des Richters:

„Sie werden zum Beispiel bemerkt haben, dass er die Aussagen nicht nach den unsicheren und trügerischen Anzeigen der Glaubhaftigkeit und des menschlichen Wahrheitsbegriffs ordnet, sondern nach wesenhaften, unwandelbaren und greifbaren Anzeichen. Er wägt sie nach dem Gewicht der Waffen. Was könnte einfacher und zugleich weiser sein? Als unwiderleglich gilt ihm die Aussage eines Polizeibeamten, den er ganz metaphysisch als den nummernhaften Ausdruck für die Setzungen der idealen ordnenden Macht begreift. (...) In Wahrheit sieht er gar nicht Bastien Matra vor sich, sondern den Polizeibeamten 64. (...) Wir alle irren uns ständig. Gründe, uns zu irren, gibt es unzählige. Die Wahrnehmungen unserer Sinne und die Urteile unseres Verstandes sind lauter Ursachen für Einbildungen und Anlässe für Ungewissheiten."

Die Schwierigkeit, die Beweise zu würdigen, wird hier richtig erkannt. Der Schluss, es sei einfacher und weiser, Amtspersonen zu glauben, ist freilich zynisch und würde den Rechtsstaat aus den Angeln heben. Die Lösung kann nur in einem möglichst gewissenhaften Vorgehen der Gerichte bestehen, in einer sorgfältigen Sammlung und Sichtung der zur Verfügung stehenden Beweismittel. Denn sie, die Gerichte, müssen entscheiden. Es fehlt ihnen die Möglichkeit, allzu diffizile Akten ins Feuer zu werfen, wie es eine von Anatole France in „Crainquebille" referierte Anekdote über die Schwierigkeit der Wahrheitsfindung nahelegt:

> *„Als Sir Walter Raleigh im Tower zu London gefangen saß und wie gewöhnlich an dem zweiten Teil seiner Weltgeschichte schrieb, entspann sich einmal unter seinem Fenster eine Schlägerei. Er sah eine Weile zu, und als er sich wieder an seine Arbeit setzte, war er überzeugt, die Streitenden genau beobachtet zu haben. Doch als er sich am Tag darauf über den Vorfall mit einem Freund unterhielt, der dabei zugegen und sogar daran beteiligt gewesen war, widersprach ihm der Freund in allen Punkten. Da bedachte er, wie schwierig es sei, die Wahrheit über ferne Ereignisse herauszubringen, wenn er sich schon bei dem getäuscht hatte, was sich unter seinen Augen zutrug, und er warf das Manuskript seines Geschichtswerks ins Feuer."*

Anatole France widmet insgesamt drei von acht Abschnitten der Erzählung den Folgen, die sich für den Gemüsehändler aus seiner Gerichtsverhandlung und der kurzen, zweiwöchigen Haftstrafe ergeben. Die Überschriften dieser Abschnitte lauten: „Crainquebille und die öffentliche Meinung", „Die Folgen" sowie „Die Spätfolgen".

Die Frage nach Folgen und Wirkungen gerichtlicher Sanktionen hat bis heute Gültigkeit, durch die modernen Medien ist sie noch brisanter geworden. Allein schon die Tatsache, dass gegen jemanden Anklage erhoben wird oder er für einige Tage in Untersuchungshaft gerät, kann für den Betroffenen existenzbedrohende Folgen haben. Der Verlust des Arbeitsplatzes kann damit verbunden sein, jedenfalls aber eine Einbuße an Ansehen. Ein späterer Freispruch gleicht in den meisten Fällen das entstandene Unheil nicht mehr aus. Ein ausgewogenes Medienrecht und eine sensible Vorgangsweise der Justiz schaffen etwas Abhilfe.

Für den Gemüsehändler Crainquebille führt die kurze zweiwöchige Haftstrafe letztlich zur Existenzvernichtung. Die zu Unrecht erfolgte Verurteilung beschädigt das Vertrauen seiner Kunden, Crainquebille ist wirtschaftlich vernichtet, er sinkt ab in Alkohol und noch tieferes Elend, als er es ohnedies sein Leben lang erfahren hat. Wenn wir von Justizirrtümern wie jenem im Fall Crainquebilles einmal absehen, so ist doch die Verhängung einer angemessenen Sanktion für ein strafbares Verhalten eine wesentliche Frage eines jeden Rechtssystems. Die vordringlichen Aufgaben des Strafrechts sind nach heute herrschendem Verständnis die Resozialisierung des Täters, die Schadensgutmachung und der angemessene Umgang mit dem Opfer und nicht, wie früher, der Rachegedanke oder gar die wirtschaftliche oder sonstige Vernichtung des Täters. Kurze Freiheitsstrafen, wie sie über Crainquebille verhängt wurden, sind schon lange als besonders ungünstige Strafform erkannt worden. Sie reißen, und das zeigt „Crainquebille" sehr gut, den Betroffenen aus dem Arbeitsprozess, mit allen schwerwiegenden Folgen, ohne irgendetwas zum Positiven hin verändern zu können.

Bereits 1975 war es bei der großen Strafrechtsreform in Österreich eines der vordringlichen Ziele, die kurzen Gefängnisstrafen durch andere Sanktionsformen wie Geldstrafen zurückzudrängen. Das ist damals gelungen, in den folgenden Jahrzehnten bis heute ist der Anteil der kurzen Gefängnisstrafen aber wiederum gleichgeblieben, trotz aller Versuche, diese Sanktionsform weiter zurückzudrängen. Noch immer sind zwei Drittel aller verhängten Gefängnisstrafen solche mit einer Dauer von unter sechs Monaten. Eine solche Zeit ist zu kurz, um während der Haft auf den Täter durch Therapien oder auf andere Weise resozialisierend einzuwirken, Arbeitsumgebung und private Beziehungen des Verurteilten werden aber nachhaltig und langfristig gestört. Der Gesetzgeber hat rund um das Jahr 2000 alternative Erledigungsformen eines Strafverfahrens geschaffen. So entfällt etwa das Urteil, wenn es in minderschweren Fällen zu einem Ausgleich zwischen Täter und Opfer kommt oder wenn der Beschuldigte gemeinnützige Arbeiten leistet. Dies war ein Schritt, kurze Gefängnisstrafen zurückzudrängen und andere, konstruktivere Sanktionsformen zu fördern.

„Seine Unbeweglichkeit hatte etwas Übermenschliches; das Spiegelbild seiner Stiefel auf dem nassen Bürgersteig, der wie ein See aussah, verlängerte ihn nach unten und ließ ihn von Ferne wie ein amphibisches Ungeheuer erscheinen, das halb aus dem Wasser ragte. Aus der Nähe hatte er mit seinem Kapuzenmantel und seiner Waffe zugleich etwas Mönchisches und etwas Soldatisches. Seine derben Gesichtszüge, die durch den Schatten der Kapuze noch vergröbert wurden, nahmen sich friedlich und traurig aus."

Anatole France beschreibt mit dieser Schlusssequenz in „Crainquebille" wohl das Frankreich während der Dreyfus-Affäre, wie er es erlebt hat: kraftlos, unbarmherzig, gleichzeitig traurig und schicksalhaft verwoben mit religiösen und soldatischen Kräften. France wurde sowohl von seiner Zeit als auch von der Nachwelt sehr oft als „mitfühlender Humanist" beschrieben und geachtet. Mit seiner Erzählung „Crainquebille" wird er zum Vorbild nicht nur für Kunstschaffende, sondern gerade auch für Juristinnen und Juristen.

Wie steht es um die Verbindung von Kunst und Justiz in der Gegenwart? Sie soll über die bloße Organisation von Ausstellungen in Gerichtsgebäuden hinausgehen, denn die Wirkungskraft der Kunst ist enorm. Während meiner Tätigkeit im Büro der früheren Justizministerin Maria Berger

(2007–2008) gelang es, den bekannten charismatischen brasilianischen Theaterpädagogen Augusto Boal zu einem öffentlichen Vortrag nach Wien einzuladen. Mehr als 400 Besucher und Besucherinnen kamen am 8. April 2008 in die Aula des Wiener Justizpalastes. Am Tag zuvor leitete Boal ein Seminar für Richterinnen und Richter. Knapp zehn Jahre später betraute mich der damalige Ressortchef Wolfgang Brandstetter mit der Ausrichtung eines Justizsalons im Justizministerium. Im Mai 2017 las Ilija Trojanow im Großen Festsaal des Ministeriums aus seinem Band „Nach der Flucht" und sprach mit der *NZZ*-Korrespondentin Meret Baumann über das Buch.

Als Leiter des Meidlinger Bezirksgerichts habe ich seit 2009 verschiedene Formate erprobt: etwa die Österreich-Premiere des Dokumentarfilms „Der Einzelkämpfer – Richter Heinz Düx" von Wilhelm Rösing am Bezirksgericht Meidling. Heinz Düx hatte in den 1960er-Jahren als Untersuchungsrichter die deutschen Auschwitzverfahren vorbereitet und ermöglicht. Im Jahr 2012 kam Düx, bereits an die neunzig Jahre alt, nach Wien und sprach bei zwei Veranstaltungen vor mehr als 300 Personen. Etwa zur selben Zeit konnte ich mit dem Max Reinhardt Seminar ein eigens für das Bezirksgericht entwickeltes Theaterprojekt verwirklichen. Eine vom damaligen Regiestudenten Josua Rösing entwickelte dramatische Fassung von Kafkas „Die Verwandlung" gelangte am Bezirksgericht mehrmals zur Aufführung. Der Publikumszulauf war beachtlich. Die Auftretenden Johanna Wolff, Konstantin Shklyar und Tino Hillebrand sind mittlerweile an großen Bühnen tätig. Hillebrand ist Ensemblemitglied des Burgtheaters, Regisseur Josua Rösing inszeniert derzeit in Berlin, Kiel, Regensburg und St. Petersburg. Das von Mira König gestaltete Bühnenbild wurde ein Jahr lang im größten Verhandlungssaal des Bezirksgerichts Meidling als temporäres Kunstprojekt erhalten. Jahre nach dem Kafka-Projekt konnte ich Josua Rösing für das erste gemeinsame Seminar für Verwaltungs-, Zivil- und Strafrichter gewinnen; im Herbst 2017 gestaltete er gemeinsam mit der

Kulturwissenschaftlerin Judith Kohlenberger einen Workshop zum Thema der Wahrheitsfeststellung. Dabei zeigte sich die Wirksamkeit künstlerischer und interdisziplinärer Zugänge.

Am Bezirksgericht Meidling finden nun seit zehn Jahren mehrmals jährlich öffentliche Veranstaltungen statt. Ein Abend über Europa mit Reden des mittlerweile verstorbenen großen Publizisten Ari Rath und der Schriftstellerin Jagoda Marinić im Mai 2016 stieß ebenso auf großes Interesse wie eine Werkschau des Malers Josef Schützenhöfer 2015/2016 und eine Ausstellung über Falco im Jahr 2018. Die Öffnung der Gerichtsräumlichkeiten trägt dem Gedanken Rechnung, dass Amtsgebäude der Öffentlichkeit gehören und Orte des Austauschs und der Diskussion sein sollen.

Für die Grundausbildung der Richterinnen und Richter arbeite ich seit Jahren mit dem Schauspieler und Regisseur Nikolaus Habjan zusammen. Sein mit dem Nestroy-Preis ausgezeichnetes Stück „F. Zawrel – erbbiologisch und sozial minderwertig" über die NS-Verbrechen am Spiegelgrund und ihre gescheiterte Aufarbeitung ist in Ausbildungsmodule der Justiz integriert und ein wichtiges didaktisches Element der Richterausbildung. Die Evaluierung der Aus- und Fortbildung zeigt, dass künstlerische Beteiligung und Intervention nicht nur gern gesehen ist, sondern auch sehr nachhaltig wirkt und Teilnehmerinnen und Teilnehmer bei der Reflexion der richterlichen Tätigkeit unterstützt.

THESE 1 ⎯⎯⎯⎯⎯⎯

DIE KUNST LIEFERT DER JUSTIZ WICHTIGE IMPULSE
Die Kunst beschäftigt sich seit jeher mit den zentralen Fragen des Lebens. Viele Künstlerinnen und Künstler bearbeiten außerdem aktuelle Geschehnisse und Trends der Zeit. Die Justiz, die täglich ins Leben vieler Menschen eingreift und mit den Nöten der Menschen laufend konfrontiert ist, profitiert

von einem Austausch mit der Kunst. Die Kunst spendet Anregungen und liefert vielfach eine Kritik, die sonst im Berufsalltag gegenüber Justizorganen nicht geäußert wird. Die Justiz sollte die Vernetzung mit der Kunst als Tool für die Aus- und Fortbildung noch stärker nutzen. Die Kunst kann ein zentrales Element bei der Auseinandersetzung mit der richterlichen Tätigkeit sein. Je präsenter die Kunst in Gerichtsgebäuden und in der Aus- und Fortbildung der Richter*innen und Staatsanwält*innen ist, umso nachdenklicher und den Menschen zugewandter ist die Justiz. Als Beispiel dient Nikolaus Habjans Inszenierung „F. Zawrel", die seit einigen Jahren in der Grundausbildung der Justiz eingesetzt wird. Die Zusammenarbeit mit Künstlerinnen und Künstlern und Kunststätten liefert der Justiz Impulse und erweitert den Horizont der Einzelnen und des Systems.

2. Recht und Gerechtigkeit: Mission (im)possible?

Die Erzählung „Crainquebille" hat uns einen exemplarischen Fall von Klassenjustiz gezeigt. Im folgenden Abschnitt wechseln wir von der Kunst zum Alltag der Gerichte. Wir wollen der Frage nachgehen, was Gerechtigkeit vor Gericht bedeutet und wie nahe die heutige Justiz diesem Anspruch kommt. Ein Blick auf Strukturen, Ressourcenverteilung und innere Kultur der Justiz wird uns zeigen, dass noch immer viel Luft nach oben besteht.

Bürgerinnen und Bürger erwarten von der Justiz Gerechtigkeit. Die öffentliche Diskussion, aber auch die Fachdiskussion, bemisst in der Regel an Urteilen, ob sie Gerechtigkeit herstellen. Es wird also vom Ende her gedacht. Verfahren dauern aber oft jahrelang. Zielführender ist die Betrachtung des Verfahrens als Ganzes; dabei darf nicht vergessen werden, dass es für den Verurteilten einen Unterschied macht, ob er drei oder fünf Jahre in Haft verbringen muss. Bei der Annäherung an Gerechtigkeit erscheint mir der Ansatz der Europäischen Menschenrechtskonvention der richtige: Dieses seit Jahrzehnten anerkannte und maßgebliche internationale Regelwerk stellt den Grundsatz des fairen Verfahrens in den Mittelpunkt. Gerechtigkeit wird in diesem Konzept vor allem durch Verfahrensgerechtigkeit erreicht. Wird ein Gerichtsverfahren fair abgewickelt, stößt es auf breite Akzeptanz bei den Beteiligten und bei der Öffentlichkeit. Das faire Verfahren hat wiederum viele Aspekte: Es geht darum, den Beteiligten ausreichend Recht auf Gehör zuzuteilen; also ihnen zuzuhören. Es geht um qualifizierte Dolmetschende, gut ausgebildete Sachverständige und kompetente Richterinnen und Richter.

Der Begriff der Gerechtigkeit überfordert, soll er mit Inhalten erfüllt werden, Juristinnen und Juristen genauso wie rechtliche Laien. Der unter diesem Stichwort angeführte Wikipedia-Eintrag definiert etwa, dass der Begriff der Gerechtigkeit einen idealen Zustand des sozialen Miteinanders bezeichne, in dem es einen angemessenen, unparteilichen und einforderbaren Ausgleich der Interessen und der Verteilung von Gütern und Chancen zwischen den beteiligten Personen oder Gruppen gebe. Dieser hohe Anspruch wird wohl in keiner Gesellschaft, in keinem Land der Welt eingelöst. Es wäre vermessen, die vollständige Einlösung dieses Anspruchs von der Justiz zu erwarten. Viele Hindernisse pflastern den Weg zu gerechten Gerichtsentscheidungen: Unterschiede in Bildung, Vermögen oder Artikulationsfähigkeit wirken sich natürlich auf den Zugang zum Recht aus. Um diese Unterschiede auszugleichen, haben wir viele Krücken geschaffen, wie etwa die Verfahrenshilfe oder die Beiziehung von Dolmetschenden. Dennoch ist es eine große Herausforderung, auch für weniger gebildete oder vermögenslose Personen einen gleichen Zugang zu den Gerichten und gleiche Chancen vor Gericht sicherzustellen.

Der Weg zu einem guten, fairen Justizsystem führt über viele Stationen: Es geht um die Beseitigung vieler Hindernisse, um Offenheit, Transparenz und Öffnung zur Gesellschaft. Fehlende Evaluierungen stellen auf diesem Weg eine Schwierigkeit dar. Woran misst man, ob ein Justizsystem gerecht, ob ein Verfahren fair ist? Die Evaluierungssysteme von Europarat und EU, die sogenannten CEPEJ-Berichte bzw. das EU-Justizbarometer, stellen der österreichischen Justiz regelmäßig ausgezeichnete Bewertungen aus. Dabei werden vor allem Parameter wie die Verfahrensdauer und Effizienz gemessen. Die vergleichsweise geringe Quote an Urteilen, die mit Rechtsmitteln bekämpft werden, spricht tatsächlich für ein Funktionieren des Systems. Um die Zufriedenheit von Bürgerinnen und Bürgern abzutesten, müsste man verstärkt Befragungen einsetzen. Sie könnten Auskunft über die sozialen Kompetenzen der Richter und Richterinnen, der Staatsanwälte und Staatsanwältinnen geben, wenn es um Fragen wie Höflichkeit und Pünktlichkeit geht.

Auch wenn es bei der großen Mehrzahl der vielen Gerichtsverhandlungen, die täglich ablaufen, gelingt, den Menschen mehr oder weniger faire Verfahren mit einem sachgerechten Ergebnis zu bieten, lassen sich natürlich immer wieder einzelne Gerichtsverfahren unschwer als unbillig, ja grob ungerecht erkennen. Wenn wir unser System verbessern wollen, ist es wichtig, uns vor allem solche Verfahren anzusehen, die schiefgelaufen sind, Fehler zu analysieren und die Finger auf offene Wunden zu legen. Denn für die Justiz gilt Ähnliches wie für das Gesundheits- oder Bildungssystem: Österreich liegt gut, aber es bedarf neuer Wege und Strukturen, um auch in Zukunft zu den Besten zu gehören.

Zur zentralen Frage der Fairness des Verfahrens zählen die Beseitigung finanzieller Hürden – die österreichischen Gerichtsgebühren sind unter den höchsten in Europa – ebenso wie eine einfache Sprache und eine hohe Verständlichkeit in schriftlichen Erledigungen, bei Informationsmaterial und im Verhandlungssaal. Auch die Vertretung im Verfahren hat Bedeutung: Sollten nicht alle Verdächtigen im Strafverfahren durchgehend anwaltlich vertreten sein, um gleiche Verteidigungsmöglichkeiten vor Gericht zu garantieren? Wie sichern wir die Position verletzlicher Personengruppen (Alte, Kinder, psychisch Kranke, Fremdsprachige etc.) vor Gericht besser ab als heute? Was spricht gegen die Audio-/Videoaufzeichnung jeder gerichtlichen Vernehmung und Verhandlung als Qualitätssicherungsinstrument? Die Aufzeichnung schützt beide Seiten, Zeuginnen und Zeugen vor Unfreundlichkeiten und die Richterinnen und Richter vor Unterstellungen.

Die Verbindung von Recht und Gerechtigkeit gelingt eher dann, wenn Gleiches gleich behandelt wird und wenn die Verhältnismäßigkeit das staatliche Handeln bestimmt. Das Rechts- und Justizsystem wird umso eher als gerecht empfunden, je weiter es von einer Klassenjustiz entfernt ist. Gibt es sie (noch), die Klassenjustiz? Ja, es gibt diese Zweiklassenjustiz. In derselben Weise, wie es eine Zweiklassenmedizin gibt. Wer mehr Geld hat, wird sich besser verteidigen bzw. vertreten lassen können. Der Arme wird leichter in die Fänge von Polizei und Justiz geraten, da die Ressourcen nach wie vor primär in die Verfolgung von Bagatellkriminalität fließen.

Nehmen wir Fälle, wie sie im Gerichtsalltag vorkommen: In Wien gibt es eine überschaubare, aber doch nicht ganz kleine Gruppe von Menschen, die aus Pakistan und Indien zugewandert sind. Am Arbeitsmarkt sind sie zu einem guten Teil in den Bereichen der Kolportage, der Zustellung und Auslieferung (Pakete, Werbematerial, Essen) und im Rosenverkauf tätig. Diese Tätigkeiten gehören zu jenen mit den niedrigsten Einkommen. Die Austräger von Werbematerial benutzen zum Großteil ihre eigenen alten Mopeds für den Job. Sie sind oft formell selbstständig, obwohl sie de facto in völliger Abhängigkeit ihres Auftragsunternehmens arbeiten. In den letzten Jahren kommt es in Wien vermehrt zu Anzeigen gegen diese pakistanischen und indischen Austräger. Anlässlich des Umschreibens ihrer indischen oder pakistanischen Führerscheine auf österreichische Lenkberechtigungen oder anlässlich von Verkehrskontrollen erstattet die Polizei Anzeige, dass der Führerschein aus dem Heimatland mutmaßlich gefälscht sei. Eine Zusammenarbeit mit den indischen und pakistanischen Behörden wird entweder erst gar nicht versucht oder sie funktioniert nicht, weil die ausländischen Behörden nicht antworten. Ob der indische/pakistanische Führerschein regulär erworben wurde, lässt sich also kaum feststellen. Die Männer (Frauen sind in diesem Segment kaum tätig) werden oft angeklagt und stehen dann vor Gericht. Vor Gericht sagen sie in der Regel aus, den Führerschein auf normalem Weg und ordnungsgemäß in ihrer indischen oder pakistanischen Heimat erworben zu haben. Als sich diese Fälle häuften, habe ich in einer Verhandlung die selbst aus Indien stammende Dolmetscherin dazu befragt, wie sie die Situation einschätzt. Die Dolmetscherin hat mir erklärt, dass das Behördenwesen in Indien dermaßen korrupt sei, dass praktisch niemand auf völlig regulärem Wege den Führerschein erlangt. Vielmehr sei es üblich, dass die Prüfer oder Fahrschulen Bestechungsgelder verlangen und erst dann einen Führerschein aushändigen. Die nötigen Fahrstunden würden oft absolviert, manchmal auch nicht. Aufgrund der Vorgangsweise der Prüfer sei ein Ablegen der Prüfung nach europäischem Muster kaum möglich und der Ausnahmefall. Tatsächlich wird in vielen solchen Fällen aus verschiedensten Gründen keine Strafbarkeit eingetreten sein. Grundsätzlich stellt sich aber die Frage, warum der Staat so viel an Energie und Ressourcen in die Verfolgung solcher Delikte steckt, deren Unrechtsgehalt und Störwert für die Gesellschaft minimal ist. Denn die betroffenen Personen können Moped fahren und fahren seit Jahren Moped, sie haben in der Regel eine Fahrausbildung in ihrer Heimat gemacht und müssen anlässlich der nötigen Umschreibung ihres Führerscheins in der EU ohnedies die praktische Fahrprüfung nochmals ablegen.

Ein ähnliches Muster zeigen Strafverfahren gegen Mitarbeiterinnen und Mitarbeiter von Reinigungs- und Schneeräumungsdiensten. Immer mehr Hauseigentümer und Hausverwaltungen räumen den Gehsteig im Winter nicht selbst vom Schnee, sondern beauftragen einen privaten Winterdienst. Oft entsteht eine längere Kette von Subunternehmern. Am Ende steht wieder eine Einzelperson, formell selbstständig, tatsächlich abhängig, die von ihrem Auftraggeber eine so große Zahl an Liegenschaften zugewiesen erhält, dass sie bei einem nächtlichen Wintereinbruch die Schneeräumung in der vorgeschriebenen Zeit unmöglich bewerkstelligen kann – lehnt sie das ab, verliert sie den Job oder den Auftrag. Rutscht dann ein Passant oder eine Passantin auf dem nicht geräumten Gehsteig aus und verletzt sich, kommt es zu einem Strafverfahren – die Staatsanwaltschaften klagen in aller Regel das letzte Kettenglied an. Was zwischen den einzelnen Ebenen genau besprochen und ausgemacht wurde, lässt sich in der Regel kaum feststellen. Außerdem sprechen die Menschen am

Ende der Kette oft nicht sehr gut Deutsch. Meist ist es fraglich, ob sie zu ihren Verpflichtungen und Aufgaben beziehungsweise über gesetzliche Bestimmungen, deren Verletzung man ihnen am Ende vorwirft, überhaupt in einer ordentlichen Form belehrt worden sind.

Ähnliches kann man im Zusammenhang mit Arbeitsunfällen am Bau beobachten. Immer wieder sterben in Wien Personen, die bei Gerüstarbeiten oder Dacharbeiten nicht vorschriftsmäßig gesichert sind und abstürzen. Geht es um die strafrechtliche Klärung der Verantwortung, wird die Verantwortung innerhalb der Großunternehmen hin und her geschoben, ebenso zwischen General- und Subunternehmen. Strafrechtlich angeklagt werden oft wieder Mitarbeiter oder Mitarbeiterinnen der untersten Ebene, die auf derselben oder gerade eine halbe Stufe über den Verunfallten eingeordnet sind.

Nehmen wir als letztes Beispiel, weil es besonders anschaulich ist, Strafsachen nach dem Lebensmittelgesetz. Werden verdorbene Lebensmittel verkauft, ist das unter gewissen Bedingungen strafbar. Viele Jahre lang wurden diese Strafbestimmungen von den Staatsanwaltschaften so gehandhabt, dass, wenn etwa in einem großen Supermarkt verdorbenes Obst oder verdorbene Süßspeisen verkauft wurde, nicht etwa Filialleiter bzw. Filialleiterin oder Regionalverantwortliche belangt werden, sondern die jeweiligen Verkäuferinnen und Verkäufer oder Regalbetreuer im Supermarkt. Freilich hatten diese Personen in der Regel keine Kompetenz, die Entfernung der Ware aus den Regalen zu bewirken.

Die Strafjustiz greift also gern auf die Kleinen zurück. Warum aber ist das so? Muss es so sein? Rechtlich ganz sicher nicht. Dem europäischen Trend entsprechend erhielt Österreich bereits 2005 ein Unternehmensstrafrecht. Nicht nur natürliche Personen können seither strafrechtlich angeklagt werden, sondern eben auch Unternehmen. Stürzt ein Bauarbeiter ungesichert vom Dach, müssen Polizei und Staatsanwaltschaft nicht lange ermitteln, wie die Verantwortlichkeiten und Zuständigkeiten innerhalb des Bauunternehmens verteilt waren. Das Unternehmen hat sich jedenfalls strafbar gemacht und kann nach dem Verbandsverantwortlichkeitsgesetz angeklagt werden. Dieses Gesetz wird allerdings sehr selten angewandt. Dabei hätte seine regelmäßige Anwendung viele positive Effekte – man erhielte statistisch eine bessere Übersicht, wie oft einzelne Unternehmen das Strafrecht verletzen. Wird die Strafkarte eines Unternehmens länger, läge es nahe, ihm die Gewerbeberechtigung zu entziehen und es von öffentlichen Aufträgen auszuschließen. Das Verfolgen kleiner Mitarbeiterinnen und Mitarbeiter bedeutet auch, dass sich an den Strukturen, die zu Unfällen und Gesetzesverstößen führen, nichts ändert. Es werden Menschen bestraft, die keinen oder wenig Einfluss auf die Abläufe haben; Unternehmen können sich in der Gewissheit wiegen, dass Schlampereien für sie keine Folgen haben. Auf einer Großbaustelle kann aufgrund struktureller Nachlässigkeiten, zu geringer Sicherheitsvorkehrungen, zu großem Zeitdruck einiges an Unfällen passieren. Mehrere kleine Abschnittsverantwortliche erhalten vielleicht Vorstrafen, während Unternehmen und ihre Vorstände unbehelligt bleiben.

Oder ein anderes Beispiel zum Thema Klassenjustiz: Angeklagt war ein Mann wegen Sachbeschädigung. Er soll bei einem parkenden Auto die Luft aus den Autoreifen gelassen haben, sodass schließlich die Felgen kaputt gingen. Die Hauptverhandlung ergab dann ein etwas umfassenderes Bild des Hintergrundes. Der Autobesitzer, ein Jurist, wurde im Verfahren als Opfer geführt. Der etwa fünfundvierzig bis fünfzig Jahre alte Mann hatte, wie er selbst sagte, seinen Wagen vorschriftswidrig auf einem Behindertenparkplatz geparkt, um seine junge Freundin zu besuchen. In der Verhandlung beklagte der Jurist die Parkplatzmisere. Das Parkpickerl sei ein echtes Ärgernis. Um in verschiedenen Bezirken Wiens billiger parken zu können, habe er mittlerweile seine diversen

Autos auf verschiedene Freundinnen angemeldet. Da damals vor dem Haus seiner Freundin kein Parkplatz frei gewesen sei, habe er das Fahrzeug eben auf dem Behindertenparkplatz geparkt. Er sei ohnedies bald zurückgekommen.

Der Angeklagte, der die Luft aus den Reifen gelassen haben soll, hätte wohl über ein gutes Motiv verfügt: Es handelte sich um den Sohn jenes Behinderten, für den der Parkplatz extra ausgeschildert war. Der Mann bestritt allerdings die Tat. Es stand Aussage gegen Aussage: Der Angeklagte behauptete, er habe ein Zischen bei den Reifen gehört und habe sich das näher angesehen. Tatsächlich sei Luft aus den Reifen entwichen, er selbst habe die Reifenventile aber nicht geöffnet, dies ginge bei diesem Fahrzeugmodell gar nicht ohne ein Spezialwerkzeug. Der Jurist sei aber zu ihm gekommen, habe sich sehr aggressiv verhalten, ihn bis zum Eintreffen der Polizei festgehalten und dabei auch verletzt. Tatsächlich wies der Mann auch recht erhebliche Kratzspuren im Hals- und Schulterbereich auf, die von der Polizei mit Fotos dokumentiert worden waren. Der Autobesitzer dagegen behauptete, er habe den Mann dabei erwischt, wie dieser gebückt bei den Reifen stand. Ganz offensichtlich habe der Angeklagte die Reifenventile geöffnet.

Allerdings gestand auch der Jurist zu, dass man die Reifenventile nur mit Spezialwerkzeug öffnen konnte. Während die Polizei noch Anzeige wegen Sachbeschädigung gegen den einen Mann und wegen Körperverletzung gegen den zweiten Beteiligten, den Juristen, erhoben hatte, stellte die Staatsanwaltschaft das Körperverletzungsverfahren gegen den Juristen ein. Gegen den bereits vorbestraften zweiten Beteiligten wurde jedoch Anklage wegen Sachbeschädigung erhoben. Das Strafgericht hatte in diesem Fall also nur mehr ganz isoliert die Frage der Sachbeschädigung zu beurteilen. Und doch geraten Opfer- und Täterrolle durcheinander, stellt sich die Frage, wer nun primär Geschädigter ist, wenn die als Opfer geführte Person selbst mehrere Gesetzesverstöße zugibt und als selbstverständlich und ohne jedes Unrechtsbewusstsein referiert, dass er Autos auf mehrere Freundinnen anmeldet, um Parkpickerl für mehrere Wiener Gemeindebezirke zu bekommen und bei Parkplatzmangel einfach Behindertenparkplätze in Anspruch nimmt. Wie ist es zu erklären, dass gleichzeitig die zahlreichen Kratzwunden beim anderen Beteiligten nicht vor Gericht abgehandelt werden?

Die angeführten Beispiele zeigen die Neigung der Strafjustiz, bei der Verfolgung von Delikten auf die zuzugreifen, von denen am wenigsten Widerstand zu erwarten ist. Man belangt jene, die sich nicht gut artikulieren können, weil sie schon die das Verfahren einleitenden Schriftstücke von Polizei, Staatsanwaltschaft und Gericht nur unzureichend verstehen, weil sie nicht die finanziellen Mittel für eine anwaltliche Vertretung haben. Und so stecken Polizei und Justiz viel an Ressourcen in die Bekämpfung von Kleinkriminalität und die Verfolgung der untersten Verantwortungsebene, die das Geschehen nicht wesentlich mitbestimmt. Kriminelle Strukturen bleiben so unbehelligt. Für die Gesellschaft weit schädlichere Verhaltensweisen werden strafrechtlich nicht verfolgt, entweder weil die Ressourcen sich in der Bekämpfung der Bagatellkriminalität erschöpfen oder weil der politische Wille für die strafrechtliche Auseinandersetzung mit finanziell und politisch Mächtigeren fehlt. Es ist dies freilich kein neues oder an ein bestimmtes Land gebundenes Phänomen, sondern eine globale, konstante Schwäche des Strafrechts. Und doch finden wir immer wieder Beispiele einer effizienten Strafgerichtsbarkeit, die zeigt, dass es auch anders ginge – man denke nur an die Aufarbeitung der politischen Korruption in Kärnten, an das Strafverfahren gegen die Führung des Fußballklubs Bayern München oder US-amerikanische Strafverfahren im Zusammenhang mit der Manipulation von Autoabgastests.

Wenn wir davon ausgehen, dass die Justiz das Recht ungeachtet der Person nach der Schwere der Störung anwenden soll, und weiters davon, dass das Strafrecht vor allem zur Ahndung der schweren Verstöße gegen das menschliche Zusammenleben gedacht ist, dann müssen wir uns ansehen, wo vielen Menschen große Schäden drohen oder entstehen. Wir landen schnell bei der Umwelt- und Finanzkriminalität. Die Wiener Soziologin Laura Wiesböck hat zuletzt eindringlich auf die Dimension der Finanzkriminalität aufmerksam gemacht. Der jährliche Schaden für die Republik durch Steuerhinterziehung und Steuerbetrug beträgt rund 2,9 Milliarden Euro, das entspricht rund einem Prozent des BIP. Wiesböck kommt bei einer Schätzung der Schäden durch die Finanz- und Wirtschaftskriminalität auf rund ein Sechstel (15 Prozent) des Bruttoinlandsprodukts, was eine gewaltige Dimension bedeutet.

Umweltkriminalität wiederum ist heute dafür verantwortlich, dass in ganzen Regionen das Trinkwasser vergiftet ist, die Böden landwirtschaftlich nicht mehr nutzbar sind oder die Lebenserwartung Hunderttausender binnen weniger Jahre markant sinkt. Umweltverbrechen werden weltweit kaum ernsthaft geahndet. Verantwortlich sind meist Konzerne, mit denen sich die staatlichen Strafverfolgungsbehörden nicht anlegen. Stattdessen verweisen die Staatsanwaltschaften in der Regel auf die Schwierigkeit der Strafverfolgung, den nicht belegbaren Kausalzusammenhang, und legen in solchen Fällen an die Beweisbarkeit so strenge Maßstäbe an wie bei keinem Kridadelikt eines Kleinunternehmens und keinem Drogengeschäft von Kleinkriminellen.

Schließlich geht es oft nur um den Einsatz der richtigen Mittel. Telefonüberwachungen sind bei der Bekämpfung des Drogenhandels ein Routineinstrument. Würde man diese Überwachungen und zusätzlich verdeckte Ermittler bei der Umwelt- und Finanzkriminalität ebenso konsequent einsetzen, würde man schnell fündig werden und gute Beweisergebnisse erzielen. Letztlich ist es auch bei der Drogenkriminalität so, dass vor allem wirtschaftlich schwache Drogenabhängige verfolgt werden, die auf der Straße leben und dort ihren Stoff kaufen. Ebenso viele Abhängige und Händler ließen sich in den Clubs und In-Lokalen finden. Nur wird dort nicht mit so vielen verdeckten Fahndern nach ihnen gesucht. Aus zwei Gründen: Zum einen greift die Polizei vor allem auf jene Drogenkonsumentinnen und -konsumenten zu, die in den Augen der Öffentlichkeit und des Boulevards ein Ärgernis sind, also etwa in den U-Bahn-Stationen aufhältige Drogenkranke. Die koksende Rechtsanwaltskonzipientin oder der heroinabhängige Kreativdirektor stört in der Regel die Öffentlichkeit nicht. Zum anderen geht es wieder darum, dass der Junkie von der Straße das einfachere Gegenüber ist, er wird sich selten wehren oder etwas einfordern.

Große Kriminalitätsfelder werden mangels Interesses oder Kompetenzen der Justiz weitgehend schadlos gehalten. Das gilt etwa für die gesamte Bilanz- und Börsenkontrolle. Gesetzesverstöße bleiben ohne ernsthafte Sanktionen und ermöglichen die Anlegertäuschung. Die vor einigen Jahren beschlossene neue sogenannte Bilanzpolizei wird daran wenig ändern: Entdeckte Verstöße gegen Rechnungslegungsvorschriften werden nicht zwingend veröffentlicht. Gerade das wäre aber der Sinn der Ermittlungen: Der Schutzzweck des Gesetzes wird völlig dadurch unterlaufen, dass man nur veröffentlichen kann, aber nicht muss. In Deutschland werden alle Verstöße veröffentlicht; Transparenz ist eben auch hier ein Schlüsselelement.

Ein anderer Bereich, in dem Korruption unbehelligt bleibt, ist der Sektor Medizin/Pharmazie. Die Ärzteschaft hat hierzulande geradezu eine Bedienungsanleitung für Korruption zur Hand. Pharmafirmen finanzieren nicht nur Medizinzeitschriften, sondern auch medizinische Kongresse, ärztliche Fortbildungsveranstaltungen und sogenannte Qualitätszirkel. Diese Veranstaltungen finden bevorzugt an attraktiven Reisezielen statt. Reise- und Aufenthaltskosten werden von jenen Pharmaproduzenten bezahlt, die ihre Produkte an die versammelte Ärzteschaft verkaufen wollen. Diese Anfütterung im klassischen Sinn ist noch dazu durch gesetzliche Ausnahmeregelungen im Medizinrecht zulässig. So überträgt das Ärztegesetz der Ärztekammer die Organisation von Fortbildungsveranstaltungen. Die Verordnung der Ärztekammer über ärztliche Fortbildung aus dem Jahr 2010 ermöglicht die Kooperation von ärztlichen Fortbildungsanbietern mit an der Fortbildung interessierten Organisationen, Einrichtungen und Dritten (Sponsoren), welche einen Beitrag zur Entwicklung der medizinisch-wissenschaftlichen Fortbildung leisten. Im Kommentar zur Verordnung heißt es, der Sponsor, das ist in der Regel eine Pharmafirma, könne das Fortbildungsthema bestimmen. Gleichzeitig verlangt die Verordnung jedoch, Inhalte ärztlicher Fortbildung unabhängig von wirtschaftlichen Interessen Dritter zu halten und die Zusammenarbeit zwischen Sponsor und ärztlichem Fortbildungsanbieter so zu gestalten, dass das Patientenwohl und die Wahrung der ärztlichen Unabhängigkeit und Entscheidungsfreiheit nicht gefährdet oder beeinflusst werden – die Quadratur des Kreises. Anschaulich wird die Problematik durch die Zahl der Pharmavertreter: 4000 Pharmareferentinnen und -referenten kümmern sich um 8000 niedergelassene österreichische Ärztinnen und Ärzte. In der Schweiz und in Deutschland wird dieses enorme Korruptionsfeld – der Schaden durch Korruption im Gesundheitswesen wird in Deutschland mit jährlich 18 Milliarden Euro (10 % aller Gesundheitsausgaben) geschätzt – immerhin bereits diskutiert. In Österreich wird das Thema bisher weitgehend totgeschwiegen. 2013 hat die NGO Transparency International das Thema aufgegriffen und von einer „Kuvert- und Zweiklassenmedizin" in Österreich gesprochen. Die geschilderten Rahmenbedingungen führen außerdem dazu, dass die Pharmafirmen die Forschung auf jene Felder leiten, die medikamentenintensiv sind und die höchsten Umsätze erwarten lassen. Forschungsbereiche, die für die Patientinnen und Patienten wichtiger sind, aber wirtschaftlich weniger attraktiv – weil Prävention oder Operation hier besser wirken – werden vernachlässigt. Dies illustriert, welche gesellschaftlichen Schäden aus korrupten Strukturen entstehen.

Ein staatlich geduldetes Korruptionsszenario liegt auch in der durch die Krankenzusatzversicherungen verursachten Zweiklassenmedizin mit intransparenten Operationswartelisten und übermäßigen Nebentätigkeiten der Primarärztinnen und Primarärzte in Privatspitälern. An öffentlichen Spitälern angestellte Medizinerinnen und Mediziner sind nicht selten an Privatkliniken beteiligt, die Nutzung öffentlicher Gesundheitsdienste für Privatversicherte ist die Folge. Teure Untersuchungen erfolgen über die Infrastruktur des öffentlichen Spitals, hohe Honorare werden in der Privatordination bezahlt.

All dies führt uns zu dem Befund, dass wirtschaftlich und sozial Schwache ungeachtet der Schwere und Dimension ihrer Straftat ein hohes Risiko einer strafrechtlichen Verfolgung haben. Denn Polizei und Justiz konzentrieren sich auf die Verfolgung sozial und wirtschaftlich schwacher Menschen bzw. jener Kriminalitätsfelder, die für sozial und wirtschaftlich Schwache naheliegend sind. Nur ein System, das den Fokus auf die Verfolgung von Ladendiebstählen oder Drogenkonsumenten legt, kommt auf eine hohe Zahl an Anklagen gegen sozial Schwache. Würde man dagegen Finanz- und Umweltverbrechen zur Priorität der Strafjustiz machen, was ja (ethisch und volkswirtschaftlich), bedenkt man deren gesellschaftliche Folgen und Dimension, sinnvoller wäre, stünde man vor ganz anderen – gebildeten, sozial gut vernetzten und wirtschaftlich starken – Tätergruppen. Das ist ungemütlicher.

Die vorrangig verfolgten sozial Schwachen haben meist ein chronisch schlechtes Gewissen, sie leisten keine Gegenwehr. Wird gegen Mächtige ermittelt, sinkt, verkürzt und plakativ gesagt, die Arbeits- und Lebensqualität der Ermittler. Eine gute Rechtsvertretung schreitet ein, das Gericht steht im

Licht medialer Aufmerksamkeit. Jeder Schritt, jede Einvernahme muss von Polizei und Staatsanwaltschaft wesentlich akribischer vorbereitet werden. Aufgrund der guten anwaltlichen Vertretung ist bei der Strafverfolgung der wirtschaftlich potenten Verdächtigen die Erfolgsquote geringer und das Risiko für die Ermittler höher. So bleibt es beim falschen Ressourceneinsatz. Kommt es doch zur Anklage von politisch und wirtschaftlich Mächtigen, dann hatten solche Anklagen in den letzten Jahren vor den Gerichten in der Regel Bestand. Die Gerichte hatten dank ihrer Unabhängigkeit keine Scheu, Mächtige zu verurteilen.

Wir verfolgen also mit dem Strafrecht allzu oft nicht die richtigen Delikte. Nach den rechtstheoretischen Vorstellungen ist das Strafrecht das schärfste Mittel des Staates; es sollte den schwersten Verstößen gegen das gesellschaftliche Zusammenleben vorbehalten sein. Wenn wir kranke Menschen wegen eines kleinen Diebstahls bestrafen, dann findet dieses Handeln nur Legitimität, wenn wir entsprechend scharf gegen die wirklich schweren Verbrechen vorgehen. Dabei versagt der Staat im Großen und Ganzen; Österreich genauso wie die meisten anderen Staaten. Der Grund dafür liegt wohl in der globalen Dominanz der Finanz- und Wirtschaftswelt über die Politik. Die Ressourcen werden also falsch eingesetzt, Staatsanwältinnen und Staatsanwälte werden falsch ausgebildet, nämlich zur Verfolgung von Kleindieben und Drogenkranken statt zur Verfolgung von Finanz- und Umweltverbrechen. So entsteht eine zynische Klassenjustiz. Dass sich diese sehr wohl aufbrechen ließe, zeigt die Korruptionsbekämpfung in Österreich. Als die Politik vor rund zehn Jahren die Bekämpfung von Wirtschaftskriminalität und Korruption zum Ziel erklärt und eine Spezialbehörde eingerichtet hat, kamen die Strafverfahren auf diesem Gebiet in Gang. Noch nicht in ausreichender Zahl und auch die Geschwindigkeit lässt zu wünschen übrig, aber immerhin. Man wüsste also, wie es geht, wollte man Finanz- und Umweltverbrechen ernsthaft bekämpfen.

Die eingangs dieses Abschnitts angesprochene Öffnung der Justiz meint auch einen neuen Umgang mit Politik und Medien. Das Verhältnis von Justizressort und Richterschaft zur Politik ist weiterhin von Abgrenzung geprägt. Diese ist notwendig, wenn es um die Abwehr parteipolitischer Einflussnahme geht. Sie ist verfehlt, wenn dadurch der Austausch zwischen Politik und Justiz unterbleibt. Auch Parlamentsabgeordnete können nur dann kompetent über justizpolitische Fragen entscheiden, wenn ihnen gute Informationen zur Verfügung stehen, wenn sie also auch von Justiz und Berufsvertretungen aus erster Hand und regelmäßig über die Herausforderungen, Sorgen und Bedürfnisse der Gerichtsbarkeit informiert werden. Justiz und Politik müssen sich hier auf Augenhöhe begegnen. Politische Arbeit, sei es in der Exekutive oder im Parlament, sollte anerkannt werden. Parlamentarische Untersuchungsausschüsse als wichtiges politisches Aufklärungselement in der Demokratie verdienen Unterstützung und Respekt der Justiz.

Einer neuen Orientierung bedarf auch das Verhältnis von Justiz, Richterschaft und Medien. Die Rolle der Medien als *public watchdog* ist für das demokratische Gefüge einer Gesellschaft unverzichtbar (ebenso wie jene von NGOs). Die letzten Jahrzehnte haben deutlich gemacht, dass häufig die Medien als öffentliches Kontrollorgan einspringen, wenn die Strafjustiz, aus welchen Gründen immer, ihrer Rolle nicht so nachkommt, wie das zu wünschen wäre. Nicht wenige für die Zweite Republik wichtige Strafverfahren (vom AKH-Skandal bis zur Hypo-Affäre) kamen erst durch den Druck der Medien so richtig in Gang. Die Leistungen einer kompetenten Generation von Aufdeckungsjournalistinnen und -journalisten sind beachtlich. Umgekehrt waren Phasen eines schwächelnden Aufdeckungsjournalismus zu beobachten, in denen die Justiz durch erfolgreiche Aufklärungsarbeit in Erscheinung getreten ist. Medien und Strafjustiz funktionieren also oft wie kommunizierende Gefäße. Justiz und Medien sind zwei Spieler im demokratischen Gefüge, die einander ergänzen. Dabei ist freilich die wichtige Rolle von Whistleblowern nicht zu vergessen. Informantinnen und Informanten aus dem behördlichen wie auch privatwirtschaftlichen Sektor treten oft, anonym oder unter dem untentbehrlichen Schutz des Redaktionsgeheimnisses auch mit Namen, an Medien heran, um Missstände öffentlich zu machen. Die Veröffentlichung des sogenannten Ibiza-Videos im Mai 2019, das die Machtfantasien des früheren Vizekanzlers Heinz-Christian Strache offenlegte, ist ein gutes Beispiel für das wichtige Zusammenspiel von Whistleblowern, Aufdeckungsjournalismus und Strafjustiz im Interesse des Staatsganzen.

Die Justiz hat erst spät eine eigene Öffentlichkeitsarbeit etabliert, in der sie ihre Tätigkeit kommuniziert. Mittlerweile geht es aber um mehr als das Kommentieren und Erläutern anhängiger Verfahren. Öffentlichkeitsarbeit bedeutet heute einerseits die Nutzung neuester Medien, andererseits auch ein Hinausgehen der Gerichte in die Zivilgesellschaft. Es ist wichtig, dass Richterinnen und Richter, Staatsanwältinnen und Staatsanwälte vermehrt an Schulen vortragen und diskutieren. Die Justiz hat hier, genauso wie die Polizei, eine Informations- und Präventionsaufgabe zu erfüllen. Sie muss um Vertrauen für ihre Arbeit werben und benötigt dafür Ressourcen.

Ein Schlüsselbegriff für das Vertrauen der Bevölkerung in die Justiz und in die Fairness der Verfahren heißt Transparenz. Kritik an der Justiz trifft sehr oft die Staatsanwaltschaften. Das ist systemimmanent, denn die Gerichte agieren in öffentlichen Verhandlungen, während die Arbeit der Staatsanwaltschaften vielfach abgeschottet erfolgt und nicht einsehbar ist. Abhilfe würde hier geschaffen, wenn die Staatsanwaltschaften ihre Entscheidungen über wesentliche Verfahrensschritte und Entscheidungen in den Akten (Tagebüchern) begründen müssten und diese Begründungen nicht nur dem Parlament zur Verfügung stünden, sondern generell öffentlich wären.

Ebenso wie die Urteile der Höchstgerichte sollten auch die oft nicht minder schwerwiegenden Entscheidungen der Staatsanwaltschaften öffentlich sein. Die skandinavischen Staaten praktizieren dieses Modell seit Jahrzehnten mit Erfolg: Alle staatlichen Akten sind grundsätzlich öffentlich und einsehbar. Ausnahmen gibt es nur für ganz wenige Bereiche wie etwa die Staatssicherheit. In einem solchen System steigt einerseits die Qualität staatlichen Handelns – die Entscheidungsorgane müssen ihre schriftlichen Erledigungen so vorbereiten und begründen, dass sie auch einer öffentlichen Diskussion standhalten. Andererseits wächst das Vertrauen der Öffentlichkeit in die Verwaltung; heimliches Agieren nährt immer Misstrauen. Gerade Staatsanwältinnen und Staatsanwälte sind juristisch bestens ausgebildet, gut bezahlt und müssen zu ihren Entscheidungen stehen können. Ein staatliches System, das seine Akten – unter dem Vorwand des Datenschutzes und der Amtsverschwiegenheit – geheim hält, schützt in Wirklichkeit nur seine eigenen schwarzen Schafe, die in der Dunkelheit wenig zu befürchten haben. Ein guter Staatsapparat bräuchte Transparenz nicht zu scheuen und könnte seine Verwaltungstätigkeit und Rechtsprechung durchaus selbstbewusst und offen ausüben. Kritik muss die mit viel Macht ausgestattete Justiz aushalten. Der Rechtsanwalt, Universitätsprofessor und ehemalige Nationalratsabgeordnete Alfred J. Noll hat der österreichischen Strafjustiz anlässlich des Kinostarts des Films „Operation Spring" vor einigen Jahren vorgeworfen, „bar jeder Einsicht in ihre gesellschaftliche Funktion" und „institutionell reflexionsfrei" zu sein. Für eine Einrichtung, die mit so viel Macht ausgestattet ist wie die Rechtsprechung, sind die permanente Reflexion und der regelmäßige Austausch mit den anderen Rechtsberufen, aber auch mit der Öffentlichkeit, zentrale Qualitätssicherungsmaßnahmen. Die erfolgreiche Tätigkeit der vor gut zehn Jahren eingerichteten Justizombudsstellen (es handelt sich um justizinterne Beschwerdestellen, die Beanstandungen im kurzen Weg nachgehen) zeigt die

Bedeutung eines wertschätzenden Umgangs der Justiz mit den Bürgerinnen und Bürgern.

Noch immer tut sich die Justiz mit der Kommunikation auf Augenhöhe schwer. Denn allzu lange agierten Gerichte und Staatsanwaltschaften von oben herab. Die Sprache der Justiz war unverständlich und ist es oft genug immer noch. Bis in die jüngste Vergangenheit unternahm niemand den Versuch, allgemein verständlich zu erklären, wie Gerichte und Staatsanwaltschaften arbeiten, an welche Regeln sie gebunden sind und welche Strategien die Justizbehörden in einzelnen, für die Öffentlichkeit interessanten Verfahren verfolgen. Ähnlich wie Medizin oder Universität schwebte die Justiz lange auf einer Wolke der Unantastbarkeit. Ähnlich autoritär wie der Umgang mit der Öffentlichkeit war auch das innere Klima im Justizapparat. Erst spät, an der Schwelle zum 21. Jahrhundert, kam es zum Umbruch. Es begann der Aufbau einer professionellen Öffentlichkeitsarbeit. Als Vortragende zu den Aus- und Fortbildungsveranstaltungen der Justiz wurden nicht mehr nur Richterinnen und Richter, sondern auch externe Expertinnen und Experten verschiedener Berufsgruppen eingeladen. Einer Einbindung von Kommunikationsfachleuten in die tägliche Medienarbeit verschließt sich der Justizapparat freilich nach wie vor. Es besteht eine gewisse Beratungsresistenz.

Für Justizangehörige ist ein Diskurs auf Augenhöhe mit anderen Berufsgruppen und mit der Zivilgesellschaft schon deshalb schwierig, weil die lange Berufsausbildung nahezu ausschließlich intern erfolgt, ohne naheliegende Kooperationen mit Universitäten, Polizei, Sozialarbeit oder Medizin. Das fördert einen Korps- und Familiengeist, der die kritische Auseinandersetzung mit anderen Haltungen erschwert. Im Arbeitsalltag, im Gerichtssaal sind die Justizorgane kaum mit Kritik konfrontiert; wer will es sich schon mit ihnen verscherzen. So kommt es, dass die kritikungewohnte Justiz auf Angriffe oft reflexartig beleidigt reagiert. Vorwürfe werden schnell auf der persönlichen Ebene abgehandelt oder ohne nähere Ausführungen zurückgewiesen. Die Gründe liegen in einer Mischung aus Überheblichkeit und Angst; oder auch im Unvermögen, die Diskussion in einer verständlichen Sprache in einem breiten Medium zu führen. Da wird in Gerichten und Staatsanwaltschaften dann beim Kaffee über die dummen Journalistinnen oder Journalisten geschimpft, die nichts verstünden – statt dass sich jemand an den Computer setzt und einen Leserbrief oder Kommentar für eine Zeitung schreibt, um die Sicht der Justiz ruhig darzulegen. Seltene Anmerkungen werden gern in der beleidigten Form der „Entgegnung" oder in ungelenk formulierten Leserbriefen abgegeben. Der führende deutsche Strafrechtswissenschaftler und Höchstrichter Thomas Fischer hat dieses Schema durchbrochen, indem er über ein Jahr lang regelmäßig Glossen für die deutsche Wochenzeitung *Die Zeit* verfasste. Er kommentierte das politische Geschehen aus der Sicht des Juristen und erklärte, wie Justiz funktioniert – wie sie ihr Personal auswählt, wie man Karriere in der Justiz macht, wie Gerichtssenate sich eine Meinung bilden usw. Fischers Beiträge – die Kritik an ihrer Polemik ist nur teilweise berechtigt – haben Transparenz geschaffen, und Transparenz hat Vertrauen zur Folge.

Die Öffentlichkeit hat ein Recht darauf, über die Justiz gut informiert zu werden. Die Justiz hat somit gleichsam einen Auftrag, an der öffentlichen Diskussion teilzunehmen. So wie die Justiz den einzelnen Menschen im Gerichtssaal ernst zu nehmen hat, so ist auch die Öffentlichkeit in ihrer Gesamtheit von der Justiz zu respektieren. Das hat nichts damit zu tun, dass Urteile im Gerichtssaal mit staatlicher Autorität versehen und insofern nicht verhandelbar sind. Es ist ein Dienst an Demokratie und Rechtsstaat, dass sich Justizsysteme heute auf möglichst breiter Basis erklären: indem sie sich in interdisziplinäre Formate einbringen, Gäste einladen, Gerichtsgebäude für Veranstaltungen und Diskussionen öffnen und Richterinnen und Richter in Schulen mit der Jugend diskutieren. Es hat wenig Sinn, für die Öffentlichkeit wichtige Fragen vornehmlich in kleinen Fachzeitschriften abzuhandeln. Die Bevölkerung hat ein Recht darauf zu erfahren, wie die Justiz Korruption bekämpfen will, wie sie mit Drogenhändlern und wie mit straffälligen Jugendlichen umgeht. Diese Antworten müssen kraft ihrer Expertise und ihres Spezialwissens Richterinnen und Richter und Angehörige der Staatsanwaltschaften geben, auch im Fernsehen und in den großen Printmedien, etwa in Form von Gastkommentaren. Für die Bevölkerung ist es ja auch interessant, in den Medien die Meinung von Ärztinnen und Ärzten zu hören, welche Probleme das Gesundheitssystem plagen und wo Lösungen liegen können; oder wo Lehrerinnen und Lehrer die Herausforderungen im Schulalltag sehen. Nicht anders ist es in Rechtsfragen. Welche Entwicklungen vollziehen sich im Familienbereich, in der Lebenssituation von Jugendlichen, in der Kriminalität, im Sachwalterschaftsrecht – das sind gesellschaftlich wichtige Fragen, wo die Justiz Wissen und Kompetenz sammelt. Dieses Wissen und diese Kompetenz sollen in die Gesellschaft zurückfließen. Kommentare, Interviews und Fachbeiträge von Justizorganen in Medien sind hilfreich. Nicht jeder Richter oder jede Staatsanwältin muss diese Form der Öffentlichkeitsarbeit beherrschen. Die wenigen, die das tun möchten, sollte man aber nicht abschrecken oder drangsalieren, wie es bisher üblich war.

In diesem Zusammenhang war es wichtig, dass der Verwaltungsgerichtshof in einer Entscheidung aus dem Jahr 2001 Angehörige des öffentlichen Dienstes nicht nur berechtigt, sondern geradezu ermutigt hat, kritische Gedanken zu publizieren. Das Höchstgericht sprach aus, dass selbst Kritik eines Beamten an der eigenen Behörde zulässig und durch das Grundrecht auf Meinungsfreiheit geschützt ist. Der Beamte habe für seine Meinung weder einen Wahrheitsbeweis zu erbringen noch hafte er disziplinär für die objektive Richtigkeit seiner Meinung. Der Verwaltungsgerichtshof geht in einer weiteren Entscheidung darüber hinaus und meint, Kritik an der eigenen Behörde (etwa dem Rechnungshof) durch öffentlich Bedienstete sei nicht nur durch das Grundrecht auf Meinungsfreiheit geschützt, sondern auch als notwendiges Mittel zur Optimierung der Verwaltung im Sinne der in der Bundesverfassung bestimmten Grundsätze anzusehen. Das Höchstgericht schreibt Medienkommentaren durch Beamtinnen und Beamte also einen hohen Wert zu und geht der Lebenswirklichkeit der österreichischen Behördenwelt weit voraus. Denn tatsächlich folgt jeder Kritik aus den eigenen Reihen, nicht nur in der Justiz, sondern in weiten Bereichen des öffentlichen Dienstes, umgehend der Vorwurf der Nestbeschmutzung. Zwar ist es zumeist angemessen und zweckmäßig, Kritik primär intern zu üben. Es gibt aber doch Situationen, in denen ohne öffentliche Kritik Änderungen nicht zu erreichen sind – das war in Österreich bei der Korruptionsbekämpfung so und ist es immer noch bei Polizeiübergriffen. Missstände gehören in bestimmten Konstellationen öffentlich gemacht, etwa dann, wenn versucht wird, etwas zu vertuschen, oder wenn interne Widerstände gegen dringend notwendige Reformen nur durch die Herstellung von Öffentlichkeit zu überwinden sind. Ich habe zum Beispiel jahrelang, wie andere auch, über die Medien die Notwendigkeit einer zentralen Korruptionsstaatsanwaltschaft eingefordert und die Gründe dafür dargelegt. Diese Bemühungen haben erst den Boden für die politische Entscheidung zur Schaffung der Sonderbehörde mit aufbereitet. Ähnliches gilt für Texte zum Thema der Beschäftigung sehbehinderter Menschen in der Rechtsprechung. Es hat vieler Medienberichte und Porträts ausländischer blinder Richterinnen und Richter bedurft, bis 2013 erstmals in Österreich sehbinderte Menschen zu Richtern ernannt wurden. Sehbehinderten und blinden Menschen war der Richterberuf bis dahin hier versagt. Das Thema fand erstmals 2007 mediale Resonanz, als eine junge Frau in Tirol das Gerichtsjahr absolvierte – so wie hunderte andere Juristinnen und Juristen auch. Sie war blind und wollte Richterin werden – und tat das auch öffentlich kund. Das alles sollte nichts Besonderes sein – in Deutschland können Blinde seit vielen Jahren im Richteramt arbeiten. In Österreich wurde erst 2006 durch das Bundes-Behindertengleichstellungs-Begleitgesetz jede Diskriminierung abgeschafft. 2014 nahmen dann zwei blinde Personen am neu geschaffenen Bundesverwaltungsgericht die Arbeit als Richter auf.

Die Justiz ist ein Bereich der Staatsgewalt, in dem der repressive Charakter und die rechtlich absolute Autorität des Staates besonders ausgeprägt sind. Diese repressiven Aspekte dürfen als Selbstverständnis eines modernen Justizsystems aber nicht mehr im Vordergrund stehen. Der Wandel findet in Reformen der letzten Jahrzehnte ihren Niederschlag, er zeigt sich auch in der Gerichtsarchitektur und im geänderten Setting, in dem jeder Beteiligte einen Sitzplatz hat. In das Verfahrensrecht haben in den letzten Jahrzehnten Institute wie Mediation, Tatausgleich, Kronzeugenmodelle und Familiengerichtshilfe Einzug gehalten. Das Strafrecht hat sich in den letzten Jahrzehnten besonders stark verändert. In den 1970er-Jahren kannte das Strafgesetzbuch noch den Ausdruck des „schweren Kerkers", neben Gefängnisstrafen gab es nur Geldstrafen. Heute sind die Möglichkeiten der Staatsanwaltschaften und Gerichte viel differenzierter: Sie können die Schadensgutmachung auftragen, gemeinnützige Arbeiten anordnen oder den Ausgleich zwischen Täter und Opfer begleiten. Die Sanktionspalette ist also breit und flexibel.

All diese Neuerungen stellen alle Rechtsberufe vor neue Herausforderungen. Sehr viel mehr als früher geht es heute in jedem einzelnen Gerichtsverfahren darum, den gestörten Rechtsfrieden dauerhaft wiederherzustellen, Probleme an der Wurzel zu packen und schwache Personengruppen wie Kinder oder pflegebedürftige Menschen auf geeignete Weise zu schützen und zu unterstützen. Die Palette der Maßnahmen, die Gerichten heute zur Verfügung steht, ist wesentlich breiter als noch vor zwanzig Jahren. Der Moderation und Leitung eines gerichtlichen Verfahrens kommt gestiegene, ja zentrale Bedeutung dafür zu, ob die Verfahrensparteien die gerichtliche Intervention als positiv oder negativ werten. Dementsprechend hat die Persönlichkeitsbildung der Richterinnen und Richter gegenüber den juristisch-technischen Fähigkeiten an Bedeutung gewonnen. An großen traditionellen Richterakademien, wie der nationalen Richterakademie ENM in Frankreich, aber auch an den jüngeren Akademien osteuropäischer Staaten, konzentriert man sich seit Jahren darauf und fordert explizit einen neuen Humanismus ein, dem die moderne Justiz verpflichtet sei. Diskussionen darüber, ob man die Verfahrensparteien bei Gericht nun als Kunden betrachten sollte oder inwieweit die Justiz Servicecharakter hat, gehen am Thema vorbei. In der Hauptsache geht es darum, dass Richterinnen und Richter genauso wie Staatsanwältinnen und Staatsanwälte menschengerecht agieren. Eine ihrer zentralen Fähigkeiten muss jene des Zuhörens sein. Die Dialogfähigkeit ist für den Rechtsberuf um nichts weniger wichtig als die Gesetzeskenntnis. Von wenigen formalisierten Abschnitten eines Gerichtsverfahrens abgesehen gibt es keinen Grund, im Verhandlungssaal oder Justizgebäude anders zu kommunizieren als in sonstigen Lebensbereichen. Die Kommunikation von oben herab ist ebenso überholt wie eine verschrobene Amtssprache, die keine juristische Notwendigkeit ist, sondern bewusst oder unbewusst ein Machtgefälle aufbaut.

Viele junge Richterinnen und Richter, Staatsanwältinnen und Staatsanwälte beherrschen bereits moderne Kommunikations- und Verhandlungstechniken. Um einen Wandel der Unternehmens- und Kommunikationskultur der Justiz auf breiter Basis herbeizuführen, bedarf es einer Reform der Personalauswahl und -ausbildung. Eine völlig neu gestaltete justizinterne Ausbildung erscheint umso nötiger, als die meisten rechtswissenschaftlichen Studien in Österreich nach wie vor einen rechtsdogmatisch-normativen Ansatz verfolgen. Dem Soziologen Max Haller (*Die Presse*, Printausgabe,

11.1.2010) ist zuzustimmen, wenn er erklärt, dass die Bedeutung des Zusammenhangs zwischen Wirtschaft, Gesellschaft und Politik einerseits sowie Recht und Verfassung andererseits stärker ins Bewusstsein treten müsste. Die Negierung dieses Zusammenhangs befördert tendenziell eine menschenverachtende Rechtsanwendung oder lässt eine solche zumindest zu. In den Niederlanden hat man dazu ein beachtliches Qualitätssicherungssystem eingeführt: Bevölkerung und Anwaltschaft können dort Richterinnen und Richtern darlegen, was sie an der Verfahrensführung gestört und was ihnen gefallen hat: Die Richterinnen und Richter müssen etwa eine Stunde lang zuhören und dürfen nicht replizieren. Solche Übungen im Zuhören startet man am besten bereits in der Grundausbildung.

THESE 2
DIE JUSTIZ MUSS RAUS AUS DEM ELFENBEINTURM

Ein Mehr an Gerechtigkeit entsteht nur über den Weg, dass die Justiz den Elfenbeinturm verlässt und die gesellschaftliche Diskussion auf Augenhöhe führt. Die Überwindung der Klassenjustiz erfordert eine neue Kultur innerhalb der Justiz, eine andere Ressourcenverteilung und eine Neuausrichtung der Strafjustiz. Im Einzelnen bedeutet das:

Leitprinzipien der Justiz müssen der einfache, gleiche Zugang zum Recht und das faire Verfahren sein. Das muss sich in Informationspolitik, Sprache und Kommunikation der Justiz niederschlagen. Die Justiz muss innerhalb und außerhalb des Gerichtssaals verständlich, fair und empathisch agieren und kommunizieren.

Gerechtigkeit vor Gericht lässt sich am besten über die Verfahrensgerechtigkeit herstellen. Das bedeutet ein faires Verfahren mit möglichst wenig Formalismen, effizientem Rechtsschutz und der Gelegenheit, ausführlich angehört zu werden. Audio- und Videoaufzeichnungen von Vernehmungen und Verhandlungen sowie standardisierte Befragungen von Gerichtsparteien und ihren Vertreterinnen und Vertretern sollten als Qualitätssicherungsinstrument eingeführt werden.

Die Teilnahme von Justizangehörigen an der öffentlichen Diskussion ist in Ländern wie Italien oder im angloamerikanischen Raum weitverbreitet; in Österreich ist sie unterentwickelt. Hier vergibt die Justiz eine Chance, Vertrauen innerhalb der Bevölkerung zu gewinnen. Misstrauen bringt man vor allem jenen entgegen, die man nicht kennt.

Ziel sollte eine neue Generation von Justizangehörigen sein, die diskussionsfähig ist und ihre Entscheidungen den Verfahrensbeteiligten genauso darlegt wie sie ihre Arbeit in Schulen oder vor Medien erklärt. In der Justizausbildung müssen die Zusammenhänge von Wirtschaft, Gesellschaft, Politik und Recht herausgearbeitet werden. Der Schutz verletzlicher Personengruppen, der Kinder, Kranken und Pflegebedürftigen, soll hohe Priorität erhalten.

Bei den Staatsanwaltschaften muss der Ressourceneinsatz auf die gesellschaftlich gefährlichsten Bereiche fokussiert sein: weg von der kleinen Vermögenskriminalität hin zu schwerer Umwelt-, Finanz- und Wirtschaftskriminalität.

Organisationen sind in der Regel stärker, wenn sie viele Aspekte und unterschiedliche Menschen vereinen. Insofern sollte auch die Justiz eine Diversität aufweisen, in der etwa Menschen verschiedenster Herkunft und Lebensweise ihren selbstverständlichen Platz haben.

3. Courage und Leidenschaft

Objektivität und Neutralität sind zentrale Anforderungen an Richterinnen und Richter. Sachlichkeit kann, muss aber nicht immer bedeuten, Verfahren ruhig zu administrieren. Es gibt Fachbereiche, die besonderes Engagement, ja Leidenschaft der Justizorgane benötigen; dies gilt insbesondere auch für Organisationsfragen innerhalb der Justiz. Welche Rolle spielen Courage, Zivilcourage, Engagement im System Justiz? Und ist davon genug vorhanden? Diesen Fragen geht dieser Abschnitt nach.

Der Justiz kommt bei der Bewahrung von Demokratie und Rechtsstaat eine wichtige Rolle zu. Diese Aufgabe teilt sie mit den Medien, aber auch mit vielen engagierten Menschen. Die Förderung der Zivilcourage der Bevölkerung ist die beste Absicherung der Demokratie. In Österreich, das nie eine Revolution erlebt hat und bis heute stark obrigkeitsstaatlich angelegt ist, ist Zivilcourage schwach ausgeprägt. Es wäre vor allem Aufgabe des Bildungssystems, junge Menschen zu kritischem Denken und laufendem Infragestellen des Bestehenden anzuregen. Geht man in eine x-beliebige Lehrveranstaltung unserer Universitäten, sieht man schnell, dass hier noch viel Aufholbedarf besteht.

Persönlichkeiten, die Haltung und Mut vorleben, spielen eine wichtige Rolle. Für die Justiz hat diese Rolle in früheren Jahren etwa Udo Jesionek eingenommen, der mit seiner Leidenschaft für den Beruf nicht nur die Jugendgerichtsbarkeit geprägt hat. Er war viele Jahre Präsident des unter der Regierung Schüssel aufgelösten Wiener Jugendgerichtshofs, zudem langjähriger Präsident der Richtervereinigung. Jesionek war einer der ersten großen Rechtserklärer aus den Reihen der Justiz. In leicht verständlichen Worten legte er seine Arbeit in Radio- und Fernsehsendungen dar. Er war in der Justiz Role Model, wie es Johannes Poigenfürst oder Werner Vogt damals in der Medizin waren.

Für Demokratie und Rechtsstaat spielen Justiz und Medien eine besondere Rolle. Beide Bereiche sind tragende Säulen unserer freien Gesellschaftsordnung. Rechtspopulisten und autoritäre Führer, von Trump bis Orbán, von Erdoğan bis zur extremen Rechten, machen Medien und Justiz zur Zielscheibe ihrer Attacken. Die BVT-Affäre des Jahres 2018, vom Büro des FPÖ-Innenministers gleich nach Amtsantritt losgetreten, illustriert das Schema sehr gut. Die Polizei drängte bei der Staatsanwaltschaft auf eine Hausdurchsuchung bei einer unliebsamen Behörde und versuchte so, eine Einheit gegen Rechtsextremismus einzuschüchtern. Die Polizei strebt damit nach Hegemonie über die Justiz und diskreditiert nachforschende Journalistinnen und Journalisten. Es ist also wichtig, dass diese Berufsgruppen, Medien und Justiz, über ausreichend Selbstbewusstsein verfügen und sich der Bedeutung ihrer Rolle bewusst sind. Österreichs Medien verfügen mit Armin Wolf, Armin Thurnher, Florian Klenk und einigen anderen über Leitfiguren, die beharrlich die Bedeutung der Pressefreiheit vermitteln und zugleich zeigen, dass man mit Haltung auch erfolgreich sein kann. Armin Wolf hat mit seiner Hochner-Preis-Rede 2006 den Stein ins Rollen gebracht, der zu einem Machtwechsel im ORF führte (das Duo Lindner/Mück wurde abgelöst, Wrabetz kam) und den Redaktionen des ORF wieder unabhängig(er)es Arbeiten ermöglichte. Seine Rede war wohl für eine Generation von Journalistinnen und Journalisten eine wichtige Ermutigung.

Wolf hat darauf hingewiesen, dass gerade ein – im Fernsehinfobereich immer noch – Monopolist wie der ORF auf innere Pluralität angewiesen ist. Nur so kann er seine Rolle in der Gesellschaft, Information und kritische Beleuchtung der Geschehnisse bereitzustellen, erfüllen. Das gilt in einem kleinen Land wie Österreich in besonderem Maße – und nicht nur für den ORF, sondern für alle geschlossenen Systeme: für staatspolizeiliche Dienste genauso wie für Justiz, öffentliches Gesundheits- und Bildungswesen usw. Diese Systeme bedürfen nicht nur der permanenten Kontrolle von außen, sondern auch von innen. Fehlt es an der inneren Kontrolle, an einer gewissen Selbstreinigungskraft, dann kommt es zu Fehlentwicklungen der Systeme wie zuletzt in Deutschland im NSU-Komplex und beim Bundesnachrichtendienst, der vor rund zehn Jahren Journalisten anheuerte, um andere Journalisten und Journalistinnen bespitzeln zu lassen.

Das Personal der Justiz zieht es wie alle anderen, die ihre Arbeitsbedingungen im einen oder anderen Aspekt als unbefriedigend empfinden, allzu oft vor, sich hinter vorgehaltener Hand zu beschweren. Ängstlichkeit und Apathie herrschen dort, wo ein klein wenig Zivilcourage helfen könnte, das eigene Umfeld, den eigenen Alltag spannender und attraktiver zu machen. Frust in sich hineinzufressen macht den Einzelnen krank. Für die Gesellschaft insgesamt ist diese Passivität verhängnisvoll. Die Rückmeldungen von Ärzteschaft und Pflegepersonal über Entwicklungen auf dem Gesundheitssektor sind für den gesellschaftlichen Fortschritt ebenso wichtig wie Berichte von Professorinnen und Professoren über den Zustand der Universitäten. Nur im Dialog und Diskurs der Experten können die öffentlichen Einrichtungen weiterentwickelt werden. Das Schweigen aller zu allem führt dagegen zu einer Diktatur der Mittelmäßigen.

Armin Wolf hat 2006 in seiner Rede auf eine neue Intensität politischer Einflussnahme auf den ORF hingewiesen. Er hat sich für einen unabhängigen, kritischen, engagierten Journalismus ausgesprochen und damit Selbstverständliches formuliert. Dass eine solche Äußerung in Österreich so sehr auffällt und tatsächlich Mut erfordert, stellt dem Land in Sachen Zivilcourage kein gutes Zeugnis aus. Gleichzeitig muss man aber mit der Mär aufräumen, jede kritische Äußerung sei gefährlich, ja existenzbedrohend. Beispiele von Werner Vogt über Armin Wolf bis Florian Klenk belegen, dass die Verbindung von kritischem Geist und aufrechter Haltung Karrieren vielleicht verlangsamen, aber nicht stoppen kann. Armin

Wolfs Rede hat 2006 dazu geführt, dass viele Journalistinnen und Journalisten im ORF den lange in sich getragenen Unmut artikulierten. Dieser Unmut mündete in einen Bericht über Chefredakteur Mück, der dessen Eingriffsversuche in die Berichterstattung dokumentierte.

Österreichs Zivilgesellschaft hat sich seit 2006 weiterentwickelt, das Land ist moderner und lebhafter geworden. Es war daher überraschend, dass überwunden geglaubte Muster im Jahr 2017 wieder hervortraten. *Falter*-Chefredakteur Florian Klenk hatte Unstimmigkeiten im Zusammenhang mit der Privatstiftung des abtretenden niederösterreichischen Landeshauptmanns Erwin Pröll aufgezeigt. Armin Wolf bat Pröll in der Folge zum Interview. Das von Wolf professionell vorbereitete Gespräch war für den Befragten in dieser Situation naturgemäß unangenehm. Pröll fiel aus der Rolle, drohte Wolf vor laufender Kamera mit dem „Chef" (gemeint war offenbar der Generalintendant des ORF). Prölls Mitarbeiter unterstellten Klenk, mit falschen Tatsachen zu arbeiten. Ein Vorwurf, den sie vor Gericht rasch zurückziehen mussten. Solche Angriffe auf den unabhängigen Journalismus muss man ernst nehmen, öffentlich machen, benennen und abwehren.

Die FPÖ griff gleich nach ihrem Regierungseintritt im Jahr 2000 missliebige Richterinnen und Richter auf eine in Österreich bislang unbekannte Weise persönlich und öffentlich an. Den Unmut der FPÖ hatten Untersuchungen der Justiz zum sogenannten Spitzelskandal erregt, in den freiheitliche Politiker verwickelt waren. Er führte im Dezember 2000 zu einer beispiellosen Solidaritätsaktion der Richterschaft: 1300 der damals 1800 österreichischen Richterinnen und Richter unterstützen eine von Mia Wittmann-Tiwald und mir gestartete Initiative. Sie mündete in einen offenen Brief an die Regierung Schüssel, der den Respekt vor der Unabhängigkeit der Justiz einmahnte. Die Regierung führte die Sticheleien gegen die Justiz auf ihre Weise fort. Der ideologisch missliebige, weltweit gerühmte Wiener Jugendgerichtshof wurde anlässlich der Pensionierung des Präsidenten Udo Jesionek kurzer Hand aufgelöst.

Florian Klenk, der seine journalistische Karriere beim *Kurier* begonnen hatte und seit 1998 für den *Falter* schreibt, stieg in diesen Jahren zum führenden Justizjournalisten auf. Als promovierter Jurist ließ er sich weder von inhaltsleeren Presseerklärungen täuschen noch vom autoritären Verhandlungsstil von Richterinnen und Richtern beeindrucken und machte sich rasch einen Namen als Aufdeckungsjournalist im Polizei- und Justizbereich. 2005 erhielt er den renommierten Kurt-Vorhofer-Preis. Die Jury würdigte insbesondere Klenks Einsatz für die Einhaltung rechtsstaatlicher Prinzipien in der Strafjustiz und im Flüchtlingswesen. Damit machte sich Klenk bei Polizei und Justiz Anfang der 2000er-Jahre wenig Freunde. Das hängt auch damit zusammen, dass Klenk in Sachen kritischer Beobachtung von Polizei und Justiz in Österreich damals allein auf weiter Flur stand. Ganz anders als heute, wo eine ganze Reihe kompetenter Journalistinnen und Journalisten die Justizarbeit beobachtet und beschreibt. Selbst im liberalen Flügel der Richterschaft stieß ich auf empörten Widerstand, als ich um das Jahr 2000 herum Florian Klenk sowie den kritischen Rechtsanwalt Richard Soyer zu Podiumsdiskussionen in die Justiz einladen wollte. Beide wurden als Extremisten bezeichnet, was einerseits substanzlos und absurd war, andererseits gut zeigt, wie schwer sich die Justiz auch mit fundierter Kritik die längste Zeit tat. Seither hat sich einiges geändert, Klenk wie auch Soyer wirken mittlerweile regelmäßig an Tagungen und Fortbildungsseminaren der Justiz mit.

In seiner Dankesrede zum Kurt-Vorhofer-Preis formulierte Florian Klenk im Jahr 2005 seine Kritik an Polizei und Justiz folgendermaßen:

„Es ist ja nicht mehr so selbstverständlich, öffentlichen Missständen wochenlang nachzugehen, sie zu analysieren, sie in

ihrer Hässlichkeit ungeschönt zu enthüllen. Dazu braucht es Beharrlichkeit und Lästigkeit und die Bereitschaft, sich nicht vereinnahmen zu lassen. Diese Eigenschaften (...) dürfen Journalisten nicht ablegen. Sie brauchen dieses unbestechliche ‚Auf-die-Nerven-Gehen' für diese vielen Missstände, die sich auch hinter den gepolsterten Türen der Republik, in Gerichtssälen oder Wachstuben abspielen. Gerade auch ein moderner Rechtsstaat wie Österreich ist bekanntlich nicht davor gefeit, Rechte seiner Bürger zu verletzen. Gerade auch Politiker, die sich als besonders unabhängig inszenierten, sind, wie wir heute wissen, für ein paar Sponsorgelder durchaus empfänglich.

Aufdeckungsjournalismus besteht nicht nur darin, große Skandale exklusiv zu enthüllen. Er besteht vor allem auch darin, Fragen zu stellen, warum Skandalen in diesem Land nicht nachgegangen wird. Warum Richter nicht ermitteln, warum sich Behörden oft als Leibwächter der Politik verstehen denn als Hüter des Rechts. Als ich vor zwei Jahren in den Besitz eines Videos einer tödlichen Polizeiaktion im Stadtpark kam, als danach viele geschockt waren, dass untätige Beamte auf einem reglosen Afrikaner stehen, die Hände im Hosensack, da schrieb die Kronen-Zeitung: Auf dem Video sei ‚nichts zu sehen!'. Die Schriftstellerin Elfriede Jelinek aber schrieb: ‚Man sieht das Nichtstun.'

Medien muss es auch um dieses ‚Nichtstun' gehen, um die Ignoranz, die Kameraderie, den Corpsgeist, die Untertänigkeit und Untätigkeit und auch um die Beißhemmung der Justiz, die auffallend oft dann eintritt, wenn es gegen Politiker oder gegen die eigenen Reihen geht. Da entsteht immer öfter der Anschein, dass brisante Fälle einfach ‚wegadministriert' werden. (...) Diese Demut vor angeblich Mächtigen, sie ist nicht geboten. Der Europäische Gerichtshof für Menschenrechte stellte in seinem berühmten ‚Sunday-Times'-Urteil fest, dass wir Journalisten ‚Wachhunde der Demokratie' sein müssen. Er sagte das, weil eine Zeitung dafür bestraft wurde,

nachdem sie unabhängige Richter kritisiert hatte. Das sei keine Straftat, sondern geradezu die Pflicht der Presse, so das Menschenrechtsgericht. Die höchsten Richter Europas stellten damit klar, dass wir keine Schoßhündchen der Mächtigen sein sollen. Wir müssen bissig sein, aber nicht verbissen.
Oft wird dieser Tage von ‚Law and Order' gesprochen. Doch diejenigen, die diesen Begriff in den Mund nehmen, pfeifen sie mitunter nicht selbst auf die Grundrechte, die jedes Recht determinieren? Sie wollen die Rechtszüge von Asylwerbern zu den Höchstgerichten ausschalten, sie verklagen Meinungen, die ihnen nicht passen, oder sie fordern Volksabstimmungen über höchstrichterliche Erkenntnisse. Ich wünsche mir, dass wir den Begriff des ‚Law and Order' in seiner ursprünglichen Idee verstehen: als Synonym für einen ozialstaatlich verfassten, liberalen Rechtsstaat mit Kontrollrechten – vor allem auch Kontrollrechten der Öffentlichkeit. Law and Order, das verlangt eben auch nach ‚checks and balances'. (...)"

Der Oberste Gerichtshof hat Florian Klenks Hinweis auf die Wachhund-Aufgabe der Medien in einer Entscheidung aus dem Jahr 2010 aufgegriffen und seither mehrmals wiederholt. Das Höchstgericht betonte in einem Urteil, das Redaktionsgeheimnis gelte absolut und schütze alle Mitteilungen an Medien. Für Abwägungen bleibe kein Raum. Die Bedeutung dieser Entscheidung reicht über den Anlassfall hinaus und leitete eine Sensibilisierung für die Bedeutung der Medien- und Meinungsäußerungsfreiheit in Österreich ein. Dem Obersten Gerichtshof gelang es so auch, eine Serie von Verurteilungen Österreichs vor dem Europäischen Gerichtshof für Menschenrechte in Straßburg zu stoppen. Bis dahin hatten Österreichs Gerichte bei der Abwägung zwischen dem Schutz Einzelner auf Wahrung ihrer Privatsphäre und dem Grundrecht auf Meinungs- und Informationsfreiheit allzu oft zulasten der Interessen der Allgemeinheit entschieden. Verurteilungen Österreichs vor dem Europäischen Gerichtshof für Menschenrechte waren die Folge.

Der Oberste Gerichtshof trug dazu bei, ein Bild zu festigen, in dem Justiz und Medien als kontrollierende Gewalten im Staat, als zwei Träger der Demokratie aufscheinen, die mit wechselseitigem Respekt und auf Augenhöhe agieren sollten. Was für die Justiz Unabhängigkeit und ausreichende Ressourcenausstattung bedeuten, findet im Medienbereich seine Entsprechung im Schutz des Redaktionsgeheimnisses. Der OGH betont, dass Eingriffe die „lebenswichtige öffentliche Funktion der Medien als ‚Wachhund'" beeinträchtigen würden. Die Absolutsetzung des Redaktionsgeheimnisses war ein Meilenstein in der österreichischen Rechtsprechung – wurde doch sogar in Juristenkreisen dem Redaktionsgeheimnis zuvor gern ein „Ja, aber" angehängt. Das Argument, man müsse immer zwischen Redaktionsgeheimnis und Bedürfnissen der Strafverfolgung abwägen, hat Jahrzehnte an Rechtsentwicklung übersehen. Das Redaktionsgeheimnis gilt eben uneingeschränkt, es soll den Medien ermöglichen, ihre Informantinnen und Informanten zu schützen und Aufdeckungsarbeit im öffentlichen Interesse zu betreiben.

Bei der Aufdeckung von Missständen kommt Informantinnen und Informanten eine wichtige demokratiepolitische Rolle zu.

Natürlich kann die strafrechtliche Aufarbeitung unter der Öffentlichmachung in einzelnen Fällen leiden. Dies ist aber eine bewusste Entscheidung des Gesetzgebers, der ähnliche Abwägungen mehrfach getroffen hat. So ist den Behörden Folter ausnahmslos verboten – oder, weniger schwerwiegend: Niemand muss im Strafverfahren gegen einen engen Angehörigen aussagen, auch wenn er der Einzige ist, mit dessen Hilfe sich ein Verbrechen aufklären ließe. Es sind dies Errungenschaften des aufgeklärten Rechtsstaats und des modernen Strafverfahrens. Die klare Äußerung des Obersten Gerichtshofs zum Redaktionsgeheimnis war ein Dienst an Rechtsstaat und Demokratie.

Denn Veröffentlichungen machen öfter wichtige Strafverfahren erst möglich als sie Strafverfahren ernsthaft stören.

Die schwarz-blaue Regierung unter Wolfgang Schüssel griff aber nicht nur Justiz und Medien an, sondern auch die Rechtsanwaltschaft und NGOs. Besonders perfid und rechtsstaatsgefährdend waren Drohungen des Innenministeriums gegen Rechtsanwältinnen und Rechtsanwälte, die sich im Asyl- und Fremdenrecht engagierten. Die Sicherheitsbehörden erstatteten im Jahr 2004 gegen die renommierten Anwälte Nadja Lorenz und Georg Bürstmayr Strafanzeigen wegen „Aufrufs zum Ungehorsam gegen Gesetze" und „Verdachts der Schlepperei". Die Staatsanwaltschaft legte die Anzeigen umgehend zurück. Der damalige Präsident der Wiener Rechtsanwaltskammer, Harald Bisanz, kritisierte die Vorgangsweise der Sicherheitsbehörden scharf und formuliert abschließend: „Wir müssen den Anfängen wehren!" Die Warnung war in dieser Eindringlichkeit durchaus angemessen. Denn der demokratische Rechtsstaat lebt nicht allein von unabhängigen Richterinnen und Richtern. Die freie Ausübung der Rechtsanwaltschaft ist genauso wie eine freie Medienlandschaft ein unabdingbares Element für das Funktionieren des Rechtsstaats. Die Gerichtsbarkeit eines Landes kann nur dann als hochwertig bezeichnet werden, wenn jedermann das Recht und die Möglichkeit hat, sich anwaltlich vertreten zu lassen. Nicht umsonst sehen die Strafprozessordnungen aller demokratischen Staaten vor, dass – wie man es aus Kriminalfilmen kennt – alle Verdächtigen ehestens darüber zu belehren sind, dass sie das Recht haben, zu ihrer Verteidigung einen Rechtsbeistand beizuziehen. Dies sogar auf Kosten des Staates, wenn die Verdächtigen selbst nicht über ausreichende Mittel für einen Verteidiger verfügen. Wesentliche Voraussetzung für ein faires Verfahren im Sinne der Rechtsprechung des Europäischen Gerichtshofs für Menschenrechte ist eben diese Möglichkeit, in jedem Verfahrensstadium einen Rechtsbeistand hinzuziehen zu können. Das Recht auf Beiziehung eines Rechtsanwalts oder einer Rechtsanwältin gewinnt international bzw. auf EU-Ebene laufend an Bedeutung. Es ist etwa ein zentrales Element im jüngeren EU-Recht.

Eine starke Rechtsanwaltschaft schafft den nötigen Ausgleich im Machtgefälle zwischen Staat und Individuum. Um ihre Rolle wirklich erfüllen zu können, ist der Berufsstand der Rechtsanwältinnen und Rechtsanwälte mit einer Reihe von Schutzinstrumenten ausgestattet, die nur auf den ersten Blick als Privileg erscheinen: So wie freie Medien das Redaktionsgeheimnis benötigen, um ihre Aufgaben erfüllen zu können, bedürfen Rechtsanwältinnen und Rechtsanwälte der Zusicherung der Verschwiegenheit über die Gespräche mit ihren Klienten. Das freie Mandat der Rechtsanwältinnen und Rechtsanwälte ist also ein zentraler Baustein in unserem auf Qualität und höchste Standards ausgelegten Justizsystem – die Interessen von Richterschaft und Anwaltschaft laufen hier parallel.

Folgt man Medienberichten, so wurde den angezeigten Anwälten 2004 Folgendes vorgeworfen: Einem Anwalt wurde angelastet, tschetschenischen Flüchtlingen, die an der österreichischen Grenze zurückgewiesen wurden, Visitkarten überreicht zu haben. Dies reichte den Behörden für eine Anzeige wegen „Verdachts der Schlepperei". Eine weitere Anzeige gegen eine Wiener Anwältin wegen „Aufrufs zum Ungehorsam gegen Gesetze" stützte sich auf nachstehende Äußerung der Anwältin in einem Zeitungsinterview: Man müsse schwer traumatisierten Menschen, die von Abschiebung bedroht sind, helfen. Dies sei kein Verstecken von Menschen. Die Verfasser dieser Anzeige standen offenbar bereits mit dem Recht auf freie Meinungsäußerung auf Kriegsfuß. Wir erleben derzeit, wie dieselbe Diffamierungsstrategie von Rechtspopulisten gegen NGOs geführt wird, die im Mittelmeer Flüchtlinge vor dem Ertrinken retten.

Die schon erwähnte Rechtsprechung des Verwaltungsgerichtshofs, die die Kritik von Beamten an der eigenen Behörde nicht nur duldet, sondern als notwendiges Mittel zur

Optimierung der Verwaltung sieht, steht mit der Behördenwirklichkeit nicht in Einklang. Öffentlicher Kritik eines Justizangehöriger folgen zumeist interne Vorwürfe und Zurechtweisungen. Ich habe es für mich immer so gehandhabt, dass ich Kritik primär intern übe, die öffentliche Stellungnahme aber nicht scheue, wenn sich wichtige Anliegen nicht anders umsetzen lassen. Öffentliches Engagement von Richterinnen und Richtern hat bereits viel bewirkt, etwa die schrittweise Ausweitung des Anwendungsbereichs der Diversion, also der alternativen Erledigung eines Strafverfahrens mit Mitteln wie dem Ausgleich zwischen Täter und Opfer oder der Auflage gemeinnütziger Arbeiten. Ähnliches gilt für Reformen im Strafvollzug: Es ist wichtig, dass Richterinnen und Richter in den Medien darlegen, wie schädlich es ist, Jugendliche zu lange in U-Haft zu behalten oder gemeinsam mit Erwachsenen unterzubringen.

Die gemeinsame Erfahrung der Attacken der Politik unter der ersten schwarz-blauen Regierung 2000–2006 hat zu einem Zusammenrücken von Richterschaft und Anwaltschaft geführt. Darüber hinaus arbeiten die Rechtsberufe seit vielen Jahren in Grundrechtsfragen eng zusammen. So konnte ich gemeinsam mit rund zehn Expertinnen und Experten aus den Rechtsberufen und der Rechtswissenschaft im Jahr 2013 die sogenannte Allianz gegen die Gleichgültigkeit formen, die im *Falter* 14/2013 an eine Aufdeckungsgeschichte von Florian Klenk anknüpfte. Justizwachebeamte der Haftanstalt Josefstadt sollen weiblichen Häftlingen sexuelle Dienstleistungen abgepresst haben, Beamten wurde vorgeworfen, Drogen und Handys ins Gefängnis geschmuggelt zu haben. Verurteilungen folgten. Die Allianz forderte Reformen im Strafvollzug und warf unter anderem folgende Fragen auf:

„Wie kann es sein, dass die Beamtenschaft des Justizministeriums, die sich ausschließlich aus Staatsanwält/innen und Richter/innen zusammensetzt, nicht entschlossenere Schritte setzt? Warum gibt es so entmutigend oft unangenehme Kon-

sequenzen für jene, die Missstände aufzeigen? Wo bleiben Respekt und (auch karrieremäßige) Anerkennung für Beamt/ innen, die Missstände aufzeigen? Wie ist es um die professionelle Abgrenzung zwischen Polizei, Justizwache, Staatsanwaltschaft, Rechtsanwaltschaft und Gericht bestellt? Welche Rolle könnte eine Verhaberung zwischen Justizwache, Polizei, Staatsanwaltschaft und Gericht spielen, die die Schwächsten zu Opfern macht?"

In einem zweiten Punkt thematisierte die Allianz die Polizeioperation „Operation Spring" im Jahr 1999. Zahlreiche Menschen schwarzer Hautfarbe wurden in teils fragwürdigen Verfahren mit schweren Mängeln der Dolmetschung zu langjährigen Haftstrafen wegen Drogenhandels verurteilt. Die Verfahren wurden vielfach kritisiert, eine Studie ergab, dass die schwarzen Verdächtigen strenger bestraft wurden als Verdächtige weißer Hautfarbe unter sonst gleichen Umständen. Die Allianz formulierte damals so:

„Richter/innen, Staatsanwält/innen und Rechtsanwält/innen verbindet eine wichtige Aufgabe: die Grundrechte zu sichern. Für diese Aufgabe braucht es nicht nur juristische Kompetenz, sondern auch Leidenschaft, Empathie und Courage. Bilden wir Richter/innen, Staatsanwält/innen, Rechtsanwält/ innen und Rechtswissenschaftler/innen eine Allianz gegen die Gleichgültigkeit. Wir rufen Ministerien, Parlament und die Vereinigungen der Rechtsberufe auf, Probleme des Strafvollzugs und die Frage des institutionellen Rassismus umgehend in Form einer öffentlichen Enquete zu beraten und erste Maßnahmenpakete zu beschließen.

Der Aufruf verursachte wie üblich einigen justizinternen Wirbel, weil die gewohnte Ruhe gestört wurde und ein paar Steinchen aus der Fassade geschlagen worden waren. Da ansonsten keine Schritte gesetzt wurden, dauerte es nicht lange, bis weitere Skandale aufbrachen. Politisch bedeutsam war unter anderem der Fall der Vergewaltigung eines 14-jährigen Burschen in der Haftanstalt Wien-Josefstadt. Die damalige Justizministerin Beatrix Karl kommentierte dies mit den Worten: „Der Strafvollzug ist kein Paradies."

Die Allianz gegen die Gleichgültigkeit formulierte nach den 2014 bekannt gewordenen Fällen einen weiteren Appell, der diesmal aufgegriffen wurde. Sie kritisierte das Strafverfahren, das gegen Aktivistinnen und Aktivisten der von Flüchtlingen getragenen Refugee-Bewegung in Wiener Neustadt wegen Schlepperei geführt wurde. Die Staatsanwaltschaft hatte den Haftantrag zurückgezogen, nachdem die Verdächtigen acht (!) Monate in Untersuchungshaft verbracht hatten. Die Allianz dazu:

„Das Wiener Neustädter Verfahren wirft die Frage von institutionellem Rassismus neu auf. Politisch missliebige Flüchtlinge, die eine Kirche besetzen, landen auf Zuruf der wahlkämpfenden Innenministerin in Untersuchungshaft. Wir ziehen den Vergleich: Hätte eine ähnliche Drakonik auch Besitzer österreichischer Pässe getroffen? Legt man denselben Maßstab, etwa was die Verhängung der Untersuchungshaft betrifft, in den großen Wirtschaftsstrafsachen gegen Ex-Minister und Politiker an?"

Der damals neu im Amt befindliche Justizminister Wolfgang Brandstetter leitete eine Reihe von Reformen im Sinne der Aufrufe der Allianz ein. Er forcierte eine Diversity-Strategie und Fortbildungsmodule für die Justiz. Vor allem aber widmete er sich dem Strafvollzug, reformierte das Jugendgerichtsgesetz so, dass die Zahl der jugendlichen Untersuchungshäftlinge massiv reduziert wurde, und legte einen Entwurf für ein dringend benötigtes Maßnahmenvollzugsgesetz vor, also ein neues Regime für psychisch kranke, straffällig gewordene Personen, die in Justizeinrichtungen angehalten werden.

Falter-Chefredakteur Florian Klenk hat der Justiz immer wieder, meist im Zusammenhang mit politischer Korruption und Wirtschaftskriminalität, vorgeworfen, Strafverfahren „wegzuadministrieren". Also über Jahre hin uninspiriert dahinzuermitteln und die Verfahren irgendwann, wenn sich kaum mehr jemand an den Ausgangspunkt erinnert, in aller Stille einzustellen. Der Grund für das Versagen in diesem Kriminalitätsbereich ist meist derselbe: mangelnde Leidenschaft in der Berufsausübung. Dabei kann es auch ganz anders ablaufen. Im Wien des Jahres 1990 begann einer der spektakulärsten Mordprozesse der österreichischen Geschichte. Die Staatsanwaltschaft Wien warf dem Demel-Chef und Szeneliebling Udo Proksch vor, 1977 den unter der Flagge Panamas fahrenden Frachter Lucona gechartert, offiziell mit teuren technischen Anlagen, tatsächlich aber mit wertlosem Schrott auf die lange Seereise von Italien nach Hongkong geschickt und zum Zwecke eines Versicherungsbetrugs unweit der Malediven während der Fahrt gesprengt zu haben. Sechs Menschen verloren durch die Explosion ihr Leben. Bis zur Mordanklage war es ein langer Weg: Die Bundesländer-Versicherung, bei der Proksch das Schiff versichern hatte lassen, bezweifelte frühzeitig die Version eines Unglücks. Maßgebliche Aufdeckungsarbeit leisteten in den ersten Jahren der Journalist Gerald Freihofner *(Wochenpresse)* sowie Hans Pretterebner, der 1987 das Buch „Der Fall Lucona" im Eigenverlag veröffentlichte. Das Strafverfahren machte, nicht zuletzt dank des Schutzes, den Proksch seitens der Politik genoss, wenig Fortschritte. Schließlich kam es auch zu einem parlamentarischen Untersuchungsausschuss (1988/1989), in dem sich der damalige grüne Abgeordnete Peter Pilz als Aufdecker profilieren konnte. Die Minister Gratz und Blecha traten nach Bekanntgabe der Ergebnisse des Ausschusses zurück. Schließlich kam es auch zur Mordanklage. Die Anklage stützte sich auf bloße Indizien, denn das gesunkene Wrack war nicht gefunden worden.

Das Schiff war vor Beginn der Hauptverhandlung aber auch nie gesucht worden. Der Vorsitzende Richter des Proksch-

Prozesses, Hans-Christian Leiningen-Westerburg, beschloss nach den ersten Verhandlungswochen, die Lucona zu suchen. Ein Knalleffekt, denn große Teile der Politik standen noch immer hinter Proksch. Gemeinsam mit vier Sachverständigen reiste Leiningen im Januar 1991 auf die Malediven und beauftragte eine amerikanische Bergungsfirma mit der Suche nach der Lucona. Am letzten Tag der für drei Wochen angesetzten Suche wurde das Wrack gefunden, ziemlich genau an der von den überlebenden Zeuginnen und Zeugen angegebenen Position. Die Lucona lag 4197 Meter tief unter Wasser. Die nähere Untersuchung ergab: Sie war von innen gesprengt worden. Richter Leiningen reiste zurück nach Wien und setzte die Hauptverhandlung fort. Am Ende des Verfahrens stand für Proksch die Verurteilung zu lebenslanger Haft wegen sechsfachen Mordes.

Modica, Sizilien, im Jahr 2012: An der Südküste Italiens werden nahezu täglich Boote mit Flüchtlingen aus Afrika an Land gespült. Das nächstgelegene Familiengericht in Modica bestellt für jeden ankommenden jugendlichen Flüchtling binnen Stunden einen Vormund, zumeist aus der Rechtsanwaltschaft. Die Richterinnen und Richter halten in den Tagen darauf Kontakt zu den Anwältinnen und Anwälten, überzeugen sich, dass die Jugendlichen ordentlich untergebracht und notwendige Asyl- oder Aufenthaltsverfahren eingeleitet werden. Ähnlich verstehen die Jugendrichter und Jugendrichterinnen im nahen Catania ihren Beruf: Sie begleiten straffällige Jugendliche, die sie verurteilen, bis zu ihrer Wiedereingliederung in die Gesellschaft. Sie besuchen die Jugendlichen im Gefängnis und besprechen in den Wochen vor der Entlassung mit ihnen, wie es draußen weitergehen soll und welche Unterstützungsangebote existieren.

Die Empathiefähigkeit der sizilianischen Richterinnen und Richter, die Kreativität, Courage und gelebte Unabhängigkeit eines Hans-Christian Leiningen-Westerburg verleihen einem Rechtsprechungssystem ein starkes Rückgrat. Sie sorgen für eine sensible Rechtsanwendung ohne Ansehung der Person. Hätte Leiningen in Wien nach Schema F verhandelt, ohne das Schiff suchen zu lassen, das Verfahren hätte wohl mit einem Freispruch geendet.

Die angeführten Beispiele zeigen auch, welch großen Handlungsspielraum die Rechtsberufe eröffnen. Haftrichterinnen und Haftrichter müssen nicht ohne Akt am Telefon entscheiden, nur weil es bisher so üblich war: Sie können sich wichtige Aktenteile genauso per Mail schicken lassen oder das Büro der antragstellenden Staatsanwaltschaft aufsuchen, das zumeist im selben Gebäude liegt. Wenn Rechtshilfeersuchen im Ausland zu lange dauern, können zuständige Staatsanwältinnen und Staatsanwälte telefonisch mit der betreffenden ausländischen Behörde Kontakt aufnehmen, dorthin reisen, die Ermittlungen gemeinsam mit ausländischen Kolleginnen und Kollegen führen und beschleunigen. Im Familienrecht müssen nicht nacheinander Stellungnahmen von Jugendamt, Eltern, Großeltern, Schule eingeholt werden: Man kann als Richterin oder Richter alle Beteiligten binnen weniger Tage oder Stunden an einen Tisch holen und versuchen, Konflikte und schwierige Situationen rasch zu lösen. Davon wird in Familien- wie auch in Erwachsenenschutzsachen viel zu wenig Gerbrauch gemacht.

Empathiefähigkeit, Kreativität, Courage – sind das tatsächlich Fähigkeiten, die die Justiz bei der Personalauswahl positiv würdigt? Zur Zusammensetzung der Richterschaft liegt wenig Datenmaterial vor. Die letzte größere Studie zu Herkunft und Sozialisation der österreichischen Richterpopulation liegt zwei Jahrzehnte zurück. Sie ergab ein sehr uniformes Bild der Richterschaft, rund fünfzig Prozent der Richterinnen und Richter stammten im Jahr 1999 aus Beamtenfamilien. Auch heute noch findet sich ein unverhältnismäßig hoher Anteil von Justizangehörigen mit zumindest einem Elternteil aus demselben Berufsstand. Die Richterschaft rekrutiert sich im Wesentlichen aus der gehobenen Mittelschicht. Die Lebensläufe sind meist ähnlich: Gymnasium, Studium und daran anschließend der Eintritt in den Justizdienst. Das Auswahlverfahren für die künftigen Richterinnen und Richter (die Richteramtsprüfung berechtigt zugleich zur Tätigkeit bei der Staatsanwaltschaft) sowie deren Grundausbildung erledigen die vier Oberlandesgerichte in Wien, Linz, Graz und Innsbruck. Vielfach sind Landesgerichte für eine Vorauswahl im Verfahren zur Findung des richterlichen Nachwuchses zuständig. Mangels gemeinsamer Kriterien gehen sie dabei unterschiedlich vor. Das Gesetz bestimmt, dass die Richteramtsanwärterinnen und Richteramtsanwärter (so lautet die Bezeichnung für künftige Richterinnen und Richter während der Zeit der Grundausbildung) jeweils für einige Monate verschiedenen Justizdienststellen, aber etwa auch Opfereinrichtungen oder privaten Unternehmen zugeteilt werden. Der Schwerpunkt der Ausbildung liegt also beim *training on the job*. Durch die neue Berufswirklichkeit hat die Persönlichkeitsbildung der Richterinnen und Richter gegenüber den juristisch-technischen Fähigkeiten an Bedeutung gewonnen. Treffen von Fortbildungsverantwortlichen der Justiz auf EU-Ebene machten zuletzt deutlich, dass quer durch Europa die Notwendigkeit zu Umbrüchen in der Richterausbildung gesehen wird: Es besteht große Übereinstimmung dahingehend, dass in der Grundausbildung den nicht-juristischen Inhalten zumindest gleich viel Bedeutung und Raum zuzumessen ist wie der Lehre von materiellem Recht und Verfahrensregeln. Im Übrigen wird allgemein das Erfordernis einer mehrjährigen Berufspraxis außerhalb der Justiz als zukunftsweisend empfunden.

Die Justiz leitet ihre Aufgabe aus Verfassung und gesellschaftlicher Grundordnung ab, verzichtet aber auf die Formulierung eines konkreten, detaillierten (Unternehmens-)Ziels. Auch verraten weder Gesetz noch Verordnungen, welches Bild der Gesetzgeber von Richterinnen und Richtern, von Staatsanwältinnen und Staatsanwälten vor Augen hat. Die fehlende Formulierung von Unternehmensziel und Rollenbild erschwert zum einen eine transparente Personalauswahl und liefert zum anderen die Erklärung, warum jedes Aus- und Fortbildungssystem vage bleiben muss. Einen anderen Weg haben Frankreich und das in der Justizausbildung fortschrittliche Rumänien gewählt. Die französische Justizakademie ENM hat 13 Fähigkeiten – ein Schwerpunkt liegt auf sozialen und kommunikativen Kompetenzen – definiert, die Justizorgane benötigen und die in der Ausbildung geschärft werden sollen: 1. je nach den Umständen mit Autorität oder Demut aufzutreten; 2. einen Sachverhalt oder ein Dossier zu analysieren und zusammenzufassen; 3. Verfahrensregeln zu erkennen, anzuwenden und zu garantieren; 4. berufsethische Regelungen festzumachen, sich anzueignen und in der Praxis anzuwenden; 5. eine Entscheidung zu begründen, zu formalisieren und zu erklären; 6. zu organisieren, zu leiten und innovativ zu wirken; 7. im vorgesehenen nationalen oder internationalen Zusammenhang zu agieren; 8. eine Entscheidung zu treffen, gegründet auf das Gesetz und nach Prüfung der Fakten, die exekutierbar ist, geleitet von Hausverstand; 9. die Fähigkeit, eine Verhandlung in Abstimmung mit dem Regelwerk vorzubereiten und zu leiten; 10. sich an verschiedene Situationen anzupassen; 11. zuzuhören und mit anderen zu interagieren; 12. Vergleichs- bzw. Versöhnungsversuche zwischen den Parteien zu moderieren; 13. im Team zu arbeiten.

Die Beobachtung von Polizei und Justiz zeigt, dass allen Ausbildungsbemühungen der Gruppendruck und die eingeübte Kultur an einzelnen Dienststellen entgegenstehen. Auch wenn die Ausbildungsinhalte modern und offen gehalten sind, passen sich Polizeibeamtinnen und Polizeibeamte wie auch angehende Richterinnen und Staatsanwälte in der Regel an ihrer ersten Dienststelle binnen Wochen völlig an die dortige Behördenkultur an. Fehlentwicklungen in einer Dienststelle sind daher schwer korrigierbar, falscher Korpsgeist, mangelndes Selbstbewusstsein oder mangelnde Courage perpetuieren Missstände.

Neben den Strukturen und Ressourcen eines Justizsystems bestimmt das Selbstverständnis von Richterschaft bzw. von Staatsanwältinnen und Staatsanwälten ganz wesentlich das Rechtssystem und die Gesellschaft. Und natürlich bestehen zwischen Strukturen und Selbstverständnis auch vielfache Wechselwirkungen. In Italien, wo nicht nur Richterinnen und Richter, sondern auch Staatsanwältinnen und Staatsanwälte Unabhängigkeit genießen, leistete die Justiz großen Widerstand gegen die hartnäckigen Bemühungen des früheren Ministerpräsidenten Silvio Berlusconi, den Rechtsstaat zu schwächen und die Strafverfolgung von Wirtschaftsverbrechen zu erschweren. Die von der Mafia vor zwanzig Jahren ermordeten Richter Giovanni Falcone und Paolo Borsellino stehen für den Mut und die Leidenschaft, die viele Richterinnen und Richter sowie Staatsanwältinnen und Staatsanwälte Italiens auszeichnet. Der amtierende Staatspräsident Sergio Mattarella kommt ebenso aus der Richterschaft wie der Kandidat mit den zweitmeisten Stimmen, der inzwischen verstorbene Ferdinando Imposimato.

Man kann die Rechtsberufe mit Leidenschaft für Recht und Menschen betreiben oder Verfahren bloß administrieren. Für die Gesellschaft und den einzelnen Beteiligten eines Verfahrens macht es einen großen Unterschied. Dass es so wenige Umweltstrafverfahren oder Verfahren wegen falsch gekennzeichneter Lebensmittel gibt, liegt nicht an der geringen Anzahl der Verstöße, sondern daran, dass diese niemanden im Besonderen interessieren. Wo man genauer hinblickt, wird man in der Regel auch fündig. Der jahrelange Stillstand bei der Korruptionsbekämpfung in Österreich rund um die 1990er-Jahre hat genau so viel mit (fehlendem) Engagement zu tun wie spätere Erfolge etwa im Zusammenhang mit den Kärntner Polit- und Korruptionsskandalen.

Engagierte Richterinnen und Richter setzen immer wieder Impulse für ein Rechtssystem: Das war etwa bei der Strafbarkeit homosexueller Beziehungen so, als Richterinnen und Richter die Verfassungskonformität dieser Bestimmung bezweifelten und vom Verfassungsgerichtshof in diesen Zweifeln bestätigt wurden. Oft sind es Einzelne, die durch Kompetenz, Einsatz und Leidenschaft Großes bewirken: So waren es im Wesentlichen zwei Personen, nämlich der Staatsanwalt Fritz Bauer und der Untersuchungsrichter Heinz Düx, die in Deutschland die Nazi-Verbrechen von Auschwitz zur Anklage brachten. In Spanien war es der Richter Baltasar Garzón, der im Oktober 1998 einen internationalen Haftbefehl gegen den früheren Diktator und Staatspräsidenten Chiles, Augusto Pinochet, erließ. Pinochet verantwortete einen Putsch, in dessen Folge in Chile nach 1973 rund 30.000 Menschen in Lagern ermordet wurden. Tausende andere Strafrichter und Strafrichterinnen in den vielen Staaten der Erde hätten einen solchen Haftbefehl erlassen können – Garzón war weltweit der Einzige, der neben Wissen und Kompetenz den Mut hatte, die vielen mit der Einleitung des Verfahrens verbundenen Turbulenzen und Irritationen auf sich zu nehmen. Ähnlich ist es mit den Kriegsverbrechen der Jugoslawienkriege. Auch hier gilt das Weltstrafrecht, das heißt, alle Staaten sind zur Verfolgung berechtigt. Ein kleines bisschen der Tugenden des Richters Garzón – politisches Bewusstsein, Courage, Unbeirrbarkeit – wünschen wir uns für alle unsere Richterinnen und Richter. Nur mit diesen Eigenschaften können sie Demokratie und Rechtsstaat gegen autoritäre Tendenzen schützen, die nun allerorts wieder auftreten.

THESE 3 ⎯⎯⎯
EIN GUTES JUSTIZSYSTEM BRAUCHT LEITFIGUREN

Courage und Leidenschaft der Richterschaft sind unabdingbar für ein funktionierendes Justizsystem. Österreichs Justiz fehlen derzeit Persönlichkeiten, die Engagement auf breiter Basis entfachen und im System innovativ wirken.

Das Justizsystem sollte daher ein Leitbild für den Beruf des Richters bzw. der Richterin entwickeln und in Personalauswahl und Ausbildung den Fokus besonders auf Motivation, Engagement und auch auf Leidenschaft legen.

Die Grundausbildung soll einerseits die Kritikfähigkeit und Selbstkritik stärken, andererseits Kreativität und Innovation fördern. Viele Rechtsbereiche, wie etwa das Familienrecht oder die Korruptionsbekämpfung, können ohne engagierte und den Beruf mit Leidenschaft ausübende Richterinnen und Richter bzw. Staatsanwältinnen und Staatsanwälte keinen hohen Standard erreichen.

In sensible Bereiche wie das Familienrecht, das Jugendstrafrecht oder das Erwachsenenschutzrecht soll eine neue Gerichtskultur einziehen, in der eine schnelle informelle Kommunikation, runde Tische und gemeinsame Lösungssuche aller Beteiligten den Standard bilden. Es muss mehr und schnellere Verhandlungen geben, mehr Settings, an denen alle Beteiligten teilnehmen. Dazu sollten umfassende und sanktionierbare Fortbildungspflichten für alle Justizangehörigen treten.

4. Aus dem Faschismus lernen

Der Nationalsozialismus ist das extremste Unrechtsregime, das sich denken lässt. Was bedeutet diese Tatsache für uns, die wir auf dem Boden leben, wo sich diese schrecklichen Verbrechen vor weniger als hundert Jahren ereignet haben? Welche Schlussfolgerungen können wir für Justiz und Rechtsstaat aus dem NS-Unrechtsregime und seiner mangelhaften Aufarbeitung ziehen? Und welchen Beitrag kann die Justiz zu einem „Nie wieder" leisten? Darum geht es auf den folgenden Seiten.

Die Verbrechen des Nationalsozialismus waren in ihrer Systematik und ihrem Ausmaß einzigartig. Sie haben ganz Europa nachhaltig erschüttert und verändert. Der europäische Grundkonsens ist seit 1945 ganz wesentlich auf das Ziel fokussiert, ein Wiedererwachen des Faschismus zu verhindern. Auch mehr als siebzig Jahre nach dem Ende des Zweiten Weltkriegs kann sich Österreich der Auseinandersetzung mit dieser Zeit nicht entziehen. Beim Aufkommen des Nationalsozialismus haben so gut wie alle staatlichen Organe versagt; unter ihnen die Justiz. Viel zu gering war die Zahl jener, die um die Demokratie kämpften. Die Forschung hat sich mittlerweile mit der Kontinuität von Richterkarrieren beschäftigt: Viele Richterkarrieren haben sich vor, während und nach der NS-Zeit ohne jeden Bruch entwickelt. Viele Richter (in diesem Abschnitt wird bewusst nur die männliche Form verwendet, Frauen gelangten in Österreich erst in der Zweiten Republik ins Richteramt), die verbrecherische Urteile gefällt hatten, machten in der Zweiten Republik Karriere. Und so wie das ganze Land diese Zeit verdrängte, so tat es auch die Justiz.

In der Zeit zwischen 1945 und 1955 leisteten die sogenannten Volksgerichte gute Arbeit bei der Aufklärung der Verbrechen des Nationalsozialismus. Es ergingen tausende Urteile gegen Nationalsozialisten der höheren und mittleren Ränge. Allerdings wurden viele Verurteilte nach Verbüßung kurzer

Strafteile entlassen oder begnadigt. Mit dem Abzug der Alliierten schwand auch das Engagement der Verfolgung der NS-Verbrechen. Bereits in den 1960er-Jahren kam sie praktisch zum Erliegen. Noch schlimmer: in den wenigen weiteren Verfahren wurden die Opfer oft von johlenden Zuseherinnen und Zusehern im Gerichtssaal verhöhnt und es kam fast nur mehr zu Freisprüchen. Die Justiz setzte keinerlei Initiativen mehr, NS-Verbrechen ernsthaft zu verfolgen. Der damalige Justizminister Nikolaus Michalek musste 1999 seinen Staatsanwälten die Anklage gegen Heinrich Gross per Weisung aufdrängen. Bezeichnend ist, dass Maria Berger die erste Justizministerin war, die eine Prämie der Justiz zur Ergreifung von NS-Verbrechern ausschrieb – sechzig Jahre nach Kriegsende! Im Gegensatz zu Deutschland, wo man in den letzten Jahren noch eine Reihe der letzten lebenden Täter und Täterinnen anklagte, gelang in Österreich keine vergleichbare Anstrengung – es fehlte am Willen, nicht an der Möglichkeit. Die meisten Ministerinnen und Minister waren ambitionierter als der Apparat und scheiterten an der Beamtenschaft. Anders als in Deutschland richtete man in Österreich nie eine zentrale Ermittlungsstelle zur Aufarbeitung der NS-Verbrechen ein. Dass sich auch andere Staaten bei der Aufarbeitung autoritärer Regime schwertun, man denke an Spanien und die Franco-Ära, darf uns nicht als Entschuldigung dienen.

Der 2017 verstorbene deutsche Richter Heinz Düx wurde im vorangehenden Abschnitt bereits erwähnt. Düx war im Widerstand gegen das nationalsozialistische Regime tätig. Als Richter im Nachkriegsdeutschland sah er sich einem Apparat gegenüber, in dem große personelle Kontinuität herrschte. Die Funktionsträger aus der Nazizeit dominierten auch die Nachkriegsjustiz, der Antifaschist Düx war Außenseiter. Als der Druck der Alliierten auf Deutschland stieg, die Verbrechen in Auschwitz aufzuarbeiten, stand die Justiz vor einem Problem: Wer in der braunen Justiz sollte diese Aufgabe glaubwürdig und motiviert erledigen? Man übertrug das Untersuchungsverfahren Heinz Düx. Gegen die Widerstände des Apparats gelang es ihm gemeinsam mit dem legendären Staatsanwalt Fritz Bauer, das Verfahren anklagereif zu machen. Gedankt hat man es den beiden nicht. Düx sah sich noch in den 1970er-Jahren einer Kampagne der CDU ausgesetzt, die den unliebsamen Richter diffamierte und mittels parlamentarischer Anfragen aus dem Amt mobben wollte.

Im Jahr 2017 lud ich Heinz Düx nach Wien ein. Die Veranstaltung mit ihm am Bezirksgericht Meidling hatte enormen Zulauf, Personen von inner- und außerhalb der Justiz trafen auf eine außergewöhnliche Persönlichkeit. Düx sprach über Deutschland nicht ohne Bitterkeit. Es war nicht nur die NS-Zeit, es waren mindestens so sehr die Erfahrungen im Nachkriegsdeutschland, die ihn betrübten. Düx leitete aus der NS-Zeit eine Verpflichtung Deutschlands zur Zurückhaltung ab: „Deutschland hat das Recht verwirkt, anderen moralische Ratschläge zu erteilen. Wer die Jahre 1933 bis 1945 erlebt hat, kann es nicht ertragen, dass Deutschland heute anderen Belehrungen in Sachen Menschenrechte erteilt." Hundert Jahre zumindest sollte diese Zurückhaltung gelten, meinte Düx. Er vertrat im Übrigen die Ansicht, eine Aufsplitterung Deutschlands in mehrere kleinen Staaten wäre nach Kriegsende sinnvoll gewesen, um die Macht in Europa besser zu verteilen und ein Wiederaufrüsten Deutschlands weniger wahrscheinlich zu machen.

Die Lage Österreichs unterscheidet sich von jener Deutschlands nur dadurch, dass es Österreich bis in die 1980er-Jahre gelungen war, es sich in der Opferrolle bequem zu machen. Die Vergangenheit holte Österreich 1986 im Wahlkampf um die Bundespräsidentschaft ein. Kurt Waldheim kandidierte als Wiedergänger des Herrn Karl („Ich habe nur meine Pflicht getan") und wurde Präsident. Die klare Abgrenzung zur extremen Rechten gelang freilich weiterhin nicht und mündete in die Koalition Wolfgang Schüssels mit Jörg Haiders FPÖ im Jahr 2000.

Wie Deutschland stand auch Österreich 1945 vor dem Problem, das Funktionieren der öffentlichen Verwaltung sicherzustellen und gleichzeitig die aus der Zeit des Nationalsozialismus schwer belasteten Personen von staatlichen Funktionen fernzuhalten. Dieses Bemühen ist, wie sich heute sagen lässt, unzureichend gelungen. Erst vor wenigen Jahren trat etwa ins Bewusstsein, dass das ehemalige Regierungsmitglied Otto Tschadek – er war von 1949 bis 1952 und von 1956 bis 1960 österreichischer Justizminister – sich in der NS-Zeit einen Namen als Blutrichter gemacht hatte. Erst der frühere Justizminister und nunmehrige Verfassungsrichter Wolfgang Brandstetter setzte vor kurzem dem Porträt Tschadeks in der Ahnengalerie des Justizministeriums einen erklärenden Text bei. Länger als fünfzig Jahre hatte das Bild dort unkommentiert seinen Ehrenplatz.

Bereits in den 1960er-Jahren deckte der junge Journalist und spätere *Profil*- und *Standard*-Gründer Oscar Bronner in der Zeitschrift *Forum* auf, dass zahlreiche schwer belastete NS-Richter nach wie vor Dienst in der Justiz der Zweiten Republik taten. Es waren in erster Linie Strafrichter, die in den 1960er-Jahren weiterhin auf allen Ebenen der Justiz tätig waren, aber auch leitende Beamte des Justizministeriums. Bronner stellte einige dieser Personen in der Zeitschrift *Forum* namentlich vor, er führte ihre Verbrechen in der NS-Zeit und ihre aktuelle Stellung in der Justiz an und forderte die Außerdienststellung der Betroffenen. Der damalige Justizminister Christian Broda replizierte in derselben Zeitschrift und hielt an seiner generellen Haltung, man müsse bezüglich der NS-Vergangenheit einen Schlussstrich ziehen, fest. Während Deutschland in den 1960er-Jahren eine Lösung dahingehend fand, belastete Richter frühzeitig zu pensionieren, verblieben belastete Richter in Österreich im Dienst. Freilich zeigt die 2016 vom deutschen Bundesjustizminister präsentierte Studie[1] von Manfred Görtemaker und Christoph Safferling auch für Deutschland

---

[1] Manfred Görtemaker, Christoph Safferling: Die Akte Rosenburg. Das Bundesministerium der Justiz und die NS-Zeit. C. H. Beck, München 2016.

einen erschreckenden Befund: noch 1957 waren 77 Prozent der leitenden Beamten des deutschen Bundesjustizministeriums frühere NSDAP-Mitglieder.

Die alten Nazis prägen mit ihrer autoritären und menschenverachtenden Haltung die Strafjustiz sehr lange. Die Nachwirkungen dieses Weltbilds waren vor allem an den Strafgerichten bis in die 1990er-Jahre spürbar. Nazi-Rülpser von Richtern waren keine Seltenheit. Einer der abscheulichsten NS-Verbrecher, Heinrich Gross, konnte bis in die 1990er-Jahre als Sachverständiger im Wiener Straflandesgericht ein- und ausgehen. Die Biografie des Heinrich Gross war damals schon bekannt. Gross hatte im Nationalsozialismus vielfach an Morden an Kindern in der Anstalt „Am Spiegelgrund" in Wien mitgewirkt. Den von ihm getöteten Kindern entnahm er die Gehirne und baute auf dieser Gehirnsammlung seine Karriere in der Nachkriegsmedizin und Nachkriegsjustiz auf. Er wurde Mitglied des BSA (Bund Sozialistischer Akademiker) und der SPÖ, erhielt ein Boltzmann-Institut, das Goldene Verdienstzeichen der Republik, wurde meistbeschäftigter Gerichtspsychiater des Landes und brachte in den 1970er-Jahren Friedrich Zawrel für Jahre mittels eines böswilligen Tricks ins Gefängnis. Denselben Zawrel hatte der NS-Arzt Gross als Kind unter den Nazis gefoltert. Es ist nur mit einer autoritären Sozialisierung zu erklären, dass eine jüngere Richtergeneration diesem unwürdigen Spektakel nicht schon in den 1980er-Jahren ein Ende gesetzt hat. Die Justiz war ein Spiegelbild der österreichischen Nachkriegsgesellschaft.

Das in Heinrich Gross personifizierte Böse hat heute in der öffentlichen Wahrnehmung ein positives Gegenbild, den 2015 verstorbenen Friedrich Zawrel. Die Biografien der beiden Männer sind auf so einprägsame und schreckliche Weise miteinander verbunden, dass es bereits mehrere künstlerische Versuche der Umsetzung dieser Lebensgeschichten gibt. Die bekannteste darunter ist Nikolaus Habjans preisgekröntes Figurentheaterstück „F. Zawrel – erbbiologisch und sozial minderwertig".

Friedrich Zawrel wurde 1929 geboren. Er ist fünf Jahre alt, als seine Mutter die Miete für die kleine Wohnung in Kaisermühlen nicht mehr zahlen kann. Die Familie wird deloniert, die Kinder werden der Mutter abgenommen und in die Kinderübernahmestelle gebracht. Für Zawrel beginnt ein jahrelanger Leidensweg: Zunächst kommt er zu Pflegeeltern nach Simmering. Dort wird er geschlagen, er muss bis neun Uhr abends in der Landwirtschaft arbeiten. Wegen Wehrunwürdigkeit seines Vaters bleibt Zawrel vom deutschen Jungvolk und der Hitlerjugend ausgeschlossen. Für den Volksschüler bedeutet der Ausschluss Verhöhnungen durch die Mitschüler und eine bleibende Außenseiterrolle. 1939 läuft Zawrel endgültig der Pflegefamilie davon und wird schließlich 1941, elf Jahre alt, in das Städtische Erziehungsheim „Am Spiegelgrund" eingewiesen. Bei der Aufnahme wird er von Dr. Heinrich Gross untersucht.

In den folgenden Jahren wird Friedrich Zawrel in wechselnden Heimen untergebracht. Die meiste Zeit wird er am Spiegelgrund angehalten. Er wird Zeuge des Euthanasieprogramms der Nazis, der systematischen Ermordung von Kindern. Zawrel wird von Gross, von anderen Ärzten und Ärztinnen und vom Pflegepersonal jahrelang gefoltert. Gross verabreicht Zawrel die gefürchteten „Speibinjektionen": Sie lösen tagelange schwere Übelkeit aus. Andere Injektionen bewirken, dass die Muskeln versagen und schmerzen. Die Kinder können tagelang nicht gehen. Immer wieder wird Zawrel Opfer der Wickelkur: Er wird vom Personal in nasse Leintücher gewickelt und tagelange so verschnürt abgelegt; Zawrel liegt im eigenen Urin. Nicht nur einmal wird er von Erzieherinnen und Ärzten geschlagen, wiederholt in die kalte Badewanne und anschließend auf den Steinboden geworfen. Das Essen wird ihm und den anderen Kindern von sadistischen Schwestern vom Teller auf den Boden geschüttet, die Kinder müssen es aufschlecken. Die von den Schwestern über die Kinder angelegten schriftlichen Aufzeichnungen

(„Schwesternberichte") enthalten über Friedrich Zawrel unter anderem folgende Eintragungen: „aktiv antisozial, staatsfeindliche Gesinnung. Bei einem Gespräch über die Kriegslage zeigt er Schadenfreude und würdigt Siege und Erfolge zu wenig. Er strebt auf die Seite der Feinde. Wenn die Bolschewiken kommen, werde er zu den Partisanen gehen." Von einem Erzieher wird Zawrel sexuell missbraucht. Die Ärzte werden die Schuld dem Kind zuweisen und den Vorfall als Ausdruck einer charakterlichen Missbildung Zawrels werten.

Der Leiter der Anstalt „Am Spiegelgrund", Ernst Illing, stellt Zawrel immer wieder nackt auf ein Podest vor Schwesternschülerinnen und erläutert mit einem Zeigestab die Merkmale der „erbbiologischen und soziologischen Minderwertigkeit" des Kindes. Unter dem Gelächter der jungen Frauen treibt er das Kind mit einem Zeigestab auf das Podest und vom Podest herunter. Für Friedrich Zawrel wurde dies zur schlimmsten aller Qualen. Es wird mehr als fünfzig Jahre dauern, bis er über diese erniedrigenden Vorführungen sprechen kann. „Ich verdanke es Hannah Lessing[2], dass ich das, spät aber doch, aufgearbeitet habe", sagte er 2002. „Ich bin früher davongelaufen, wenn junge Frauen auf der Straße neben mir gelacht haben."

Friedrich Zawrel überlebt den „Spiegelgrund" aufgrund seiner außergewöhnlichen Willensstärke und Zähigkeit. Er flieht 1944 mit Hilfe einer Krankenschwester aus der Anstalt und hält sich als Kohlenausträger über Wasser. Ein Bekannter des Kohlenhändlers behauptet, Zawrel habe versucht, ihn zu betrügen. Ein Strafverfahren wird eingeleitet; und ausgerechnet Ernst Illing erstattet am 12.1.1944 ein Gutachten im Gerichtsverfahren. Darin schreibt er über den damals 14-jährigen Friedrich Zawrel: „charakterlich abartig, monströse Gemütsarmut". Er zitiert den oben wiedergegebenen Schwesternbericht über die vermeintliche politische Unzuverlässig-

---

[2] Seit 1995 Generalsekretärin des Nationalfonds der Republik Österreich für Opfer des Nationalsozialismus.

keit des Kindes Zawrel. Den sexuellen Missbrauch Zawrels durch den (deswegen gerichtlich verurteilten) Erzieher lastet Illing dem missbrauchten Kind an und spricht von „homosexuellen Vorkommnissen". Zawrel stamme aus einer „erbbiologisch und soziologisch minderwertigen Familie".

Der abstruse Inhalt dieses Gutachtens wird Friedrich Zawrel ein Leben lang verfolgen: Zunächst führt es dazu, dass der 14-Jährige zu 18 Monaten Jugendhaft verurteilt wird. Zawrel wird in die Haftanstalt Rüdengasse eingeliefert. Als sich die Russen Wien nähern, wird Zawrel mit 300 anderen Kindern auf ein Schiff gebracht, das Richtung Passau fährt. Die Nazis versuchen in ihrem Wahn, die Kinder nach Deutschland zu bringen. Viele Kinder verhungern und verdursten am Schiff. Zawrel muss zusehen, wie die Leichen über Bord geworfen werden. Die Amerikaner befreien die Kinder in Regensburg. Auf dem Weg zurück nach Wien wird Zawrel ohne Geld und Unterkunft von Gendarmen angetroffen. Er wird wegen Landstreicherei festgenommen und zum zweiten Mal gerichtlich verurteilt – zu acht Tagen Gefängnis.

Die Gerichte werden sich mehr als dreißig Jahre später nicht scheuen, das Gutachten des wegen des Mordes an unzähligen Kindern hingerichteten Nazi-Arztes Illing vom 12.1.1944 wiederum zur Grundlage eines Urteils zu machen.

Das erste Zusammentreffen zwischen Friedrich Zawrel und Heinrich Gross datiert aus dem Jahr 1941. Gross ist damals 26 Jahre alt. 1932 ist er der Hitlerjugend beigetreten, 1933 der SA, 1938 der NSDAP. 1939 promoviert er und wird 1940 Anstaltsarzt am „Spiegelgrund". In der dortigen Anstalt fallen 789 Kinder dem Euthanasieprogramm der Nazis zum Opfer. 789-facher Mord allein an diesem Ort.

Wegen seiner Tätigkeit als Anstaltsarzt in der Zeit des Nationalsozialismus wurde gegen Gross 1950 zwar ein Gerichtsverfahren angestrengt, er wurde schließlich wegen Beteiligung am Totschlag eines Kindes auch zu zwei Jahren Haft verurteilt, doch wurde das Urteil vom Obergericht wieder aufgehoben und in der Folge das Verfahren eingestellt. Gross wurde als Gerichtssachverständiger eingetragen und für seine Forschungen an den aus der NS-Zeit stammenden Kindergehirnen mehrfach ausgezeichnet.

Friedrich Zawrel ist es nach der Befreiung durch die Amerikaner und die Verurteilung wegen Landstreicherei weniger gut ergangen. 1950 arbeitet er bei einer Auslieferfirma, ist Mitfahrer im Lkw und mit dem Inkasso beauftragt. Dabei laufen relativ große Geldmengen durch seine Hände. Zawrel geniert sich für seine Vorstrafen; er hat sie seinem Chef bei der Einstellung verschwiegen. Der Chef mag den damals 21-jährigen Zawrel und drängt ihn 1950, den Führerschein zu machen. Zawrel erkundigt sich bei der Polizei: Die beiden Vorstrafen werden nicht gelöscht und bilden ein Hindernis für die Ablegung der Führerscheinprüfung. Zawrel legt seinem Chef nun alles offen. Dieser sagt nur: „Hättest du mir das früher erzählt, hätte ich dich weniger sekkiert wegen dem Führerschein. Es bleibt alles, wie es ist, mach nur deine Arbeit." Für Zawrel ist aber nichts wie früher. 2002 sagt er: „Ich habe das Inkassogeld gehabt und Waren geliefert wie vorher auch. Sicher hat mich auch der Chef nicht mehr kontrolliert als früher. Ich habe das aber trotzdem nicht mehr ausgehalten: Ständig habe ich das Gefühl gehabt, dass mich der Chef wegen meiner Vorstrafen überwacht." Zawrel kündigt. In der Folge lebt er von Hilfsarbeiten und Kleindiebstählen; für Letztere fasst er drakonische Freiheitsstrafen aus.

Als Friedrich Zawrel durch eine gerichtliche Begutachtung im Jahr 1975 wieder mit Heinrich Gross zusammentraf, sprach Zawrel Gross direkt auf dessen Tätigkeit als Arzt der Anstalt „Am Spiegelgrund" an. Gross erklärt sich nicht für befangen, sondern verfasst ein vernichtendes Gutachten über Zawrel. Er beruft sich auf das Gutachten des Dr. Illing vom 12.1.1944 (!) (Illing wurde 1946 wegen Meuchelmords, Quälens und Misshandelns von Kindern zum Tode verurteilt und hingerichtet), sieht im Überlebenden Friedrich Zawrel einen „seelisch Abartigen", einen „gefährlichen Rückfallstäter", den man niemals in Freiheit entlassen dürfe. Am 25. Mai 1976 wiederholt Gross sein Gutachten in der mündlichen Hauptverhandlung. Er bescheinigt Zawrel grobe Verhaltensstörungen in Form von „Lügnereien" und „homosexuellen Handlungen" (gemeint ist der Missbrauch durch einen Erzieher während des Krieges!), die seine Wiedereingliederung in die Gesellschaft unmöglich machten. Wörtlich führt Gross aus: „Der Beschuldigte besitzt kaum Bindung und Sachen, er ist im Grunde genommen wurzellos geworden und es ist nicht annehmbar, dass er sich außerhalb des Strafvollzuges an irgendeinen Sozialbereich anpassen könnte. Er ist aktiv soziopathisch und als Hangtäter zu qualifizieren. Seine seelische Abartigkeit ist hochgradig." Infolge dieser negativen Zukunftsprognose von Gross wird Zawrel (wegen des Diebstahls von 20.000 Schilling) zu sechs Jahren Haft und anschließend zehn Jahren Anhaltung in einer Anstalt für gefährliche Rückfallstäter verurteilt.

Friedrich Zawrel, der bis dahin alles, was ihm von Medizin und Justiz angetan worden war, hingenommen hat, setzt sich nach seinem neuerlichen Zusammentreffen mit Gross 1975 zur Wehr. Am 3.5.1976 richtet er ein Schreiben an Justizminister Christian Broda und beschwert sich darüber, dass Gross in seinem Gutachten den wegen Mordes von Kindern zum Tode verurteilten Primarius Illing zitiert. Der Minister antwortet nicht. Zawrel wird also verurteilt und in die Justizanstalt Krems-Stein eingeliefert. Eines Tages besucht der Psychiater Willibald Sluga, Berater von Justizminister Broda, Zawrel in dessen Zelle. Er fordert Zawrel auf, die Vergangenheit des Dr. Gross ruhen zu lassen. Zawrel meint: „Vor dreißig Jahren war ich ohne Geld und Unterkunft nach Wien unterwegs. Wenn ich heute mein Strafregister aushebe, stehen deswegen acht Tage Gefängnis wegen Landstreicherei drinnen. Das vergisst die Republik Österreich nicht. Aber aus der Nazi-Zeit soll man alles vergessen?"

Im Februar 1977 erstattet Dr. Otto Schiller ein Gutachten über Friedrich Zawrel. Schiller ist mit Gross befreundet. Er bestätigt dessen Gutachten und nimmt in sein eigenes Gutachten eine Würdigung des Heinrich Gross auf. Dem Friedrich Zawrel spricht Schiller jede Glaubwürdigkeit ab; Zawrels Berichte über die Folterungen in der Anstalt „Am Spiegelgrund" stellt Schiller infrage. Schiller verhindert eine frühere Haftentlassung Zawrels, indem er in seinem Gutachten schreibt: „Es gilt da die Volksweisheit auch aus fachlich-wissenschaftlicher Sicht, wonach Hans nimmer lernt, was Hänschen nicht gelernt hat. Aus psychiatrischer Sicht bedarf dieser Untersuchte der ständigen Führung, Überwachung. Er kann bildlich gesprochen ohne Mieder als Stütze nicht im Leben gehen. Er kann nicht einfach so ins Leben gestellt werden. Wenn nicht enge Überwachung und Führung vorliegt, er wird abgleiten."

Friedrich Zawrel schmuggelt 1978 aus der Haft einen Brief an die Zeitung *Kurier*. Bald darauf besucht ihn der Journalist Wolfgang Höllrigl in der Haftanstalt. Zawrel erzählt seine Lebensgeschichte, insbesondere berichtet er über die neuerliche Begutachtung durch Heinrich Gross. Am 17.12.1978 erscheint ein Artikel im *Kurier* über Gross: „Ein Arzt aus der NS-Mörderklinik". Die Dinge nehmen ihren Lauf. Werner Vogt („mein Befreier und Retter", sagt Zawrel) kämpft jahrelang für die Rehabilitierung Zawrels und betreibt Aufklärung über die Vergangenheit des Heinrich Gross. Der Arzt Vogt war Mitbegründer und Vertreter der Aktionsgemeinschaft Kritische Medizin, die in den 1970er-Jahren Missstände im Gesundheitswesen thematisierte und Reformvorschläge unterbreitete.

Gross klagt Vogt wegen übler Nachrede. Nach einer Verurteilung in erster Instanz wird Vogt im Berufungsverfahren vom Oberlandesgericht Wien freigesprochen. Im Berufungsurteil heißt es, dass „Dr. Heinrich Gross an der Tötung einer unbestimmten Zahl von geisteskranken, geistesschwachen oder stark missgebildeten Kindern (die erb- und anlagebedingte schwere Leiden hatten) mitbeteiligt war ..." Dennoch erhebt die Staatsanwaltschaft keine Anklage gegen Gross.

Dieser bleibt Primarius und einer der meistbeschäftigten Sachverständigen vor österreichischen Gerichten. Die Tatsache, dass Gross 1984 aus der Liste der gerichtlich beeideten Sachverständigen gestrichen wird, hält Richterinnen und Richter des Landesgerichts für Strafsachen Wien nicht davon ab, Gross bis 1998 laufend bei Gericht zu beschäftigen.

Der Leidensweg Friedrich Zawrels geht 1981 zu Ende: Univ.-Doz. Dr. Gerhard Kaiser – er ist 2017 verstorben – untersucht Zawrel im gerichtlichen Auftrag und kommt zu völlig anderen Schlüssen als die Vorgutachter Gross und Schiller: Er konstatiert ein normales psychisches Bild, keinerlei seelische oder geistige Abartigkeit, keinen Anlass für eine Einweisung in eine Anstalt für gefährliche Rückfallstäter. Kaiser stellt zwischen den Zeilen deutlich die Gutachten von Gross und Schiller infrage und kommt zu dem Schluss: „Das psychische Bild, das Friedrich Zawrel bietet, entspricht weitgehend einer Durchschnittspersönlichkeit und lässt auch erstaunlicherweise jene Apathie vermissen, welche bei Menschen, denen die Freiheit durch lange Zeit entzogen wurde, die Regel darstellt." Zawrel wird am 3.9.1981 nach insgesamt 26 in behördlicher Anhaltung verbrachten Jahren aus der Haftanstalt entlassen. Er widerlegt Gross und Schiller und wird nicht mehr straffällig. Über seine Haftentlassung berichtete Zawrel später: „Am 27. Juli 1981 bin ich aus der Haft entlassen worden. Ich war damals 52 Jahre alt. Ich habe wieder bei meiner Mutter gewohnt, die schon in Pension war, und habe zuerst in einer Siebdruckfirma, dann in der Firma meines Bewährungshelfers gearbeitet. 1983 habe ich dann den Führerschein gemacht, der mir 1948 wegen meiner Jugendstrafe verweigert worden ist, und habe dann fünfzehn Jahre lang als Lieferfahrer gearbeitet. Das Auto konnte ich auch privat benutzen und habe am Sonntag mit meiner Mutter bis zu ihrem Tod im Jahr 1986 Ausflüge ins Waldviertel unternommen."

Nach seiner Enthaftung 1981 ist Zawrel wie gesagt nie wieder straffällig geworden, er war ein gefragter Zeitzeuge an

Schulen, Träger vieler Auszeichnungen und sprach im Justizministerium und Parlament. Durch die Aufarbeitung seines Schicksals in Literatur, Theater und Film ist Zawrel eine späte Rehabilitierung widerfahren. 2016 wurde im dritten Wiener Gemeindebezirk eine Schule nach ihm benannt – die Schule hatte 2015 besonders viele Flüchtlingskinder aufgenommen.

Obwohl ein Zivilgericht bereits 1984 festgestellt hatte, dass Heinrich Gross an der Tötung einer unbestimmten Zahl von kranken oder stark missgebildeten Kindern beteiligt war, dauerte es bis zum Jahr 2000, dass Mordanklage gegen ihn erhoben und er vor Gericht gestellt wurde. Am 21. März 2000 begann die Hauptverhandlung gegen den Arzt. Ab 1989 war mit der Öffnung der Archive der DDR immer neues belastendes Material über Gross und den „Spiegelgrund" ans Licht gelangt. Allein, die Staatsanwaltschaft Wien reagierte nicht. 1998 brachte das Dokumentationsarchiv des Österreichischen Widerstandes (erneut) eine Anzeige gegen Gross ein. Das Justizministerium unter Minister Nikolaus Michalek setzte dem unwürdigen Spiel ein Ende, ordnete das Beweismaterial und gab den Auftrag, Gross anzuklagen. Die Staatsanwaltschaft Wien legte im April 1999 eine 57-seitige Anklageschrift gegen Gross wegen des Verdachts des Verbrechens des Mordes als Beteiligter nach den §§ 12, 75 StGB vor und führte neun Kinder an, die im Sommer 1944 durch Handlungen oder Unterlassungen von Gross zu Tode gekommen waren.

Am 21.3.2000 wurde im Landesgericht für Strafsachen Wien der Geschworenenprozess gegen Gross eröffnet. Ein Gutachter stellte die Verhandlungsunfähigkeit des anwesenden Angeklagten fest. Die Hauptverhandlung wurde auf unbestimmte Zeit erstreckt. Heinrich Gross gab gleich darauf in einem Kaffeehaus ein Fernsehinterview. Ein zweites Gutachten stellte fest, dass sich Gross nur dreißig Minuten lang durchgehend konzentrieren könne. Eine Hauptverhandlung wurde nicht mehr anberaumt – wir sind hier wieder bei der Frage, mit welchem Engagement Rechtsprechung betrieben wird. Nichts hätte dagegengesprochen, die Hauptverhandlung in Abschnitten von dreißig Minuten abzuführen und dazwischen Pausen einzulegen. Dies hätte alle Rechte des Angeklagten gewahrt und die Weiterführung des Verfahrens ermöglicht. Es geht dabei nicht so sehr um die Bestrafung; es geht um das Sichtbarmachen von Gerechtigkeit, um Respekt vor den Opfern des Massenmords und ihren Angehörigen.

Friedrich Zawrel beantragte 2002 die vorzeitige Tilgung seiner Vorstrafen im Gnadenweg. Die Tilgungsfrist war noch nicht abgelaufen, für Zawrel war es aber wichtig, endlich mit seiner Vergangenheit ins Reine zu kommen und unbelastet davon zu leben. Das Justizministerium unter Minister Dieter Böhmdorfer sprach sich in seiner Stellungnahme für die Präsidentschaftskanzlei gegen eine vorzeitige Tilgung im Gnadenweg aus. Zur Begründung verwies man auf Akten der Nazis und aus der unmittelbaren Nachkriegszeit (!). Die empörten Reaktionen einiger Vertrauter Zawrels zeigten bald Wirkung: Die Polizei kam bei Zawrel vorbei, um „Erhebungen zu tätigen". Nach wenigen Tagen erhielt Zawrel die Verständigung über die vorzeitige Tilgung der Vorstrafen durch Entschließung des Bundespräsidenten vom 9.4.2002 und einen Auszug aus dem Strafregister: Es schien keine Verurteilung mehr auf.

Friedrich Zawrel ist am 20.2.2015 verstorben. Der damalige Justizminister Wolfgang Brandstetter hat Zawrel bei der Trauerfeier gewürdigt. Dem Justizkritiker Werner Vogt hat Brandstetter im September 2015 das Goldene Verdienstzeichen der Republik überreicht. Die Aufführung des Nestroy-Preis-gekrönten Figurentheaterstücks von Nikolaus Habjan über die Lebenswege von Zawrel und Gross im Justizministerium hatte Zawrel gerade noch erlebt.

Es entsprach den Usancen des Nachkriegsösterreichs, dass die Österreichische Richtervereinigung in ihren Statuten die Zeit des Nationalsozialismus unerwähnt ließ. Im Jahr 2005 haben meine Kollegin Mia Wittmann und ich innerhalb der Richtervereinigung eine eigene Fachgruppe (Untersektion) für

Grundrechte und interdisziplinäre Zusammenarbeit – beides war in der Richterschaft bis dahin unter Wert gehandelt – gegründet. In die Gründungsstatuten der neuen Fachgruppe nahmen wir die folgende Passage auf: „Die Arbeit der Fachgruppe erfolgt wesentlich aus der Verantwortung, die sich für die österreichische Justiz aus den Erfahrungen des Nationalsozialismus ergibt, insbesondere aus der Erkenntnis, dass der Justizapparat die Verbrechen des Nationalsozialismus gedeckt, ermöglicht und befördert hat. Ziel der Fachgruppe ist die Verhinderung des Entstehens jedweder autoritärer Staatsform sowie das Aufzeigen von autoritären Entwicklungen und Gefahren für den demokratischen Rechtsstaat, sei es innerhalb oder außerhalb der Justiz. Dieses Ziel erfordert insbesondere die Stärkung der Unabhängigkeit der Gerichtsbarkeit und die Förderung der Zivilcourage gerichtlicher Organe auf allen Ebenen."

In den letzten Jahren und Jahrzehnten hat sich Österreichs Umgang mit dem Nationalsozialismus verändert. Auch die Justiz hat sich der notwendigen Auseinandersetzung mit dem Thema gestellt. Vor allem die Justizminister Broda, Michalek, Berger und Brandstetter organisierten Symposien und Seminare unter dem Titel „Justiz und Zeitgeschichte". Friedrich Zawrel konnte ich vor rund 15 Jahren erstmals als Vortragenden für die Justiz gewinnen. Er hat diese Funktion bis zu seinem Tod im Jahr 2015 ausgeübt. Es geschah also einiges, um innerhalb der Justiz eine Sensibilität und ein Bewusstsein für die Geschichte und darüber hinaus einen neuen Umgang mit Menschen vor Gericht und in Haftanstalten zu entwickeln.

Am Ziel sind die Bemühungen des Ausbildungssystems der Justiz noch lange nicht. Anfang 2016 wurde der sogenannte Fall Aula bekannt. In einem Text der Zeitschrift *Aula* waren KZ-Häftlinge als „Massenmörder" und „Landplage" bezeichnet worden. Die Grazer Staatsanwaltschaft stellte das Verfahren mit der Begründung ein, es sei „nachvollziehbar", dass die 1945 befreiten Häftlinge aus dem KZ Mauthausen eine „Belästigung" für die Bevölkerung darstellten. Außerdem hätten sich unter den KZ-Häftlingen „Rechtsbrecher" befunden. Wichtig (und selbstverständlich) war, dass sich das Justizministerium sofort von der Wortwahl distanzierte. Sollte sich ein ähnlicher Fall in zehn Jahren wiederholen, dann wird die verbale Replik des Justizministeriums hoffentlich von einem Sturm der Entrüstung aus breiten Kreisen der Kollegenschaft und raschen Klarstellungen seitens der Berufsvertretung begleitet sein. Im besten Fall ist bis dahin eine Behördenkultur entstanden, in der auch die unteren Behördenvertreter sich nach Fehlleistungen bei Opfern und Öffentlichkeit entschuldigen. Das war nämlich bisher nicht der Fall. Nikolaus Habjans Verarbeitung der Biografien des Friedrich Zawrel und Heinrich Gross zu einem Theaterstück zählt schon jetzt zu den großen Kunstwerken der Zweiten Republik. Es ist ein Lehrstück über den Nationalsozialismus und das Nachkriegsösterreich. Habjan bietet der Justiz dankenswerterweise seit Jahren Sonderaufführungen des Stücks für die Justizausbildung an. Unter anderem dafür wurde ihm 2016 ein Menschenrechtspreis der Vereinigung der Staatsanwälte verliehen. Als er in seiner Dankesrede den damals aktuellen Fall Aula ansprach, erstarrte der Saal. Ein Diskurs auf Augenhöhe wird so lange scheitern, als der Korpsgeist über dem Willen zur Selbstkritik steht.

Der Fall Aula führte im Oktober 2019 zur Verurteilung Österreichs durch den Europäischen Gerichtshof für Menschenrechte. Österreichs Gerichte hätten NS-Opfer nicht den notwendigen Schutz garantiert, entschied das Straßburger Gericht. Der Fall macht deutlich, dass zeitgeschichtliche Seminare in der Grundausbildung der Justiz notwendig sind – das Wissen um die NS-Verbrechensmaschinerie ist nach Schule und Universität nicht im erforderlichen Ausmaß vorhanden. Die Reaktion des Justizministeriums auf das Aula-Verfahren machte auch die positiven Veränderungen deutlich: Der zuständige Sektionschef im Justizministerium bezeichnete die Einstellungsbegründung als „grobe Fehlleistung" und sprach von einer „unsäglichen Diktion". Die Begründung sei „unfassbar und in sich menschenverachtend". Diese klare öffentliche Schelte war für die Justiz ein Novum. Nur wenige Wochen nach dem Bekanntwerden des Falls ordnete Justizminister Brandstetter ein verpflichtendes zeitgeschichtliches Training für alle künftigen Richter*innen und Staatsanwält*innen an.

Dabei konnte die Justiz an Bestehendes anknüpfen. Bereits 2009 hatte ich die Idee zu einem zeitgeschichtlichen Ausbildungsmodul für die Grundausbildung der Justiz. Das Justizministerium zeigte sich offen und ich konnte mit den Historikern und Leitern der Forschungsstelle Nachkriegsjustiz, Claudia Kuretsidis-Haider und Winfried R. Garscha, ein „Curriculum Justizgeschichte" ausarbeiten. Es besteht aus zwei Teilen zu je drei Tagen. Inhaltlich setzen sich die Ausbildungseinheiten mit der Justizgeschichte ab dem 19. Jahrhundert auseinander. Die Zeit des Nationalsozialismus und die Ahndung der Verbrechen dieser Zeit bilden zwar einen Schwerpunkt der Seminare, die Inhalte umfassen aber etwa auch die Geschichte der Laienbeteiligung, die Wandlung des Familienrechts, die großen Justizreformen der 1970er-Jahre oder die Geschichte der richterlichen Berufsausbildung und des Weisungsrechts. Didaktisch setzen die Seminare sowohl auf Vortragsformen als auch auf Diskussionen, Gruppenarbeiten und Exkursionen. Zentral sind der interdisziplinäre Ansatz sowie die Einbindung von Zeitzeugen und Zeitzeuginnen und der Besuch von Gedenkstätten, etwa des „Spiegelgrunds" in Wien oder von Mauthausen. Das „Curriculum Justizgeschichte" wurde seit 2009 insgesamt fünf Mal angeboten. Auf freiwilliger Basis haben rund 120 Richteramtsanwärterinnen und -anwärter teilgenommen.

Seit 2018 müssen nun alle künftigen Richter*innen und Staatsanwält*innen dieses Ausbildungsmodul besuchen. Die vorgenommenen Änderungen am Curriculum sind vor allem organisatorischer Natur. Der breite Ansatz, der etwa Filme und Theaterbesuche in das Seminar integriert, wurde beibehalten. Es erscheint sinnvoll, aktuelle Vorgänge wie Fluchtbewegungen und alle damit verbundenen Herausforderungen in einen geschichtlichen Kontext zu stellen. Wie war das mit den diversen Flüchtlingsströmen in Europa im 20. Jahrhundert – was kann eine Gesellschaft, ein Justizsystem aus den historischen Erfahrungen lernen?

Es liegt in der Natur der Sache, dass sich der Erfolg einer solchen Ausbildung schwer messen lässt. Für die zeitgeschichtlichen Seminare der Justiz gilt dasselbe wie für die ebenfalls vor mehr als zehn Jahren eingeführten Managementlehrgänge in der Justiz: Es ist zu erwarten, dass sie der Justiz mittelfristig neue Zugänge ermöglichen, Wissen schaffen, für ihr Thema sensibilisieren und so zu spürbaren Qualitätssteigerungen im Alltag der Gerichte und Staatsanwaltschaften führen.

Der Sinn solcher zeitgeschichtlichen Ausbildungen ist nicht nur, Wissen über Vergangenes und historische Kontinuitäten zu schaffen. Zentral ist auch die Sensibilisierung für die gegenwärtige gerichtliche Arbeit und die Verhinderung des Entstehens autoritärer Strukturen in der Zukunft. Es geht darum, die Rolle der Justiz als Hüterin der Menschenrechte zu festigen – das Versagen in der Vergangenheit darf uns nie daran hindern, am Besseren für die Zukunft zu arbeiten. Dass die Voraussetzungen dafür nicht ungünstig sind, zeigte der Zugang der Justiz zur Flüchtlingshilfe ab 2015. Als im Sommer 2015 der große Flüchtlingszustrom einsetzte, beauftragte die Stadt Wien den Fonds Soziales Wien (FSW) mit der Koordinierung der Flüchtlingshilfe. Dem FSW gelang es beispielhaft, unbürokratisch und mit einer Kommunikation der kurzen Wege nicht nur Quartiere bereitzustellen, sondern sehr rasch an die zukünftige berufliche und bildungsmäßige Integration der Menschen zu denken. Jugendliche wurden zu ihren Interessen und Vorkenntnissen befragt und entsprechend ihren Präferenzen auf die verschiedenen Schultypen aufgeteilt. Durch Kompetenzchecks für erwachsene Flüchtlinge gewann der FSW einen Überblick über die unter den Refugees vertretenen Berufe.

Anfang 2016 rief der FSW ein Praktikaprogramm ins Leben. Für Flüchtlinge mit offenem Asylverfahren, die keiner regulären Beschäftigung nachgehen durften, sollte die Zeit des Wartens besser genutzt werden. Der FSW vermittelt seither Interessierte an Dienststellen der Stadt Wien. So können etwa Zahnärztinnen oder Zahnärzte in der Wiener Zahnklinik der Medizinischen Universität Wien mitarbeiten. Die Wiener Polizei beteiligte sich frühzeitig an dem Projekt und setzt Flüchtlinge als Schülerlotsen ein.

Bereits im Sommer 2015 hatten sich viele Justizangehörige in der Flüchtlingshilfe engagiert. Angehende Richterinnen und Richter halfen in der Rechtsberatung auf den Bahnhöfen, einige nahmen Flüchtlinge zu Hause auf. Auch die offizielle Justizebene wurde aktiv; einige Flüchtlingsfamilien fanden Quartier im Justizbildungszentrum Schwechat.

Auf meine Anregung hin erging im Sommer 2016 ein Erlass des Bundesministeriums für Justiz, der geflüchteten Juristinnen und Juristen oder Jusstudierenden Praktika bei Wiener Gerichten ermöglicht. Rechtshörerschaften stehen seit jeher Jusstudierenden offen. In der Regel lernen Studierende so für einen Zeitraum zwischen drei und sechs Wochen die Arbeit bei Gericht kennen. Der neue Erlass hält nun fest, dass diese unbezahlten Rechtshörerschaften auch bereits graduierten Juristinnen und Juristen und auch für längere Perioden offenstehen.

Das Projekt startete mit einigen Wiener Pilotgerichten. Zu einer von FSW und Justiz gemeinsam organisierten Infoveranstaltung im August 2016 kamen mehr als hundert Interessierte. Mehrheitlich waren es graduierte Personen, die in ihren Herkunftsländern unterschiedlich lange Laufbahnen in Rechtsberufen zurückgelegt hatten. Viele der Interessierten waren zuvor in der Rechtsanwaltschaft, bei Gericht oder in Staatsanwaltschaften tätig gewesen. Die quantitativ am stärksten vertretenen Herkunftsländer waren Syrien, der Irak, Iran und Afghanistan.

Im September 2016 begannen die ersten Rechtshörerinnen und Rechtshörer ihre Praktika bei Gericht. Unter ihnen waren sowohl Personen, die bereits Asyl oder subsidiären Schutz erhalten hatten, als auch Personen mit noch laufendem Asylverfahren. Die Rechtshörerschaft bietet Gelegenheit, Akten zu lesen, Verhandlungen zu besuchen und sich mit dem Behörden- und Gerichtswesen vertraut zu machen, zudem gibt es die Möglichkeit, Kontakte zu knüpfen. Besonders gut funktioniert der Austausch mit Rechtspraktikantinnen und Rechtspraktikanten. Dies ist insofern von zentraler Bedeutung, als viele Refugees die Nostrifikation des Studiums anstreben und von Rechtspraktikantinnen und -praktikanten aktuelle Informationen zu den Studienbedingungen erhalten.

Im Gerichtsalltag werden die Rechtshörerinnen und Rechtshörer mit den heimischen gesetzlichen Regelungen rasch vertraut. Die Unterschiede der österreichischen Rechtsordnung zu jenen in den Hauptherkunftsländern werden tendenziell überschätzt. Institutionen wie Mediation oder Diversion oder die Unterscheidung zwischen Besitz und Eigentum sind den meisten Rechtshörerinnen und Rechtshörern vertraut. Die größte Hürde für eine Integration in die juristische Arbeit sind die Sprachkenntnisse. Das Erlernen des Deutschen in einer solchen Qualität, dass ein juristisches Arbeiten möglich ist, ist nach den Erfahrungen des Projekts tatsächlich sehr schwierig.

Die Refugees bringen in den Arbeitsmarkt der Rechtsberufe durch ihre Sprachkenntnisse (v. a. Arabisch und Dari-Farsi) viel zusätzliches Know-how ein. Einige von ihnen wechselten in den 2016 von der Translationswissenschaftlerin Mira Kadrić initiierten und geleiteten Universitätslehrgang „Dolmetschen für Gerichte und Behörden". Mit diesem Programm leistet die Universität Wien einen wichtigen Beitrag zur Behebung des notorischen Mangels an Gerichtsdolmetschenden in vielen Sprachen. Der neue Lehrgang deckt bisher die Sprachen Arabisch, Dari-Farsi und Türkisch, und bald auch Albanisch, ab und wird ausgebaut.

Für die Justiz ist das Programm der Rechtshörerschaften somit in vielfacher Weise ein Gewinn. Es entsteht mehr Wissen und Sensibilität für andere Rechtskreise und Fluchtumstände, gerade der Austausch zwischen jüngeren Juristinnen und Juristen ist das beste Mittel, ein Gegenkonzept zu den aufkommenden nationalistischen Strömungen zu entwickeln.

2018 gelang schließlich auch eine Intensivierung der Beziehungen zwischen der österreichischen und israelischen Justiz. Die früheren Justizminister (Wolfgang Brandstetter bzw. Josef Moser) unterstützten meine Idee, ein Austauschprogramm und eine Zusammenarbeit in der Justizausbildung zwischen Österreich und Israel einzurichten. Mit meiner Kollegin Birgit Tschütscher konnte ich im März 2018 erste Gespräche auf Beamtenebene führen; im Oktober 2018 fand ein erstes gemeinsames Seminar im Justizministerium statt, bei dem Dina Porat (Kantor Centre Universität Tel Aviv) und Frank Stern (Universität Wien) Vorträge hielten. Die große Unterstützung durch Österreichs Botschafter in Israel, Martin Weiss, und Israels Botschafterin in Österreich, Talya Lador-Fresher, sowie ihrer Stellvertreterin Hadas Wittenberg Silverstein macht Mut für die Zukunft.

Die Geschichte hat uns vor Augen geführt, dass Richter und Richterinnen keine besseren Menschen sind. Und dennoch muss es eines der ersten Ausbildungsziele sein, Richterinnen und Staatsanwälte so auszuwählen und auszubilden, dass sie eine starke und entschiedene Verteidigung von Demokratie und Rechtsstaat bilden und zu ernsthaftem Widerstand gegen autoritäre Entwicklungen befähigt sind. Die Justiz benötigt also starke Persönlichkeiten, die leidenschaftlich an Demokratie und Rechtsstaat glauben. Was sie am wenigsten braucht, sind Mitläuferinnen und Mitläufer. Diese Kriterien als Ziel der Personalauswahl zu definieren steht immer noch aus.

THESE 4

ES IST HÖCHSTE ZEIT, EIN ZEICHEN IN HINBLICK AUF DIE ZEIT DES NATIONALSOZIALISMUS ZU SETZEN

Die österreichische Justiz trägt die Verantwortung, aus dem Faschismus zu lernen.

Die Verbrechen des Nationalsozialismus waren nur möglich, weil die gesamte Gesellschaft in der Verteidigung der Demokratie und Menschlichkeit versagte, insbesondere auch die Justiz. Wir müssen die damaligen Vorgänge studieren, analysieren und kommenden Generationen von Juristinnen und Juristen vermitteln, um ein neuerliches Abgleiten in autoritäre Systeme zu verhindern. Es gilt also, die Geschichte zu studieren und die Erkenntnisse auf die Gegenwart anzuwenden; Sensibilität zu erzeugen für autoritäre Entwicklungen, zu einem Zeitpunkt, wo sich diese noch stoppen lassen.

Das Bild der Aufarbeitung der NS-Verbrechen durch das Nachkriegsösterreich ist ein gemischtes. Einer ersten ambitionierten Phase folgten viele Jahre der Ignoranz. Es wäre ein Zeichen an die Opfer, nun noch einen letzten Anlauf zur Anklage der letzten lebenden Täterinnen und Täter zu unternehmen. Österreich ist Mitglied der Operation Last Chance zur Auffindung der letzten NS-Verbrecher. Man sollte ohne Verzug ein interdisziplinäres Team aufstellen, das sich in den wenigen verbleibenden Monaten und Jahren ausschließlich dieser Aufgabe widmet und künftig international strafbare Verbrechen strafrechtlich aufbereitet, etwa die Kriegsverbrechen aus den Jugoslawienkriegen.

Als Lehre aus der Geschichte gilt es, jene Verträge und Rechtstexte zu verteidigen und mit Leben zu füllen, die vor allem aufgrund der Erfahrungen mit dem Faschismus entstanden sind: die Verträge zu den Vereinten Nationen, die Europäische Menschenrechtskonvention, die Genfer Flüchtlingskonvention und, als späte Weiterentwicklung dieser Texte, die EU-Grundrechtecharta aus dem Jahr 2000. Die internationale und europäische Zusammenarbeit auch unter den Rechtsberufen ist eine gute Versicherung gegen Nationalismus und autoritäre Strömungen.

Angehende Richterinnen und Richter, Staatsanwältinnen und Staatsanwälte sollten verpflichtend einerseits Gedenkstätten besuchen, andererseits Praktika und Aufenthalte bei internationalen Einrichtungen und europäischen Institutionen absolvieren.

5. Das Strafrecht im gesellschaftlichen Auftrag

Wir haben uns in den ersten Kapiteln bereits mit dem Strafrecht beschäftigt. Nun wollen wir uns etwas vertieft den rechtstheoretischen Aufgaben des Strafprozesses und ausgewählten praktischen Fragen zuwenden. Dabei gehen wir auf alle drei großen Abschnitte des Strafverfahrens ein: Im ersten Abschnitt jedes Strafverfahrens, dem Ermittlungsverfahren, steht die Staatsanwaltschaft im Zentrum. Polizei und Staatsanwaltschaft sammeln Fakten, um zu entscheiden, ob Anklage erhoben wird. Nach einer Anklageerhebung folgt das Hauptverfahren bei Gericht mit der Hauptverhandlung. Die Verhandlung ist öffentlich und endet nach Klärung der Schuldfrage mit dem Urteil. Kommt es zu einem Schuldspruch, dann gibt es einen dritten Abschnitt: den Strafvollzug. Strafverfahren und Strafvollzug, das soll nun gezeigt werden, weisen dringenden Reformbedarf auf. Sie erfüllen ihre Aufgabe unzureichend und haben schwere Rechtsschutzdefizite.

Die Strafgerichtsbarkeit stellt nur einen verhältnismäßig kleinen Bereich innerhalb unseres Justizsystems dar. Die Zahl der Zivilprozesse und der familienrechtlichen Verfahren ist um ein Vielfaches höher als jene der Strafprozesse. Dennoch ist die Strafgerichtsbarkeit im Bewusstsein der Bevölkerung und Medien stark verankert. Die tägliche Gerichtssaalberichterstattung der Zeitungen dreht sich nahezu ausschließlich um Strafverhandlungen. Große Strafverfahren erreichen oft wochenlang höchste Medienpräsenz. Justiz wird immer noch stark mit dem Strafrecht assoziiert.

Dabei ist für die breite Öffentlichkeit meist nur ein Ausschnitt des Strafverfahrens sichtbar, nämlich die öffentliche Hauptverhandlung. Deren oft antiquiert wirkende Formalismen verdecken die starken Veränderungen, denen die Strafverfahren in den vergangenen Jahren und Jahrzehnten unterworfen waren.

Das Strafrecht als solches scheint für die Gesellschaft unverzichtbar zu sein. Seit Jahrhunderten ist es mit unterschiedlich ausgeformten Verfahren und Sanktionen in allen Kulturen und Ländern vorhanden. In letzter Zeit kann man von einer – in vielfacher Hinsicht kritisch zu sehenden – Renaissance des Strafrechts sprechen. Der in früheren Epochen das Strafrecht dominierende Rachegedanke, der in der zweiten Hälfte des 20. Jahrhunderts in Europa weitgehend eliminiert werden konnte, ist zumindest in den Forderungen der Boulevardpresse und populistischer Parteien zurückgekehrt. Allzu oft wird der Ruf nach dem Strafrecht laut. Der ist zwar manchmal nicht verfehlt, sehr wohl aber die damit Hand in Hand gehende Forderung nach unbedingten Freiheitsstrafen, dem „Einsperren".

Dabei leben wir in einer Zeit sinkender Kriminalitätsraten. Aber selbst bei steigenden Kriminalitätsraten sollte man sich die Daten immer genau ansehen. Denn die statistisch dokumentierte Kriminalitätsrate ist zum Beispiel vom Einsatz der Ressourcen der Polizei abhängig. Wird das Personal der Polizei aufgestockt, so werden im Regelfall auch mehr Straftaten aufgenommen und verfolgt. Durch die Schaffung von Sondereinheiten oder durch gezielte Razzien können in bestimmten Bereichen mehr Straftaten festgestellt werden. Das bedeutet noch lange nicht, dass die Zahl der verübten Delikte gestiegen ist. In Kriminalitätsfeldern wie der familiären oder sexuell motivierten Gewalt, in denen seit jeher eine hohe Dunkelziffer besteht, führen Aufklärung und gestiegene gesellschaftliche Sensibilität zu mehr Anzeigen und Verfahren. Dass sich die Zahl der insgesamt verübten, vielfach nicht angezeigten Straftaten verändert, ist daraus noch nicht abzuleiten.

Die internationale Strafgerichtsbarkeit trägt heute ebenfalls – in einem positiven Sinn – zu einer Renaissance des Strafrechts bei. Die moderne internationale Strafgerichtsbarkeit, die mit den Nürnberger Prozessen (1945–1949) einsetzt, hat neue Maßstäbe gesetzt und ist Vorbild für Reformen der nationalen Strafrechtssysteme. Von den Nürnberger Prozessen bis zum

Jugoslawien-Tribunal (ICTY, 1993–2017) wurde, was die Verteidigungsrechte, die Dolmetschqualität und in jüngster Zeit die Opferbetreuung betrifft, auf höchstem Niveau gearbeitet. Neue Standards eines fairen Verfahrens wurden etabliert.

Was kann und soll nun das Strafrecht heute leisten? Zentrale Aufgabe des Strafverfahrens, wie der Justiz insgesamt, ist der Schutz der Grundrechte der Bürgerinnen und Bürger, oder, anders gesagt, Grundrechtsgefährdungen entgegenzuwirken. Da sich das Strafrecht der härtesten Mittel bedient, die dem demokratischen Rechtsstaat gegen den Bürger zur Verfügung stehen (Untersuchungshaft, Beschlagnahme, Geld- und Freiheitsstrafen usw.), also selbst massiv in Grundrechte eingreift, muss es nach dem Ultima-Ratio-Prinzip eingesetzt werden. Nur die schwersten Verstöße gegen die gesellschaftliche Ordnung sollen mit strafrechtlichen Sanktionen bedroht sein. Drastische Reaktionen des Staates wie Freiheitsstrafen müssen schwerwiegenden Taten vorbehalten bleiben. Unter diesem Aspekt bietet das Strafgesetzbuch noch viel Spielraum für entkriminalisierende Maßnahmen. Zahlreiche Tatbestände des Strafgesetzbuches sind mittlerweile ohnedies totes Recht. Einige, wie etwa der Tatbestand des Ehebruchs, wurden abgeschafft. Und umgekehrt stellt sich immer die Frage: Konzentrieren wir uns in der Strafverfolgung wirklich auf die gesellschaftlich schwerwiegendsten Handlungen? Man denke nur daran, wie wenig Aufmerksamkeit der Strafrechtsapparat Umweltverbrechen widmet.

Unter einem modernen menschenrechtlichen Ansatz stellen sich dem Strafrecht drei Hauptaufgaben:

Zum Ersten geht es um die Sicherstellung der Menschenrechte des Einzelnen und der Bürgerinnen und Bürger in ihrer Gesamtheit, mit anderen Worten: um den Schutz der Gesellschaft und des Einzelnen, die Herstellung der öffentlichen Sicherheit und Wahrung der Friedensordnung. Dazu kommt als zweite Aufgabe die Wahrung der Grundrechte der Verdächtigen bzw. der Täter und Täterinnen durch die Garantie eines fairen Verfahrens und durch den Einsatz der Sanktionen nach dem Ultima-Ratio-Prinzip. Abhängig vom Unrecht der Tat und der Gefährlichkeit des Täters bzw. der Täterin ist demnach die Freiheitsstrafe als schwerwiegendster grundrechtlicher Eingriff nur dann zu verhängen, wenn kein gelinderes Mittel mit gleichem Erfolg die Vermeidung eines Rückfalls und eine weitere Störung der öffentlichen Sicherheit erwarten lässt. Die dritte Aufgabe ist nach modernem Verständnis die Sicherung der Menschenrechte des Opfers durch eine Ausgestaltung des Strafverfahrens, die dem Opfer Respekt entgegenbringt und ihm die Möglichkeit auf materiellen und ideellen Ausgleich für das erlittene Leid bietet.

Aus diesen drei Hauptaufgaben lassen sich wiederum drei konkrete Ziele für das Strafverfahren ableiten. Da ist zunächst einmal die Klärung der Schuldfrage: Im Strafverfahren soll verbindlich geklärt werden, wer die Verantwortung für eine bestimmte Straftat trägt. Das Prinzip der Unschuldsvermutung verlangt, dass diejenigen, gegen die das Strafverfahren geführt wird, bis zum rechtskräftigen Urteil als Verdächtige behandelt werden und die staatlichen Behörden jedes denkbare Beweismaterial für und gegen die Verdächtigen sammeln und bewerten. Ein rechtskräftiger Schuldspruch hat dann unter anderem die Funktion, eine gewisse Verhaltensweise öffentlich als Unrecht festzustellen. Diese Funktion des Strafrechts ist etwa bei Körperverletzungsdelikten selbstverständlich; ihre Bedeutung wird bei Verurteilungen nach dem Verbotsgesetz oder wegen Börsendelikten deutlich. Das zweite konkrete Ziel ist die Sanktionierung des Täters oder der Täterin: Der Strafprozess beschäftigt sich zentral mit dem oder der Verdächtigen (die im Falle des Schuldspruchs zum Täter bzw. zur Täterin werden). Bei der Frage, mit welcher Sanktion oder Maßnahme der Staat auf eine Straftat im Einzelfall reagieren soll, stehen heute die Ziele der Rückfallvermeidung sowie des Abbruchs der kriminellen Karriere im Vordergrund. Mit anderen Worten: Sowohl im Interesse der Gesellschaft als auch dem der Täter und Täterinnen muss die Resozialisierung Vorrang haben. Die Wiedereingliederung der Verurteilten in die Gesellschaft trägt gleichzeitig zur öffentlichen Sicherheit bei. Der Anteil jener Verurteilten, die als nicht resozialisierbar bezeichnet werden müssen, ist, wie alle einschlägigen Studien zeigen, äußerst gering. Zugleich ist der Spielraum des Strafrechts heute größer denn je. Der Maßnahmen- und Sanktionenkatalog des Strafrechts hat sich in den letzten Jahrzehnten verändert und erweitert. Das Strafrecht ist dadurch flexibler geworden, Staatsanwaltschaften und Gerichte können auf die einzelne Straftat individueller reagieren. Haben vor vierzig Jahren noch Freiheits- und Geldstrafen das Strafrecht dominiert, so hat insbesondere die Einführung der sogenannten Diversion im Jahr 2001 das österreichische Strafrecht nachhaltig verändert. Den Staatsanwaltschaften und Gerichten stehen seither Maßnahmen wie gemeinnützige Leistungen, die Verhängung von Probezeiten, von Geldbußen sowie der Tatausgleich zur Verfügung. Bei allen diesen diversionellen Maßnahmen kommt es zu keiner formalen Verurteilung, also zu keiner Vorstrafe, die ein nicht unwesentliches Resozialisierungshindernis, insbesondere bei der Reintegration in den Arbeitsmarkt, darstellt. Drittes Ziel des modernen Strafverfahrens ist der Opferschutz: Immer mehr setzt sich die Erkenntnis durch, dass das Strafverfahren der Wiedergutmachung für das Leid, das dem Opfer widerfahren ist, dient. In den letzten Jahren wurden verschiedenste Opferschutzregelungen in die Rechtsordnung eingebaut, die den Charakter des Strafverfahrens nicht unwesentlich verändert haben. Opfer von Straftaten haben heute das Recht auf kostenlose Prozessbegleitung, die sowohl die rechtliche Vertretung als auch die psychische Begleitung in der belastenden Zeit des Strafverfahrens umfasst. Die Informations-, Beteiligungs- und Rechtsmittelrechte der Opfer wurden ausgebaut; das Europarecht hat hier eine Führungsrolle übernommen.

    Angesichts der im internationalen Vergleich guten österreichischen Sicherheitslage besteht zweifellos Potenzial, das

Strafrecht zurückzufahren. Vor allem die Frage der angemessenen Reaktion auf Straftaten ist zu überdenken. Konkret geht es vor allem um das Zurückdrängen der Freiheitsstrafe. In den letzten fünfzig Jahren hat sich die Quote der Häftlinge, die kurze Freiheitsstrafen absitzen, nicht verändert. Immer noch verbüßen rund zwei Drittel aller Strafgefangenen in den österreichischen Justizanstalten Freiheitsstrafen unter sechs Monaten. Wie das Strafmaß zeigt, handelt es sich dabei um keine der Schwerkriminalität zuzurechnenden Täter und Täterinnen. Die kurzen Freiheitsstrafen sind aber, wie schon erwähnt, kriminalsoziologisch besonders unbefriedigend, zumal sie zwar das soziale Leben der Verurteilten nachhaltig durcheinanderbringen (Verlust des Arbeitsplatzes usw.), gleichzeitig dem Strafvollzug zu wenig Zeit zur Verfügung stellen, um sinnvolle Betreuungs- und Therapiemaßnahmen zu setzen.

Nicht zu übersehen ist freilich, dass sich im Strafrecht immer auch gesellschaftliche Grundprobleme widerspiegeln. Hohe Arbeitslosenraten, insbesondere bei Jugendlichen, erzeugen jene Perspektivlosigkeit, die die Anfälligkeit für kriminelles Handeln erhöht; man denke nur an die Probleme der Pariser Vorstädte oder den Zulauf zu rechtsradikalen Gruppen im Osten Deutschlands. Fehlende Beschäftigungsmöglichkeiten für einzelne Gruppen, etwa für Menschen im Asylverfahren, schaffen eine solche Perspektivlosigkeit, die das Entstehen von Kriminalität fördert.

Schließlich stellt sich auch die Frage, wie die Ressourcen in der Strafverfolgung eingesetzt und verteilt werden: Wer heute einen Vormittag lang die Strafverhandlungen an einem Wiener Bezirksgericht beobachtet, wird feststellen, dass mit sehr viel Aufwand Bagatelldelikte verfolgt werden. Diebstähle in Supermärken – oft geht es um eine Dose Bier oder ein Schnapsfläschchen im Wert von einem Euro, das ein Unterstandsloser entwendet hat – werden nicht selten in mehreren Verhandlungsterminen abgehandelt. Auf der anderen Seite kommt es etwa im Bereich der Börsenkriminalität oder der Korruption nur zu wenigen Verurteilungen. Dabei weisen Kriminologen wie Wolfgang Heinz zu Recht darauf hin, dass allein die registrierte Wirtschaftskriminalität höhere Schäden verursacht als die gesamte sonstige Eigentums- bzw. Vermögenskriminalität. Es ist also zu hinterfragen, ob der Staat – Polizei und Justiz – die zur Verfügung stehenden Ressourcen vernünftig einsetzt. Für die Verwendung der Ressourcen muss gelten: Dort, wo dem Staat am meisten Schaden droht, sind die Mittel vorrangig einzusetzen. Dieser Gedanke lag der Schaffung der bundesweit tätigen Sonderstaatsanwaltschaft zur Bekämpfung von Korruption und Wirtschaftskriminalität zugrunde, die ich mit Albin Dearing für Justizministerin Maria Berger konzipiert habe und die am 1.1.2009 ihre Arbeit aufgenommen hat. Die Durchsetzung des Projekts war eine große politische Leistung Bergers.

Ein zentraler Punkt jeder Strafrechts- und Kriminalpolitik ist der Strafvollzug – auch wenn er mangels Lobby oft vernachlässigt wird. Nicht nur die vom Gericht ausgewählte Sanktion, auch die Form und Qualität des Strafvollzugs ist für die Zukunft der Verurteilten mitbestimmend. Gerade die Rückfallswahrscheinlichkeit ist über die Maßnahmen des Strafvollzugs steuerbar. So besteht etwa in Wien-Floridsdorf eine spezialisierte Begutachtungsstelle für Sexualstraftäter. Durch qualitativ hochwertige Gefährlichkeitseinschätzungen und individuelle Therapiemaßnahmen ist es gelungen, die Rückfallsquoten im Bereich der Sexualstraftaten weit unter die allgemeine Rückfallsquote zu drücken. Die einschlägige Rückfälligkeit der in Floridsdorf begutachteten Sexualstraftäter liegt bei nur mehr fünf Prozent. Es ist empirisch belegbar, dass im Wege von bedingten Entlassungen in Kombination mit Therapien die Rückfallsquoten deutlich niedriger liegen als bei bloßem Vollzug der gesamten Strafe.

Ein qualitativ hochwertiger Strafvollzug ist sehr stark auf die interdisziplinäre Arbeit von Justiz, Medizin, Psychologie und Sozialarbeit angewiesen. Daher bedeutet die Tatsache, dass in Österreich als einem der wenigen Länder kein eigener Lehrstuhl für forensische Psychiatrie besteht, eine wesentliche Erschwernis für die Strafgerichte wie auch für den Bereich des Strafvollzugs. Es mangelt an ausreichend ausgebildeten forensischen Psychiatern und Psychiaterinnen und einschlägiger Forschung, die für die Erstellung von Gefährlichkeitsprognosen wichtig wären. Besonders wertvoll wäre es, ein Institut für forensische Psychiatrie einem größeren Gericht anzuschließen.

Am 1. Jänner 2008 ist mit der Reform des strafprozessualen Vorverfahrens eine der größten Reformen im österreichischen Strafrecht der letzten 140 Jahre in Kraft getreten. Der Wechsel vom Untersuchungsrichtermodell zu einem neuen System mit starken Staatsanwaltschaften war holprig. Die Staatsanwaltschaften haben in die ihnen vom Gesetzgeber zugedachte gewichtige Rolle bis heute nicht ganz hineingefunden. Die BVT-Affäre des Jahres 2018, als sich ausgerechnet die Wirtschafts- und Korruptionsstaatsanwaltschaft von der Polizei zu einer Razzia im Bundesamt für Verfassungsschutz und Terrorismusbekämpfung treiben ließ, hat dies dramatisch sichtbar gemacht. Die Schwierigkeiten liegen vor allem an einem Managementversagen vieler Staatsanwaltschaften – Ausnahmen wie die gut organisierten Innsbrucker Behörden bestätigen die Regel. Für den Bereich der Hauptverhandlung steht die schon oft angekündigte große Reform überhaupt aus. Hier geht es im Wesentlichen um einen besseren Einsatz der Ressourcen. Um die Qualität der Hauptverhandlung zu erhöhen, müssen die Mittel verstärkt in Verfahren fließen, in denen Beschuldigte nicht geständig sind. Auch muss dem Umstand begegnet werden, dass die für die Zukunft des Täters oder der Täterin entscheidende Frage der im Einzelfall richtigen Sanktion in der Strafverhandlung bisher kaum erörtert wird. Neuregelungen sollten sicherstellen, dass das Gericht mit den Parteien – Angeklagten und Staatsanwaltschaft –

intensiver die richtige Maßnahme bzw. Sanktion für den Fall des Schuldspruchs erörtert. Dies gilt natürlich ganz besonders für den Bereich der Jugendgerichtsbarkeit, wo die Chancen, auf die Täterpersönlichkeit Einfluss zu nehmen, größer sind. Um den Gerichten bessere Entscheidungsgrundlagen für eine maßgeschneiderte Sanktion im Einzelfall zu bieten, könnte eine neue psychosoziale Gerichtshilfe – ähnlich der Familiengerichtshilfe im Familienrecht – die Lebenssituation erwachsener Straftäter beurteilen und dem Gericht Vorschläge für individuell maßgeschneiderte Strafen, Therapien und Weisungen unterbreiten. Auch ließe sich die Hauptverhandlung in zwei Abschnitte teilen. Kommt es im ersten Teil zu einem Schuldspruch, könnte in einem zweiten Verfahrensteil über die angemessene Sanktion diskutiert und entschieden werden. Schließlich sollte auch nach dem Urteil noch aufgrund einer neuen positiven Entwicklung die Sanktion modifiziert werden können. Dazu wäre es nötig, dass die Gerichte auch nach dem Urteil gleichsam an den Verurteilten dranbleiben und gemeinsam mit den Strafvollzugsbehörden die Entwicklung der Verurteilten beobachten und bewerten.

Mittel- bis langfristig geht es jedenfalls darum, das Strafrecht zu flexibilisieren und, im Falle von Verurteilungen, besser auf den einzelnen Straftäter einzugehen und sich intensiver mit der Person des Täters oder der Täterin zu beschäftigen. Die Frage nach der Ursache der Straffälligkeit, nach geeigneten Therapien und Resozialisierungsmaßnahmen ist zentral. Nichts spricht gegen die ausführliche Erörterung der die Straffälligkeit auslösenden Faktoren (Alkoholismus, psychische Probleme, Verschuldung) sowie möglicher Weisungen bereits in der Hauptverhandlung. Der Austausch von Argumenten vor dem Strafausspruch macht die staatliche Sanktion treffsicherer.

Ein Feld, in dem Österreich Vorbildfunktion für andere Staaten entwickeln konnte, ist der Gewaltschutz – insbesondere der Bereich der Wegweisung von Gewalttätern (es sind mit wenigen Ausnahmen Männer) aus der Wohnung, der im Zivilrecht geregelt wurde. Mit dem Inkrafttreten des Gewaltschutzgesetzes vor nunmehr knapp zwanzig Jahren wurde viel Positives in Richtung Gewaltprävention bewirkt. Das Gewaltschutzgesetz ist ein Beispiel effektiver moderner Gesetzgebung. Im Zusammenspiel von Polizei und Gericht gelingt es in vielen Fällen, von Gewalt betroffenen Frauen schnell Hilfe zu bieten. Aus dem gerichtlichen Alltag lässt sich sagen, dass in den letzten Jahren immer breitere Bevölkerungsschichten, zunehmend auch Frauen mit Migrationshintergrund, an die Behörden herantreten und von Betretungsverboten, Wegweisung und einstweiligen Verfügungen profitieren. Aktuell war 2018/2019 eine Häufung von familiären Gewaltdelikten zu beobachten; es bleibt zu hoffen, dass sie nicht eine negative Entwicklung ankündigt. Zu bedauern ist, dass es zum gesamten Bereich der Gewalt gegen Frauen wenig Forschung in Österreich gibt. Dieses Defizit betrifft viele Arbeitsfelder der Justiz. Außerdem entstehen neue Kriminalitätsfelder: Cybercrime und Hate Crime bedürfen in der Bekämpfung neuer rechtlicher Konzepte.

Mit dem Gewaltschutzgesetz wurde 1997 entschieden auf häusliche Gewalt reagiert. Bis dahin war die häusliche Gewalt stark tabuisiert. Die rechtliche Position der Frau war denkbar schlecht, was auch nicht weiter verwundert, wenn man sich die historische Entwicklung vor Augen hält: Das allgemeine Wahlrecht wurde Frauen erst 1918 zuerkannt. Bis 1975 durften verheiratete Frauen ohne Zustimmung des Mannes keiner Berufstätigkeit nachgehen und erst im Jahr 1989 wurde die Vergewaltigung in der Ehe strafbar. Die gesellschaftlichen Vorstellungen über Rechte und Rolle der Frau haben sich also erst in den letzten vierzig Jahren in Richtung des heutigen Verständnisses der Gleichberechtigung entwickelt.

Besonderes Augenmerk muss weiterhin dem Schutz von Kindern vor Gewalt gelten. Gewalt an Kindern, insbesondere auch der sexuelle Missbrauch von Kindern, ist ein nicht zu unterschätzendes gesellschaftliches Problem. Untersuchungen belegen, wie verbreitet gegen Kinder gerichtete Gewalt ist. Nach einer repräsentativen holländischen Befragung wurden rund 15 Prozent aller Frauen vor dem 16. Lebensjahr von einem Familienmitglied sexuell missbraucht. Eine vorrangige Aufgabe muss daher die Verringerung des Dunkelfeldes sein. Kinder und ihr Umfeld müssen ermutigt werden, staatliche Hilfe in Anspruch zu nehmen, um die Gewalt zu stoppen. Dies kann nur mit einem umfassenden staatlichen Hilfsangebot gelingen, das sich strikt an den Rechten der Kinder orientiert.

Die Rechte der Kinder auf staatliche Intervention unter gleichzeitiger Respektierung ihrer Würde, auf Sicherheit vor weiterer Gewalt und auf schonende Behandlung in allen behördlichen Verfahren zur Vermeidung einer sekundären Viktimisierung sowie auf Rehabilitation und Resozialisierung ergeben sich aus internationalen Übereinkommen wie der UN-Kinderrechte-Konvention, aus der Verfassung und aus einfachen Gesetzen. Aus dieser allgemeinen Schutzverpflichtung des Staates lassen sich konkrete materielle und prozedurale Rechte des Kindes, das Gewaltopfer geworden ist, ableiten.

Die Notwendigkeit einer Reform der Strafverhandlungen wurde bereits angesprochen. Strafverhandlungen sind prägend für das Bild der Justiz in der Öffentlichkeit – dies gilt insbesondere für die medienwirksamen Geschworenen- und Schöffenverfahren. Auch wenn in jüngster Zeit PCs oder Videoprotokolle das Erscheinungsbild der Strafverhandlung verändert haben – die Strafprozessordnung selbst ist deutlich mehr als hundert Jahre alt und in vielen Punkten reformbedürftig. Die Bestrebungen zur Reform des Haupt- und Rechtsmittelverfahrens, also des Ablaufs der Hauptverhandlung und der Regelung der Bekämpfung von Strafurteilen, sind, so scheint es, eingeschlafen. Dabei gab es noch vor einigen Jahren lebhafte Reformdiskussionen, die etwa auch um die Einführung von Absprachen im Strafverfahren kreisten. Verkürzt gesagt geht es dabei um eine Verständigung zwischen Staatsanwaltschaft und Verteidigung, um im Gegenzug zu einer geständigen Verantwortung eine mildere Strafe im Vorfeld zu vereinbaren. Das Konzept kann verschieden ausgestaltet werden, wird von bedeutenden Stimmen aber auch radikal abgelehnt. Beispiele aus Deutschland und dem Vereinigten Königreich zeigen, dass sich über den Weg solcher Absprachen vermögende Verdächtige auch beim Verdacht gigantischer Wirtschaftsverbrechen gleichsam freikaufen können. Restlos überzeugen können diese Modelle daher nicht.

Eine Schwachstelle des geltenden Strafverfahrens ist zweifellos das bloß zweistufige, vielfach sehr formalisierte Rechtsmittelsystem. Eine substanzielle Neuordnung des Rechtsmittelverfahrens mit einem Ausbau des Instanzenzugs und einem leichteren Zugang zum Rechtsschutz scheint überfällig. Denn die Möglichkeiten, ein Strafurteil zu bekämpfen, sind derzeit weitaus beschränkter als in anderen gerichtlichen Verfahren, etwa in einem Verfahren zur Unterhaltsbemessung, einem Zivilverfahren nach einem Verkehrsunfall oder in Mietsachen. Während im Zivilverfahren ein dreistufiger Instanzenzug die Regel ist, stehen im Strafprozess nur zwei Instanzen zur Verfügung. Wer sich mit seinem Vermieter über die Reparatur der Gastherme auseinandersetzt oder ein Nebeneinkommen nicht bei der Unterhaltsbemessung berücksichtigt sehen will, kann den Obersten Gerichtshof anrufen, während für den Angeklagten, der vor dem Bezirksgericht nach einem tödlichen Verkehrsunfall zu einer sechsmonatigen Gefängnisstrafe verurteilt wird, der Rechtsmittel- oder Instanzenzug beim Landesgericht als zweiter Instanz endet. Der Weg zu Oberlandesgericht und Oberstem Gerichtshof ist versperrt. Die geltende Regelung erscheint wenig sachgerecht, bringt doch eine strafrechtliche Verurteilung, insbesondere zu einer Gefängnisstrafe, einen ganz erheblichen Eingriff in die Lebensverhältnisse mit sich. Dieser Eingriff würde einen dem zivilrechtlichen Verfahren zumindest gleichwertig ausgestalteten Rechtsschutz verdienen. Der limitierte Instanzenzug befördert gleichzeitig die Ausprägung lokaler Strafrechtskulturen, da der Instanzenzug ja vielfach bei einem von vielen Landesgerichten endet. Dies trägt maßgeblich zum viel beklagten Ost-West-Gefälle der Strafenpraxis bei (höhere Strafen in Ostösterreich, mildere in Westösterreich). Verschärft wird die Problematik dadurch, dass die Strafprozessordnung ein sehr formalistisches Rechtsmittelsystem vorgibt, das insbesondere vom Obersten Gerichtshof noch dazu sehr streng ausgelegt wird. Im Ergebnis ist die erfolgversprechende schriftliche Ausführung einer Nichtigkeitsbeschwerde oder einer Berufung mittlerweile so anspruchsvoll geworden, dass sie nur mehr von einer Hand voll Spezialistinnen und Spezialisten in der Anwaltschaft beherrscht wird, während die durch einen Pflichtverteidiger oder eine Pflichtverteidigerin vertretenen Angeklagten geringe Aussichten auf einen Erfolg ihrer Rechtsmittel beim Obersten Gerichtshof haben. Auch hier fällt wiederum der Wertungswiderspruch zum Zivilrecht auf, wo bei vergleichsweise weniger bedeutenden Entscheidungen die formalen Anforderungen an das Rechtsmittel viel geringer angesetzt sind. Eine Reform sollte also einerseits im Auge haben, den bestehenden Instanzenzug um eine dritte Instanz zu erweitern, zum anderen sollten die Rechtsmittelgerichte sich weitgehend frei von unnötigen Formalismen nochmals mit den im Rechtsmittel aufgeworfenen Fragen befassen müssen – schließlich geht es für die betroffenen Angeklagten um viel.

Neben diesen beiden zentralen Fragen und den weiteren bereits in Diskussion stehenden Punkten gibt es noch eine Reihe von diskussionswürdigen Vorschlägen für die Reform der Hauptverhandlung – etwa die von der EU forcierte umfassende Dolmetschung der Hauptverhandlung für fremdsprachige Angeklagte. Zumindest im Geschworenen- und Schöffenverfahren würde die Einführung der Simultandolmetschung einem modernen Grundrechts- und Qualitätsverständnis des Strafverfahrens entsprechen. Eine audiovisuelle Aufzeichnung des Geschehens wirkt sich in jedem Fall qualitätssichernd aus; für das sensible Strafverfahren bietet sie sich an. Anzudenken ist die Ausstattung der Gerichtssäle mit Simultandolmetschanlagen. Die Simultandolmetschung würde die Verhandlungen verkürzen und gleichzeitig die Verfahrensrechte fremdsprachiger Beteiligter optimal wahren. Zwar laufen in den Justizsystemen Digitalisierungsprojekte, eine digitale Übersetzung bzw. Dolmetschung ist in naher Zukunft aber nicht zu erwarten.

Ein Gedanke, den man im Auge behalten sollte, wäre die Auflösung der einzigen beiden reinen Strafgerichte Österreichs, also der Straflandesgerichte in Wien und Graz. Als ich diesen Vorschlag erstmals 2004 in die Diskussion einbrachte, war ich auf die Heftigkeit der darauffolgenden Reaktionen aus der Strafjustiz nicht vorbereitet. Dennoch ist festzuhalten, dass in reinen Strafgerichten der Dialog mit anderen Lebens- und Rechtsbereichen schmerzlich fehlt. Bereits vor dreißig Jahren konstatierte der verstorbene Präsident der Richtervereinigung, Josef Klingler, dass die an einem reinen Strafgericht tätigen Richterinnen und Richter aufgrund der negativen Berufserfahrung und der ausschließlichen Kommunikation untereinander zu einem verschobenen Bild der Realität kämen. An gemischten Gerichtshöfen, an denen sowohl Zivil- als auch Strafrichter und -richterinnen tätig sind, bleiben die dort Tätigen offener. Alternativ ließe sich eine Maximaldauer festlegen, die ein Richter oder eine Richterin im Strafrecht arbeiten kann. Danach müsste ein Wechsel ins Zivil- oder Familienrecht folgen. Wenn schon eine Neustrukturierung mit gemischten Gerichten kaum umgesetzt werden wird, ließe sich zumindest in Wien ein zweites modernes Strafgericht andenken, in dem die gesamte Jugendstrafgerichtsbarkeit (wieder) an einem Ort konzentriert und sich mit Forschungsstellen, die sich speziell mit Jugendkriminalität, Prävention und alternativen Sanktionsformen beschäftigen, zusammenführen ließe. Warum nicht überhaupt öfter Gericht, Universitätsinstitute für (Jugend-)Psychiatrie und Kriminologie und andere Einrichtungen unter einem Dach vereinen? Ein Austausch zwischen Wissenschaft und Praxis bzw. zwischen den aufeinander angewiesenen Berufsgruppen aus Justiz, Medizin und Sozialarbeit brächte einen Mehrwert und würde die Reflexionsfähigkeit und den Horizont des Systems Justiz erhöhen.

Die Strafjustiz geriet in den letzten Jahrzehnten durch einige markante Strafverfahren in die öffentliche Kritik: Dazu zählen die bereits erwähnten Verfahren zur Operation Spring, zu den Tierschützern und zuletzt zum BVT. Die Polizeiaktion Operation Spring und die nachfolgenden Strafverfahren haben ab 1999 jahrelang Wellen geschlagen. 2005 hatte der Dokumentarfilm „Operation Spring" Premiere – zu einer Podiumsdiskussion über den Film kamen im Herbst rund 300 Personen in die Universität Wien. Der Film beschäftigt sich mit der größten kriminalpolizeilichen Aktion seit 1945 und den nachfolgenden Strafverfahren. Am 27. Mai 1999 stürmten 850 Polizeibeamte Wohnungen und Flüchtlingsheime in ganz Österreich. Der im Nationalratswahlkampf stehende SPÖ-Innenminister kommentierte das Geschehen und erzeugte Dramatik. Insgesamt wurden an die hundert Afrikaner verhaftet und in dem anschließenden Strafverfahren zu teilweise langjährigen Freiheitsstrafen verurteilt. Eine etwa zeitgleich mit dem Film fertiggestellte wissenschaftliche Arbeit von Simon Kravagna lieferte erstmals empirische Daten zur strafrechtlichen Behandlung afrikanischer Angeklagter in Österreich. Die Analyse von 83 Gerichtsurteilen des Wiener Straflandesgerichts aus dem Suchtmittelbereich ergab: Menschen dunkler Hautfarbe werden demnach zu signifikant höheren Haftstrafen verurteilt als Angeklagte weißer Hautfarbe. Dies auch nach Berücksichtigung diverser Faktoren, die eine unterschiedliche Behandlung rechtfertigen könnten (wie Vorstrafenbelastung, sichergestellte Suchtmittelmengen usw.).

Dieser wissenschaftliche Befund stimmt mit der Wahrnehmung der Praxis der damaligen Zeit überein – selbst bei Vermögensdelikten fiel die zum Teil unverhältnismäßig schwere Bestrafung afrikanischer Täter und Täterinnen auf; zum Teil wurde das juristisch durch den Rückgriff auf die sogenannte Gewerbsmäßigkeit gerechtfertigt.

Film und Studie mögen dazu beigetragen haben, dass sich spät, aber doch auch innerhalb der Justiz Unbehagen über den Umgang mit schwarzafrikanischen Verfahrensbeteiligten breitgemacht hat. Der Film „Operation Spring" zeigt Grundprobleme des heimischen Strafverfahrens auf: die starke Rolle der Polizei im Vorverfahren und das inquisitionsähnliche Bild vieler Strafprozesse. Die Polizei wählt aus, welchen Sektor der Kriminalität und welche Tätergruppe sie vorrangig bekämpfen will. Sie berichtet der Staatsanwaltschaft oft erst nach Abschluss ihrer Ermittlungen. Im Hauptverhandlungsstadium spielt der Richter bzw. die Richterin eine starke Rolle. Das Verfahren ist amtswegig, wodurch die Richterinnen und Richter leicht in die Rolle der Anklage rutschen statt Äquidistanz zu den Parteien des Strafverfahrens, Angeklagten (Verteidigung) und Staatsanwaltschaft, zu demonstrieren.

Die größten Defizite hat die Justiz wohl im Bereich des Strafvollzugs. Seit den Reformen der 1970er-Jahre fand dieser Bereich nur mehr wenig Aufmerksamkeit. Dabei zeigt sich die Reife von Demokratie und Rechtsstaat bekanntlich im Umgang mit den Schwächsten. Der Standard der Gefängnisse ist in diesem Zusammenhang ein guter Gradmesser. Es war daher wichtig, dass die Vergewaltigung eines 14-jährigen Buben in der Justizanstalt Wien-Josefstadt im Jahr 2013 zu einem Aufschrei in der Öffentlichkeit führte. Strafvollzugskundige meinten damals, das Verbrechen sei kein Einzelfall, die Dunkelziffer sei enorm. Opfer sprechen oft erst lange nach ihrer Haftentlassung über das erlittene Leid – ein charakteristisches Phänomen auch für außerhalb von Haftanstalten begangene Delikte gegen die sexuelle Integrität. Bei einem

Fachgespräch im Juni 2013 schilderte ein Insider des Vollzugs die Gepflogenheiten in den Gefängnissen: Jugendlichen, die nach einer Vergewaltigung in der Haft Anzeige erstatten, wird binnen weniger Tage von Mithäftlingen gewaltsam das Wort „Quietschpuppe" in die Haut eingeritzt. Der Code ist in Gefängnissen bekannt: Träger dieser Tätowierung sind als Verräter gebrandmarkt und laufen Gefahr, bei späteren Gefängnisaufenthalten wieder vergewaltigt oder sonstiger Gewalt ausgesetzt zu werden.

Die Mitarbeiterinnen und -mitarbeiter aus den Bereichen Pädagogik und Sozialarbeit wurden in den vergangenen dreißig Jahren aus den Justizanstalten gedrängt, zugunsten der Justizwache, die nun auch die Gefängnisverwaltung dominiert. So bestimmen Justizwachegewerkschaft und Budgetfragen das Konzept des Strafvollzugs mehr mit als die Ressortleitung und Fachleute. Unter Justizminister Wolfgang Brandstetter konnten die Haftzahlen bei Jugendlichen durch ein Maßnahmenpaket endlich reduziert werden. Insbesondere die Sozialnetzkonferenzen, die das soziale Umfeld (Eltern, Jugendamt, Schule, Dienstgeber) jugendlicher Straftäter an einen Tisch holen, haben einen großen Schritt vorwärts bedeutet. Im Bereich der Jugendgerichtsbarkeit und des Jugendstrafvollzugs ist in den letzten Jahren viel Positives entstanden.

Anders ist es nach wie vor beim Erwachsenenvollzug. Die Haftzeit sollte Häftlingen die Chance bieten, sich sozial und kommunikativ zu entwickeln. Das bedeutete mehr Besuchsmöglichkeiten für Familie und Freunde und kurze Einschlusszeiten während der Nachtstunden, mehr Ausbildungs- und Arbeitsmöglichkeiten sowie ausgedehnte Gelegenheit, Sport zu betreiben. Oft wird unterschätzt, welch dramatische Einschränkung der Freiheitsverlust für einen Menschen darstellt. Die Haft darf deshalb nicht mit weiteren Nebenstrafen versehen werden, welche die Häftlinge von der Gesellschaft entkoppeln. Häftlinge benötigen etwa einen einfachen Internetzugang: Warum soll ein Häftling nicht (bei Tag und auch bei Nacht) am PC sitzen, wenn er will? Ein PC bietet die Möglichkeit, über Mail und Facebook zu kommunizieren, Informationen zu erhalten, Wissen zu erwerben – alles Grundrechte, die man während der Haftzeit nicht beschränken sollte. Auch die Gefängnisarchitektur spielt eine Rolle: Als die Häftlinge der Justizanstalt Korneuburg vor einigen Jahren aus dem Altbau in eine moderne, helle Justizanstalt übersiedelten, sank der Medikamentenverbrauch um zwei Drittel!

In Österreich geht es im Strafrecht und im Gefängnis zu sehr um die Tat, zu wenig um den Täter bzw. die Täterin – Angeklagte und Häftlinge haben zu wenig Rechtsschutz. Zwingend ist die anwaltliche Vertretung derzeit während der Untersuchungshaft und in der Hauptverhandlung wegen schwerer Delikte. Zukunftsweisend wäre eine zwingende und kostenfreie anwaltliche Vertretung aller Angeklagten von der ersten polizeilichen Vernehmung bis zum Ende der Strafhaft. Die Gefängnisse brauchen eine Mentalitätsänderung. In einem österreichischen Strafakt geht es zu 98 Prozent um die Anlasstat und zu zwei Prozent um die Täterpersönlichkeit. In einem Schweizer Strafakt geht es, zumindest bei Jugendlichen, zu etwa einem Drittel um die Tat und zu zwei Drittel um die Täterpersönlichkeit. Während in Österreich also das Augenmerk primär darauf liegt, eine Tat zu sanktionieren, beschäftigt sich die Schweiz vor allem mit Tätern und Täterinnen und ihrer schnellen Wiedereingliederung in die Gesellschaft. Der internationale Vergleich zeigt, dass dort Qualität in Justiz und Strafvollzug entsteht, wo interdisziplinäre Teams mit kurzen Kommunikationswegen am Werk sind.

Für eine solche Systemumstellung wären für den Bereich der Jugendgerichtsbarkeit Jugendkompetenzzentren, also eigene Jugendgerichte, in Wien und in den Ballungsräumen hilfreich. Die herkömmliche Arbeitsweise, bei der Einzelpersonen ihre Papierakten zur Stellungnahme hin und her senden, fragmentiert die Verantwortung und verursacht eine lange Verfahrensdauer. Qualität entsteht so allerdings selten. Randgruppen werden allzu oft ihrem Schicksal überlassen: Das gilt für psychisch Kranke, straffällige Menschen, Unterstandslose und Flüchtlinge gleichermaßen. Diese Gleichgültigkeit ist Gift für eine Gesellschaft, weil sie Solidarität auflöst. Die Aufmerksamkeit, die die Medien dem Strafvollzug in den letzten Jahren gewidmet haben, ist aber ein Zeichen der Ermunterung.

Österreich hat in seinen Justizanstalten derzeit rund 9000 Häftlinge; damit kommen auf 100.000 Einwohner 104 Häftlinge. In Deutschland sind es 87, in Norwegen, Schweden, Dänemark und den Niederlanden um die 70 und in Finnland nur 61 Insassen. Die Haft soll aber wenig kosten: Schweden (260 Euro), Norwegen (330 Euro) und die Niederlande (215 Euro) wenden pro Tag und Häftling mehr als das Doppelte als Österreich (108 Euro) auf.

2014 veröffentlichte der *Falter* Bilder aus dem Strafvollzug: Ein Häftling mit abgefaultem Bein war da zu sehen, auf anderen Fotos mehrere Wachebeamte, die auf einen passiven Häftling einschlagen. Justizminister Brandstetter tat das einzig Richtige: Er sprach von strukturellen Missständen und forderte eine Totalreform. Zu Recht, denn Grenzüberschreitungen sind zur Normalität geworden. Das Problem ist die Kultur des Strafvollzugs: Wer dort Missstände aufzeigt, wird gemobbt, wie etwa 2013 beim Fall von sexuellem Missbrauch gegen weibliche Häftlinge in der Justizanstalt Josefstadt geschehen. Die vielen engagierten Beamtinnen und Beamten geraten in die Außenseiterrolle.

Von den ständig rund 8000 bis 9000 Menschen, die in Österreich in Haft sind, befinden sich ca. zehn Prozent im Maßnahmenvollzug. Das bedeutet, die Gerichte haben diese Gruppe von Straftätern und Straftäterinnen entweder aufgrund einer schweren psychischen Störung als zurechnungsunfähig eingestuft oder aber zwar Zurechnungsfähigkeit angenommen, gleichzeitig aber besondere Maßnahmen aufgrund eines Zusammenhangs der Tatbegehung mit einer psychiatrischen Erkrankung angeordnet.

Die rechtlichen Grundlagen für den Maßnahmenvollzug wurden vor mehr als vierzig Jahren geschaffen. Allein in den letzten 15 Jahren hat sich die Zahl der im Maßnahmenvollzug angehaltenen Kranken jedoch verdoppelt. Es zeigt sich, dass in den letzten Jahren psychisch kranke Personen wegen immer geringfügigerer Anlasstaten in den Maßnahmenvollzug eingewiesen werden. Sie werden teils wegen nicht sehr schwerwiegender Delikte, etwa Sachbeschädigungen, viele Jahre, möglicherweise ein Leben lang, zwangsangehalten. Die durchschnittliche Anhaltedauer im Maßnahmenvollzug steigt und liegt derzeit bei vier bis fünf Jahren. Diese zunehmende Dauer der Anhaltung steht in einem Spannungsverhältnis zum Verhältnismäßigkeitsgrundsatz nach der Europäischen Menschenrechtskonvention. Sie führt zu einer Stigmatisierung, insbesondere der zurechnungsunfähigen, also psychisch schwer kranken Untergebrachten. Mehr als fünfzig Prozent dieser Gruppe der zurechnungsunfähigen Personen leidet an paranoider Schizophrenie.

Die Gefängnisverwaltung war auf eine so hohe Zahl an psychisch kranken Häftlingen weder personell noch baulich vorbereitet. In Fachkreisen war daher seit längerem unstrittig, dass einerseits zu viele Menschen im Maßnahmenvollzug landen und andererseits die Behandlungs- und Betreuungsmöglichkeiten der Justiz unzureichend sind. Kurz gesagt hat die Justiz in den letzten Jahrzehnten immer mehr Aufgaben des Gesundheitssystems übernommen. Die steigende Zahl an psychisch kranken Personen im Maßnahmenvollzug hängt direkt mit einem unzureichenden psychiatrischen Versorgungsangebot zusammen. Während etwa Wien über ein recht engmaschiges psychiatrisches Ambulanzangebot verfügt, fehlt in ländlichen Regionen eine niedergelassene Psychiatrie oft ganz. Viele psychisch kranke Menschen, insbesondere auch Jugendliche, bleiben daher über Jahre unbehandelt, bis sie anlässlich einer Sachbeschädigung oder Körperverletzung gleichsam in die Obhut der Justiz geraten und dann in den Maßnahmenvollzug eingewiesen werden. Dort verbleiben sie oft viele Jahre lang.

Besonders eklatant ist das Defizit am Sektor der Nachbetreuung. Viele im Maßnahmenvollzug untergebrachte Menschen könnten wesentlich früher entlassen werden, wenn es ausreichende Nachbetreuungsmöglichkeiten außerhalb der Haftanstalten gäbe. Dazu kommt, dass der Rechtsschutz der Häftlinge im Maßnahmenvollzug unzureichend ist. Es gibt keine zwingende anwaltliche Vertretung. Die jährliche Anhörung des Untergebrachten über die Möglichkeit einer bedingten Entlassung dauert oft nur wenige Minuten. Das Sachverständigenwesen ist stark monopolisiert: Im Raum Graz etwa erstellt ein einziger psychiatrischer Sachverständiger mehr als 300 Gutachten im Jahr. Eine Studie aus dem Jahr 2011 hat zahlreiche Mängel psychiatrischer Gutachten bezüglich Begutachtungsdauer sowie Präzision der Diagnostik und Transparenz aufgezeigt.

Das gesamte System des Strafvollzugs bedarf eines Neustarts. Das Justizministerium hat in den letzten Jahren erste Schritte zu Reformen gesetzt. Die nächste wichtige Stufe wäre das lange geplante neue Maßnahmenvollzugsgesetz. Im Wesentlichen geht es darum, die medizinische State-of-the-Art-Behandlung und -Betreuung der untergebrachten Personen in das Zentrum aller Entscheidungen und Bemühungen zu stellen. Mindeststandards für die Qualität von forensisch-psychiatrischen und -psychologischen Gutachten sind überfällig. Die Einrichtung eines Lehrstuhls für forensische Psychiatrie erschiene hilfreich.

Die Gruppe der zurechnungsunfähigen Täterinnen und Täter, die etwa die Hälfte der untergebrachten Gruppe ausmacht, wäre im Gesundheits- und Sozialsystem der Länder besser aufgehoben. Es handelt sich immerhin um schwer erkrankte Menschen, für deren Behandlung und Betreuung das Gesundheitssystem mehr Kompetenz und Möglichkeiten hat als eine Gefängnisverwaltung. Die Gruppe der zurechnungsfähigen, schwer erkrankten Täter soll künftig nicht mehr in Justizanstalten, sondern in therapeutischen Zentren der Justiz untergebracht und betreut werden.

Das gesamte Strafrechtssystem als solches würde besser funktionieren und erzielte stärkere Wirkungen, wenn die Richterinnen und Richter wieder näher an den Strafvollzug rückten. Derzeit geschieht der Strafvollzug weitgehend entkoppelt von den Richterinnen und Richtern, die in der Sache entschieden haben. Die Verbindung von Gericht und Verurteilten sollte nach einem Schuldspruch weiter bestehen. Der Richter bzw. die Richterin kann die Persönlichkeitsentwicklung des Täters dann beobachten und Entscheidungen über eine frühzeitige Entlassung werden fundierter. Wir sind damit aber auch wieder bei einem schon besprochenen Thema: der Zuwendung und Leidenschaft für den Beruf.

THESE 5

DAS STRAFRECHT VERFEHLT HEUTE SEINE GESELLSCHAFTLICHE BESTIMMUNG

Die Liste der nötigen Reformen und Maßnahmen ist lang.
Der Rechtsschutz im Strafverfahren sollte erhöht werden:
- Schaffung von drei statt bisher zwei Instanzen;
- Befreiung des Rechtsmittelverfahrens vom Formalismus der Nichtigkeitsgründe und sonstiger Formzwänge;
- verpflichtende anwaltliche Vertretung in allen Strafverfahren und während jeder Anhaltung in Haft (nicht nur, wie bisher, in der Untersuchungshaft, sondern auch in der Strafhaft).

Eine verpflichtende anwaltliche Vertretung in allen Strafverfahren, von der Anklageerhebung über das Urteil bis hin zum Ende der Haftstrafe, entspräche dem Gebot der Waffengleichheit zwischen Staatsanwaltschaft und Angeklagtem und bedeutete einen (auch menschenrechtlichen) Qualitätssprung für das Strafrecht. Die verpflichtende anwaltliche Vertretung während der Zeit des Vollzugs der Strafe, also der Inhaftierung, wäre besonders wichtig.

Ein eigener Abschnitt der Hauptverhandlung sollte sich der Täterpersönlichkeit widmen.

Die verpflichtende Audio- und Videoaufzeichnung aller Vernehmungen und Verhandlungen macht die Nachprüfung aller Verfahren einfacher, schützt die Behörden vor falschen Vorwürfen und wäre ein einfaches Mittel zu Dokumentation und gutem Rechtsschutz.

Im Strafvollzug wäre die drastische Reduktion der Insassenzahlen zeitgemäß – sie ist ohne jegliches Sicherheitsdefizit machbar. Durch eine Beschleunigung der Ermittlungsverfahren ließe sich die Zahl der Untersuchungshäftlinge halbieren. Die psychisch kranken Insassen sollten im Gesundheitssystem versorgt werden, soweit sie überhaupt eine stationäre Unterbringung benötigen. Viele von ihnen kämen mit einer guten individuellen, ambulanten Betreuung aus. Die bedingte Entlassung muss zur Regel werden. Mit diesen Maßnahmen ließe sich in Österreich rasch ein Häftlingsstand von knapp unter 6000 erreichen – es entspräche der Zahl des Jahres 1989. Das wäre nur stimmig; denn die Kriminalität ist seit Jahrzehnten rückläufig, trotz steigender Bevölkerungszahl.

Die Halbierung der Haftzahlen und Überführung der Masse der psychisch kranken Häftlinge ins Gesundheits- und Sozialsystems bedarf einer Ergänzung durch neue Ausbildungsmodule nicht nur für die Justizwache, sondern auch für den Bereich der Gerichte und Staatsanwaltschaften. Massive Planstellenverschiebungen vom bewaffneten Personal hin zu Sozialarbeit, Psychologie, Medizin sind nötig. Häftlinge sollten Internetzugang erhalten, um den Kontakt zu Familie und Freundeskreis aufrechtzuerhalten und die Wiedereingliederung nach der Haftentlassung zu erleichtern.

Gerichte, Sozialarbeit und Forschungseinrichtungen sollten vernetzt, die Wissenschaft direkt an große Gerichte angedockt werden. Forensische Lehrstühle müssen dringend eingerichtet werden. Gerichte und Staatsanwaltschaft sollten sich permanent mit Ergebnissen der Forschung und Wissenschaft auseinandersetzen.

Zur Halbzeit: Wer denkt da schon an Schikane?

Stellen Sie sich vor, Sie haben einen Pkw, den auch Ihre Frau benutzt. Ihre Frau fährt mit dem Pkw einkaufen, verstößt dabei gegen die Straßenverkehrsordnung und erhält eine Verwaltungsstrafe. Aber auch Sie erhalten eine Verwaltungsstrafe. Die Behörde bezeichnet Sie als Beitragstäter, da Sie Ihrer Frau den Pkw überlassen hätten, vorsätzlich, zur Begehung einer Verwaltungsstraftat. Kann nicht sein? Dem Maler Josef Schützenhöfer ist genau so etwas widerfahren.

Aber der Reihe nach: Vor einigen Jahren schrieb ich einen Brief an Josef Schützenhöfer. Ich hatte von seinen Recherchen und künstlerischen Arbeiten zur Befreiung der Steiermark 1945 gelesen und fragte an, ob Schützenhöfer diese Arbeiten nicht in Wien zeigen wolle. Der Künstler antwortete mir rasch und lud mich ein, in sein steirisches Atelier zu kommen. Dort traf ich einen feinen, geistreichen und liebenswerten Menschen. Ich bin in Sachen Schützenhöfer also wohl befangen. Und gleichzeitig verpflichtet, ihm gegen Bösartigkeiten beizustehen.

Josef Schützenhöfer ist ein direkter Mensch. Er verfügt über Hausverstand, Gerechtigkeitsgefühl und Empathie, man kann daher mit ihm nicht machen, was man will. Sein scharfer Intellekt ist mit der Gabe der Ironie gesegnet, damit kann nicht jeder umgehen. Aufgewachsen in der Gegend des steirischen Pöllau, kam Schützenhöfer als junger Mann zum Studium nach Wien und beobachtete, wie ein Polizist einen Obdachlosen mit Füßen trat. Schützenhöfer mischte sich ein und wurde verhaftet. Nach einigen Wochen in Haft stand für ihn fest: In diesem Land will ich nicht bleiben. Der noch Jugendliche fuhr mit seinen Ersparnissen in die USA, trat in die Navy ein und absolvierte ein Kunststudium. Erst rund zwanzig Jahre später fasste er mit seiner Frau Janice den Entschluss, nach Österreich zurückzukehren.

Der Bürgermeister von Pöllau, einer Barockidylle im steirischen Alpenvorland, bot Schützenhöfer 1997 zu einer geringen Miete ein kleines Atelier im Schloss an. Schützenhöfer willigte ein und kehrte in seine Heimat zurück. Weil er keine faulen Kompromisse macht, gab er es bald auf, sich dem heimischen Kunstbetrieb zu unterwerfen – wer Einblick in diesen Betrieb hat, wird Schützenhöfer verstehen. Wiewohl einer der interessantesten österreichischen Künstler der Gegenwart, führte Schützenhöfer fortan ein wirtschaftlich bescheidenes Leben in Pöllau. Mit der dortigen Gastfreundschaft war es bald vorbei, denn Schützenhöfer, geprägt von seiner Zeit in den USA, recherchierte zur Befreiung Österreichs 1945. Er rekonstruierte die Schicksale alliierter Soldaten, die Österreich befreit hatten. Er sprach mit Bauern, die den Abschuss von Flugzeugen 1945 erlebt hatten, fand Teile der alten Flugzeugwracks, dokumentierte alles und nahm Kontakt mit noch lebenden US-Veteranen auf. Mit Unterstützung der Landesregierung konnte er einige von ihnen nach Österreich einladen und zur Aussöhnung der früheren Kriegsgegner beitragen.

Schützenhöfer schuf das Liberation Art Project, ein weit beachtetes Projekt zum Gedenken an die Befreiung 1945. Im Mittelpunkt des Projekts steht eine Skulptur, die an mehreren Standorten in Pöllau und an anderen Stellen in der Steiermark aufgestellt und immer aufs Neue demoliert wurde. Die Polizei konnte nie Täter ausforschen, sie war stets mit anderem beschäftigt.

Wäre Schützenhöfer nicht so lange in den USA gewesen, hätte er wissen müssen, dass das mit den Recherchen zum Jahr 1945 und dem Gedenkprojekt nicht gutgehen kann. Denn in der Oststeiermark spielen der Kameradschaftsbund und dessen Gedankengut eine gewichtige Rolle. Die NS-Vergangenheit wollen dort viele nicht aufarbeiten, sondern ruhen lassen, und was Graz oder Wien denken, spielt da kaum eine Rolle. Die lokalen Institutionen beschlossen rasch, Schützenhöfer das Leben schwerzumachen. Schützenhöfer sollte die ganze

Abgefeimtheit lokaler Behördendienststellen kennenlernen. Dummerweise ist Schützenhöfer wohl auch wegen seines jahrelangen US-Navy-Dienstes ein überaus regeltreuer und verlässlicher Mensch. So blieb den Behörden vor allem das Instrument der Straßenverkehrsordnung, um dem Künstler den Alltag zu verleiden. Fuhr Schützenhöfer also mit dem Fahrrad im menschenleeren Dorf in der falschen Richtung um die Mariensäule herum, hatte er schon ein Strafmandat. Es gibt wohl wenige Menschen, die im eigenen Dorf so oft einer Verkehrskontrolle unterzogen wurden. Wenn man zehn Mal um ein Auto herumgeht, um nach Mängeln zu suchen, findet man meistens irgendeinen Grund zur Beanstandung. Für den Künstler Schützenhöfer waren die vielen Strafmandate nicht nur ärgerlich, sondern wirtschaftlich existenzbedrohend. Obwohl Schützenhöfers Liberation Art Project von 200 anderen Künstlerinnen und Künstlern, darunter die Literaturnobelpreisträgerin Elfriede Jelinek und der Schriftsteller Daniel Kehlmann, unterstützt wurde, der Künstler in Wien eine Werkschau zeigte und Vorträge hielt und der damalige Justizminister und Vizekanzler Wolfgang Brandstetter Schützenhöfers Bild zum Gedenken an die in Parndorf erstickten Flüchtlinge im Wiener Justizpalast aufstellen ließ, machten die lokalen Behörden dem Künstler weiter das Leben schwer. Auf die Idee, sein Werk zur Ankurbelung des Tourismus zu nutzen, kamen sie nicht. Im nicht allzu weit entfernten Bad Tatzmannsdorf erkannte man den Rang von Schützenhöfers Kunst, seine Werke prägen das Anwesen des Hotels Reiters Supreme.

Im Jahr 2015 eskalierte die Situation, als das GrazMuseum Schützenhöfers Ausstellung „Liberation Continued" zeigte. Sein Aufruf zur Gedenkkultur war offenbar der Anlass, Schützenhöfers Auto und Haus mit Hakenkreuzen und Parolen zu beschmieren. Die Täter wurden, so wie bei den Beschädigungen der Skulptur, nie ausgeforscht. Vielmehr wurden bei den Befragungen Schützenhöfer und seine Frau wie Täter behandelt.

All dies zermürbte Josef Schützenhöfer. Den Winter 2017/18 verbrachte er erstmals in Italien, wo er einen Zyklus von Aquarellen schuf. Die Rückkehr der Schützenhöfers blieb der örtlichen Polizei nicht verborgen. Am 15. Februar dieses Jahres fuhr Frau Schützenhöfer mit dem VW-Transporter – die Schützenhöfers besitzen auch einen VW-Golf und nutzen die beiden Fahrzeuge mit einem Wechselkennzeichen – ins nahe Hartberg und übersah, da sie es eilig hatte, dass das Wechselkennzeichen noch am VW Golf montiert war. Die örtliche Polizei führte eine Fahrzeugkontrolle durch und konnte einen Erfolg feiern: Neben dem fehlenden Wechselkennzeichen wurde noch das Fehlen von Verbandszeug, einer Warneinrichtung und Warnkleidung moniert. Man erstattete Anzeige, und der Sachbearbeiter der Bezirkshauptmannschaft verhängte am 20.2.2018 über Frau Schützenhöfer eine Strafe von 310 Euro. Angesichts des Delikts und des Bezugs einer kleinen Pension ein ansehnlicher Strafbetrag. Der Sachbearbeiter trägt zu Recht einen österreichischen Allerweltsnamen. Ich überlege mir, was er wohl für ein Mensch ist. Josef Schützenhöfer hat bei diesem Mann schon oft vorgesprochen. Der Beamte kennt also die bescheidenen wirtschaftlichen Verhältnisse der Familie, über die er seit Jahren Strafen verhängt. Rechtlich hat alles ganz sicher seine Ordnung. Würden die Behörden freilich alle Bürger so behandeln wie Josef Schützenhöfer, dann hätte das Land nie Gemeinden zusammenlegen müssen, sondern hätte mit den vielen Strafeinnahmen in jeder Teilortschaft eine eigene Blumentherme errichten können.

Herr und Frau Schützenhöfer ärgerten sich über die Strafe, aber sie standen vor der Rückreise nach Italien, wollten den Kopf frei haben vom leidigen Kleinkrieg, den die lokalen Behörden nicht lassen konnten, und zahlten den Strafbetrag ein.

Doch damit nicht genug. Es vergingen einige Wochen, da setzte sich der Beamte mit dem Allerweltsnamen wieder an seinen Computer und verfasste eine neue Strafverfügung. Da zwischen den beiden Strafverfügungen viel Zeit lag, wird er wohl ausgiebig darüber nachgedacht haben. Diesmal wurde über Josef Schützenhöfer eine Strafe von 220 Euro verhängt, und an dieser Stelle wird unsere Geschichte auch für Juristinnen und Juristen interessant. Josef Schützenhöfer wird nämlich angelastet, Beihilfe zur Verwaltungsübertretung seiner Frau Janice geleistet zu haben, indem er ihr am 15.2. das Fahrzeug ohne Kennzeichen überlassen habe. Wörtlich heißt es in der Strafverfügung: „.... haben Sie vorsätzlich Beihilfe zu einer Verwaltungsübertretung geleistet." In vielen Jahren juristischer Tätigkeit ist mir nicht untergekommen, dass man den Partner mitbestraft, wenn jemand ein solches Verwaltungsdelikt begeht. Was kommt als Nächstes? Wenn Frau Schützenhöfer künftig falsch parkt, wird man wieder ihren Mann als Beitragtäter mitstrafen? Fährt Josef Schützenhöfer mit dem Fahrrad seiner Frau künftig in der falschen Richtung um die Mariensäule, ist dann seine Frau als Eigentümerin des Fahrrads wegen vorsätzlicher Beitragtäterschaft ebenfalls strafbar? Da der Beamte der steirischen Bezirkshauptmannschaft aber offenbar viel Zeit ins Überlegen der Rechtslage investierte, käme uns an dieser Stelle nie der Begriff der Schikane in den Sinn. Selbstverständlich wäre es absurd, die Vorgesetzten des Beamten und die Mitarbeiter der lokalen Polizeiinspektion als vorsätzliche Beitragtäter bei der Erstellung der Strafverfügung zu bezeichnen. Vielleicht hat ja Josef Schützenhöfer dem Spektakel die beste Antwort gegeben mit einem Schreiben, das er dem Sachbearbeiter der Bezirkshauptmannschaft sandte:

„Gestern noch war ich an des Wassers Rand,
stand im Sand,
habe gesehen wie eine Welle in sich zusammengefallen ist
Seit heute bin ich wieder in Österreich und
habe mich in ihre Straße verirrt,
war lange weg
und die vielen Brief-Manuskripte in der Postablage

sorgen für gedrängte Verhältnisse.
Ich hole nach und lese,
aber die Gedanken verdunkeln sich.
Ist Ihr Manuskript jetzt wohl incomplete und obsolete?
Könnten Sie ein neues formulieren und an mich adressieren?
Ich bin jetzt ab dem morgigen, gestrigen Tag wieder in ihrer Straße und
bleibe wohl bis der September um die Ecke biegt.
J.S."

6. Die europäische Perspektive

Die Mitgliedstaaten der Europäischen Union wachsen seit Jahrzehnten nicht nur politisch und kulturell, sondern auch rechtlich zusammen. Was bedeutet das für den Alltag der Gerichte und Staatsanwaltschaften? Welche Chancen und Herausforderungen bringt die Harmonisierung für die Justiz? Das Feld ist weit, einige Aspekte wollen wir hier herausgreifen.

Österreich ist 1995 der Europäischen Union – damals noch Europäische Gemeinschaft – beigetreten. Der Beitritt hat viele Berufe und Lebensbereiche, insbesondere aber die staatliche Verwaltung durchlüftet und modernisiert. Seit dem Beitritt sitzen tagtäglich viele österreichische Beamtinnen und Beamte im Flugzeug von Wien nach Brüssel, um dort gemeinsam mit Kolleginnen und Kollegen aller anderen Mitgliedstaaten europäische Regelungen zu erarbeiten und zu verhandeln. Aus Justizsicht kam der Beitritt zum richtigen Zeitpunkt: Denn die Europäisierung des Zivil- und Strafrechts setzte erst in den 1990er-Jahren so richtig ein. Heute gibt es ein gemeinsames europäisches Konsumentenschutzrecht, einen europäischen Haftbefehl und ein europäisches Erbrecht. Die Rechtsberufe sind dadurch ungleich vielfältiger und spannender, das Berufsbild von Richterinnen und Staatsanwälten viel facettenreicher geworden. Die tägliche Arbeit bei Gericht hat oft europarechtliche Implikationen. Es ist möglich, auf Zeit im Justizministerium in internationalen Abteilungen zu arbeiten oder für einige Jahre in europäische Institutionen zu wechseln. Eurojust ist eine Koordinierungsstelle der europäischen Justizsysteme, und die Europäische Staatsanwaltschaft befindet sich im Aufbau. Es lohnt sich, den Entstehungsprozess der europarechtlichen Normen näher zu betrachten. Zur Überraschung vieler ist er transparent und fundiert. Einem Gesetzesvorschlag der EU-Kommission gehen oft jahrelange interdisziplinäre Vorarbeiten voraus, in der Regel werden sowohl Fachkreise als auch Bevölkerung zur Beteiligung und

Stellungnahme eingeladen. Das Europäische Parlament ist heute in den Gesetzgebungsprozess voll eingebunden und selbstbewusster und aktiver als die meisten nationalen Parlamente; vor allem aber ressourcenmäßig gut ausgestattet und damit in der Lage, maßgebliche Änderungen eines Vorschlags zu erarbeiten (die nationalen Parlamente sind oft auf die Expertise der Ministerialbeamtenschaft angewiesen). Mit der Grundrechtecharta hat sich die Union zur Jahrtausendwende auch im Menschenrechtsbereich positioniert.

Aber nicht nur die Europäische Union erzeugt Europarecht. Der Europarat verschafft seit Jahrzehnten dem Recht Modernisierungsschübe. An erster Stelle ist die im Rahmen des Europarats geschaffene Europäische Menschenrechtskonvention zu nennen. Der Europäische Gerichtshof für Menschenrechte in Straßburg erlässt dazu eine umfangreiche Rechtsprechung und regelt immer wieder neue Rechts- bzw. Lebensbereiche, wie etwa rund um die künstliche Befruchtung oder mit dem Lebensende verbundene Fragen. Bei vielen neuen Entwicklungen, wie etwa der Aufwertung der Rechtsstellung von Kindern vor Gericht oder der Schaffung eines Rechtsrahmens zur Bioethik, ist der Europarat die treibende Kraft. Mit dem zentralen Grundsatz des *fair trial* hat die Menschenrechtskonvention den passenden Maßstab für ein menschengerechtes Gerichtsverfahren geschaffen und den Fokus frühzeitig auf die sogenannte Verfahrensgerechtigkeit gelenkt. Wenn ein Verfahren insgesamt fair geführt wird, dann ist auch die Akzeptanz des Urteils bei allen Beteiligten in der Regel hoch.

Die Rechtsharmonisierung durch die Europäische Union ist der wohl spannendste Rechtssetzungsprozess der Gegenwart. Kaum jemand, der einmal in die Brüsseler Institutionen hineingeschnuppert hat, kann sich deren Faszination entziehen. Entgegen allen Vorurteilen ist der EU-Rechtssetzungsprozess transparenter und qualitativ praktisch allen nationalen Systemen deutlich überlegen. Die Rechtssetzung in den vielsprachigen Foren macht Brüssel einzigartig. Leider kann man sich bis heute nicht dazu durchringen, die Rechtsakte der EU als europäische Gesetze zu bezeichnen. Die sperrigen Begriffe der Richtlinien und Verordnungen machen das europäische Projekt für die Bürgerinnen und Bürger schwer greifbar. Heute gilt im gesamten Raum der Europäischen Union für alle Produkte eine zweijährige Gewährleistungsfrist; dass das ein Verdienst des EU-Rechts ist, weiß kaum jemand.

Die Rechtsangleichung durch die Europäische Union betraf zuerst Bereiche wie die Landwirtschaft, das Wettbewerbsrecht, den Binnenmarkt oder den Konsumentenschutz. Eine Kompetenz zur Regelung für Zivil- und Strafrechtsfragen erhielt die Union erst spät. Besonders im Strafrecht sperrten sich die Mitgliedstaaten lange gegen Angleichungen. Jedem Land fällt es schwer, in diesem Bereich Kompetenzen abzugeben, selbst wenn es um die Übertragung von Aufgaben an die Vereinten Nationen oder die Europäische Union geht.

Dem Misstrauen der Mitgliedstaaten stehen auf europarechtlicher Ebene seit Anfang dieses Jahrhunderts Ambitionen der Kommission gegenüber, die Straf-(und auch Zivil-)rechtssysteme anzugleichen. Die Kommission sah bald nach der Schaffung des Binnenmarkts eine der europäischen Herausforderungen im gemeinsamen Rechtsraum Europa. Die Schaffung von Eurojust, eines Europäischen Haftbefehls und Maßnahmen zur Verbesserung der Stellung von Opfern im Strafverfahren waren erste symbolkräftige Erfolge der Kommission, auch wenn es sich zum Teil eher um Maßnahmen einer engeren Zusammenarbeit denn um Rechtsangleichungen handelte.

Den Ausgangspunkt nahm die Angleichung von Straf- und Zivilrecht 1999 im finnischen Tampere. Der Europäische Rat nutzte rasch die der Union durch den Amsterdamer Vertrag eingeräumten neuen Kompetenzen. Kaum war der neue Vertrag im Mai 1999 in Kraft getreten, beraumte die finnische Ratspräsidentschaft schon einen Sondergipfel für Justiz und Inneres an. Der Europäische Rat von Tampere am 15. und 16.10.1999 war der Startschuss der Harmonisierung von Straf- und Zivilrecht. Zunächst verständigte man sich auf die gegenseitige Anerkennung von nationalen gerichtlichen Entscheidungen unter den Mitgliedstaaten. In einem zweiten Schritt wurden dann eigene inhaltliche europarechtliche Regelungen beschlossen.

In jüngster Zeit hat die Union eine Reihe von Richtlinien zum Strafrecht erlassen; Inhalte waren Dolmetschungen, Beschuldigtenrechte, die Rechte besonders schutzbedürftiger Personengruppen und der Opferschutz. Die Union setzte hier ganz wichtige Impulse für die Rechtsentwicklung und die Wahrung der Menschenrechte. Mit der EU-Grundrechtecharta hat die Union im Jahr 2000 einen eigenen Grundrechtekatalog beschlossen, der die Europäische Menschenrechtskonvention des Europarats ergänzt und eine breite Palette an modernen Menschenrechten definiert.

Der erste strafrechtliche Gesetzgebungsakt der EU war die 2010 beschlossene Richtlinie zum Dolmetschen. Die Richtlinie ist ein gutes Beispiel für die hochwertige Vorbereitung von Gesetzgebungsakten durch die Institutionen der Union. Die Kommission hatte in die Vorarbeiten gedanklich wie finanziell viel investiert. So wurden zur Frage der Dolmetschung und Übersetzung vor Gericht drei internationale Konferenzen (2001 in Prag, 2002 in Antwerpen und 2004 in Den Haag) abgehalten, an denen jeweils ein Austausch zwischen Justiz und Translationswissenschaft, Dolmetschenden und Übersetzerinnen stattfand. Aufgrund der Ergebnisse der ersten beiden Konferenzen legte die Kommission im Februar 2003 ein Grünbuch vor. Auf das Grünbuch erhielt die Kommission insgesamt 78 schriftliche Antworten. Ergänzend veranstaltete die Kommission im Juni 2003 eine öffentliche Anhörung über Verfahrensgarantien. Zu dieser Anhörung lud die Kommission wiederum alle beteiligten Fachkreise und all jene Personen und Institutionen ein, die zum Grünbuch Stellung genommen hatten. Schließlich wurde bei der dritten Konferenz bewusst Den Haag als Tagungsort gewählt, um das Know-how der dort vorhandenen internationalen Einrichtungen (Internationaler Gerichtshof, Ständiger Schiedsgerichtshof, Internationaler Strafgerichtshof, Internationales Tribunal für das frühere Jugoslawien, Europol und Eurojust usw.) im Bereich des Dolmetsch- und Übersetzungswesens zu nutzen. Das aufwendige, interdisziplinär angelegte Konsultationsverfahren trug wesentlich zur hohen Qualität des Kommissionsvorschlags und der späteren Richtlinie bei. Auch Österreich beteiligte sich an der Vorbereitung. Im Oktober 2006 organisierten meine Kollegin Mia Wittmann und ich mit der von uns neu gegründeten Fachgruppe Grundrechte in der Richtervereinigung eine große Enquete zum Thema Gerichtsdolmetschen. Die damalige Justizministerin Karin Gastinger interessierte sich für das Thema, das Justizministerium trat als Co-Veranstalter auf. Rund 160 Personen aus dem In- und Ausland kamen am 2.10.2006 zur Enquete in den Wiener Justizpalast. In großem Rahmen trafen alle beteiligten Berufsgruppen (Richterschaft, Staatsanwaltschaften, Verwaltung, Rechtsanwaltschaft, Dolmetschende, Professorinnen und Professoren aus dem Bereich der Rechts- und der Translationswissenschaften, der Afrikanistik, NGOs usw.) zusammen. Der Entstehungsprozess der Dolmetschrichtlinie zeigt zugleich auf, welch starke Beteiligungs- und Einflussmöglichkeit sich für aktive Mitgliedstaaten auf europäischer Ebene ergeben. Österreich engagierte sich von justizieller Seite her stark in den Richtlinienverhandlungen; gleichzeitig war die Wiener Translationswissenschaftlerin Mira Kadrić gemeinsam mit weiteren führenden internationalen Expertinnen und Experten laufend von der EU-Kommission konsultiert worden.

Was Gerichtsdolmetschungen betrifft, gilt für die meisten europäischen Staaten nach wie vor, dass in vielen Sprachen keine ausreichend qualifizierten Dolmetschenden zur Verfügung stehen. An den österreichischen Universitäten gibt es nur für die Weltsprachen und einzelne andere Sprachen eine qualifizierte Ausbildung. Für viele im Gerichtsalltag wichtige Sprachen wie etwa Hindi und sämtliche afrikanische Sprachen gibt es keinerlei Ausbildung in Österreich. Dementsprechend sind für diese Sprachen auch keine oder nicht ausreichend qualifizierte Personen in die Liste der gerichtlich beeideten und zertifizierten Dolmetscher eingetragen. Der schon erwähnte, 2016 an der Universität Wien gestartete postgraduale Lehrgang zum Behörden- und Gerichtsdolmetschen für Arabisch, Dari/Farsi und Türkisch verbessert die Situation und wirkt bereits positiv.

Die EU-Kommission hatte am Beginn der Richtlinienverhandlungen eine Kontrolle der Dolmetschungen und Übersetzungen durch Audio- oder Videoaufzeichnungen von Gerichtsverhandlungen und Polizeivernehmungen vorgeschlagen. Sie hat sich damit bei den meisten Staaten nicht durchgesetzt. Spanien und Polen hingegen haben bereits das bisherige System der Protokollierung von Strafverhandlungen auf Audio- und Videoaufzeichnung umgestellt.

Die Aktivitäten der EU-Institutionen zur Schaffung eines gemeinsamen europäischen Rechtsraums sind vielfältig. Eine markante Initiative ist der sogenannte THEMIS-Wettbewerb für Europas künftige Richterinnen und Staatsanwälte. Als gemeinsame Schöpfung der Richterakademien Portugals und Rumäniens wurde dieser Wettbewerb erstmals 2005 ausgetragen. Vier Länder beteiligten sich damals daran. Ab dem Jahr 2009 wurden alle 47 Europaratsstaaten eingeladen. Heute handelt es sich um einen lebendigen jährlichen Wettbewerb, an dem manche Länder mit mehreren Teams teilnehmen. Dreiköpfige Teams von künftigen Richterinnen und Richtern, Staatsanwältinnen und Staatsanwälten arbeiten zu Themenbereichen wie Berufsethik oder Internationale Zusammenarbeit in Straf- und Zivilsachen, sie erstellen schriftliche

Arbeiten und messen sich bei Tagungen mit Präsentationen. Der große Mehrwert der Veranstaltungen ist die Vernetzung der europäischen Richterinnen und Richter, der Aufbau einer unkomplizierten Zusammenarbeit im Gerichtsalltag über Landesgrenzen hinweg und der Abbau von Vorurteilen gegenüber anderen Rechtssystemen.

Aber nicht nur die europäischen Gesetzgebungsaktivitäten liefern Anstöße für die Mitgliedstaaten, auch der genauere Blick auf Best-Practice-Modelle anderer Staaten kann inspirieren und dem eigenen Modell zur Weiterentwicklung verhelfen. Beim Korruptionsstrafrecht lässt sich einiges vom in diesem Feld erfahrenen Nachbarn Italien lernen. Italien als Land von Mafia und Korruption, diese Assoziation besteht hierzulande immer noch. Dabei reichen zehn Finger beileibe nicht aus, um österreichische Verdachtsfälle von Korruption und Wirtschaftskriminalität aufzuzählen: Eurofighter, Hypo, Constantia, Buwog, Skylink, Kommunalkredit, MEL, Telekom, AKH, Terminal Tower. Bloß eine Auswahl; und dennoch, darin sind sich Fachkreise weitgehend einig, nur die Spitze des Eisbergs.

Moderne Strategien der internationalen Korruptionsbekämpfung messen der Konfiszierung kriminellen Vermögens mehr Wirksamkeit zu als dem Einsperren von Tätern und Bossen. Verurteilte Mitglieder eines kriminellen Netzes werden sofort ersetzt, große Vermögensverluste dagegen schwächen mafiose Strukturen nachhaltig. Italien hat einen der schlagkräftigsten Strafverfolgungsapparate, gewachsen an der bald jahrhundertealten Herausforderung des Staates durch die Organisierte Kriminalität. Das bei der Vermögenskonfiskation angewandte Prinzip der Beweislastumkehr ist einfach. Wer plötzlich und für Außenstehende unerklärlich zu Vermögen und in den Verdacht gesetzwidriger Aktivitäten kommt, muss der Staatsanwaltschaft die legale Herkunft des Vermögens belegen. Scheitert dies, so werden kriminelle Güter rasch und unkompliziert beschlagnahmt. Dabei geht es nicht nur um Konten und Bargeld; Autos, Wohnungen, Villen, Unternehmen, Restaurants, ja sogar Badestrände werden konfisziert und vom Staat weitergeführt – als sichtbare Zeichen der Erfolge des Rechtsstaats. Staatsanwaltschaften und Gerichte werden durch ein landesweites Register verdächtiger und beschlagnahmter Vermögenswerte sowie eine eigene Justizagentur unterstützt, die die Konfiszierung begleitet und beschlagnahmtes Vermögen verwaltet.

Als vor wenigen Jahren die Unterschlagung von Parteigeldern durch den Fraktionsführer der Berlusconi-Partei PdL von Latium, Franco Fiorito, aufflog, wanderte Fiorito in Untersuchungshaft. Noch am selben Tag wurden Fioritos Jeep, seine Villen und Wohnungen konfisziert. Die deutsche HSH Nordbank geriet in einen ähnlichen Strudel: ein Windpark in Kalabrien, von der Bank für eine deutsche Projektentwicklungsgesellschaft finanziert, wurde beschlagnahmt. Die italienische Staatsanwaltschaft vermutete, dass der Windpark von einem lokalen Mafia-Clan kontrolliert wurde. Allein die Polizei von Catanzaro in Süditalien hatte im Zusammenhang mit diesem Projekt wegen Mafia-Verdachts Gegenstände im Wert von insgesamt 350 Millionen Euro beschlagnahmt. Die Vorgangsweise der Behörden ist hart, aber verhältnismäßig: die Banca d'Italia schätzt, dass die Gewinne der diversen Mafiaorganisationen rund 130 Milliarden Euro jährlich betragen. Darüber hinaus leisten vor allem die Staatsanwältinnen und Staatsanwälte Süditaliens Präventions- und Legalitätsarbeit. Sie besuchen Schulen und erläutern der Jugend Wirkung und Folgen von Korruption.

Lernen kann man von italienischen Spezialisten wie Michele Prestipino, einem der bekanntesten Anti-Mafia-Staatsanwälte Italiens. Prestipino führte von 1996 bis 2008 als Nachfolger der ermordeten Staatsanwälte Giovanni Falcone und Paolo Borsellino die Mafiaermittlungen in Palermo. 2006 gelang ihm die spektakuläre Festnahme des obersten Mafiabosses, Bernardo Provenzanos. Ab 2008 leitete Prestipino die

Ermittlungen gegen die 'Ndrangheta in Kalabrien. Bei einem Vortrag in Wien (2011) gab Prestipino ungewohnt offene Einblicke in die Arbeit der italienischen Justiz wie auch in das Innenleben von Mafia und 'Ndrangheta. Dabei lieferte er der Zuhörerschaft, bei allen Unterschiedlichkeiten der Situation in Italien und Österreich, jede Menge gedanklicher Anstöße im Allgemeinen, was Selbstverständnis und Courage der Strafverfolgung betrifft, aber auch im technischen Detail, etwa bei der breiten Abschöpfung krimineller Vermögens.

Die 'Ndrangheta liegt wie ein Netz über der Gesellschaft Kalabriens. Im Verhältnis zur Gesamtbevölkerung gibt es in der Provinz Reggio Calabria dreimal mehr Mafiamitglieder als in Sizilien und 13-mal mehr als in Apulien bei der dortigen Sacra corona unita. Im 1,5 Millionen Einwohner zählenden Kalabrien gliedert sich die 'Ndrangheta in rund 140 kriminelle Gruppen. Alleine in der Provinz Reggio Calabria bestehen siebzig sogenannte *locali* (Ortsgruppen), wobei ein *locale* mindestens 49 Mitglieder haben muss. Für die kalabresische Kleinstadt Rosarno konnte Prestipino nachweisen, dass mehr als zehn Prozent der Einwohner direkt in die 'Ndrangheta verwoben sind. Im Zusammenhang mit der Festnahme der führenden Familien allein dieses Ortes konnten vor einigen Jahren dreistellige Millionen-Euro-Beträge beschlagnahmt werden. Mittlerweile hat sich die 'Ndrangheta nicht nur nach Norditalien, sondern auch in andere Staaten und Kontinente ausgedehnt. Die Zentrale der nunmehr globalen kriminellen Organisation befindet sich nach wie vor in Reggio Calabria.

Die forcierten Ermittlungen Prestipinos trugen rasch Früchte: So konnte im September 2009 das jährliche ritualisierte Treffen der Capos Kalabriens in einem Kloster im Aspromonte per Video überwacht werden. In der Folge wurden die Wohnungen einzelner identifizierter Capos, ein Treffen lombardischer Bosse (nicht ohne Zynismus in einem „Club Falcone-Borsellino" benannten Pensionistenverein) sowie eine Zusammenkunft des deutschen Arms der 'Ndrangheta in Singen observiert. Im März 2010 gelangen den Ermittlungsbehörden ergänzend zu den Videos erstmals auch Stimmaufzeichnungen der Bosse der 'Ndrangheta. Die Überwachung erzeugte nicht nur ein bisher einmaliges Beweissubstrat, sie zeichnet auch ein Bild der völligen sozialen Kontrolle der 'Ndrangheta über den Alltag der Menschen in Kalabrien. So wurde etwa der Boss der *locale* „Ionisches Calabrien" tagelang dabei gefilmt, wie er zu Hause Audienzen gewährt. Der für einen Capo offenbar typische Tagesablauf besteht im rund zehn Stunden dauernden Empfang rasch wechselnder Gäste. Bei den Audienzen werden lokale Capos für einzelne Dörfer bestimmt, Aufträge erteilt, Erpressungen und Manipulationen öffentlicher Ausschreibungen geplant. Auch viele Nichtmafiosi sprechen vor. Bürgerinnen und Bürger kommen zum Capo als Bittsteller, Mütter ersuchen den Capo für ihre Kinder um Empfehlungsschreiben für die Universität.

Ende März 2010 konnte der Besuch eines Steuerberaters bei einem Capo aufgezeichnet werden, der mit seinen guten Kontakten zu Justiz und staatlichen Einrichtungen prahlte und über die Ermittlungen Prestipinos offenkundig bestens informiert war – er war sogar im Besitz von Namenslisten zu geplanten Verhaftungen. Im Juli 2010 schlugen die Ermittlungsbehörden zu und nahmen rund hundert führende Personen der 'Ndrangheta in Italien, Deutschland und in der Schweiz fest. Die Ausbreitung der Mafia in Europa ist außerhalb Italiens nach wie vor ein Tabu. Die meisten Staaten weigern sich, die Realitäten anzuerkennen. Im Februar 2018 wurden die Verflechtungen der Mafia mit der Ermordung des Journalisten Jan Kuciak in der Slowakei offenkundig. Mafia und 'Ndrangheta steigen in verschiedene Wirtschaftssegmente ein und drängen durch die höhere Liquidität ihre auf Kredite angewiesenen Mitbewerber*innen rasch aus dem Markt. In Deutschland wurde man sich erst durch die Anschläge auf eine Pizzeria in Duisburg 2010 bewusst, dass Mafia und 'Ndrangheta längst vor Ort operieren. Archaische

Rituale werden dabei mitexportiert: In Duisburg etwa fand man bei einem 18-jährigen Mafiamitglied ein vom Feuer versengtes Bild des Erzengels Michael, der als Schutzpatron der 'Ndrangheta gilt. Ein Indiz für das Aufnahmeritual in die 'Ndrangheta.

Mafia und 'Ndrangheta sind in der Sicht des Staatsanwaltes Prestipino zum Ersatzstaat geworden; dies gelte insbesondere für Süditalien. Dauerhaft könne daher nur die Einrichtung eines modernen Sozialstaats die kriminellen Organisationen schwächen. Die Bevölkerung soll Vertrauen in einen sichtbaren, starken und sozialen Staat wiedergewinnen und so die „Viruskette der Mafia" unterbrechen. Um die Mafiabekämpfung schlagkräftiger zu machen und die einzelnen Organe bei Gericht, Staatsanwaltschaft und Polizei besser zu schützen, fordert Prestipino, dass bei den Ermittlungen nicht einzelne Personen in den Vordergrund treten, sondern immer der Staat bzw. die staatliche Behörde. Einzelkämpfer würden nicht helfen, weil sie besonders gefährdet wären und ausgeschaltet werden könnten. Eine Risikominimierung für die ermittelnden Personen sei nur durch kollektives Handeln möglich. Mit dieser Strategie der Stärkung der Staatsgewalt sei es in Sizilien zuletzt gelungen, die Gesellschaft nachhaltig zu verändern. Das Palermo des Jahres 1996 ist nach Dafürhalten Prestipinos mit jenem der Gegenwart nicht mehr vergleichbar; die Mafia habe viel von ihrer einstigen Macht verloren. Tatsächlich wurde Palermo unter dem charismatischen Antimafiakämpfer und Bürgermeister Leoluca Orlando (zuletzt mit 74 % der Stimmen wiedergewählt) zur Stadt mit der niedrigsten Kriminalitätsrate in Italien.

Für den Außenstehenden ist Prestipinos These des kollektiven Behördenhandelns überzeugend. Gleichzeitig lassen sich die Erfolge der italienischen Justiz in der Bekämpfung der Organisierten Kriminalität ohne herausragende charismatische Persönlichkeiten wie Prestipino, Falcone, Caselli oder Imposimato schwer denken. Giovanni Falcone, Gian Carlo

Caselli und Ferdinando Imposimato zählen neben Michele Prestipino zu jenen italienischen *magistrati*, die an den Erfolgen im Anti-Mafia-Kampf seit den 1970er-Jahren maßgeblichen Anteil hatten.

Das Europarecht ist so breit geworden, dass wir hier nur Ausschnitte beleuchten können, um seinen Stellenwert erkennbar zu machen. Allein die Europäische Menschenrechtskonvention und die Rechtsprechung des Europäischen Gerichtshofs für Menschenrechte in Straßburg hat eine ganz enorme Bedeutung. Wir wollen hier aber neben der EU-Gesetzgebungsarbeit und der Verfolgung der Organisierten Kriminalität als dritten Bereich noch die Personalauswahl und Ausbildung der Richterinnen und Richter, Staatsanwältinnen und Staatsanwälte näher betrachten.

Dieser Bereich ist seit etwas mehr als zehn Jahren ständiger Beratungsgegenstand beim Europarat und der Europäischen Union, die die Entwicklung vorantreiben. Dabei herrscht, so verschieden Länder wie Moldawien, Russland, Österreich, Frankreich oder Irland sein mögen, ein großes Einverständnis in allen wichtigen Fragen. In ganz Europa ist man sich einig, dass der Persönlichkeit von Richterinnen und Richtern zumindest so viel Gewicht zukommt wie ihrem juristisch-technischen Wissen. Der Trend geht zu verpflichtenden Fortbildungen, man fordert von den Rechtsberufen Empathie und Kommunikationsfähigkeiten. All dies mag selbstverständlich erscheinen, war es aber bis vor kurzem nicht. Und es ist sehr stark europäischen Institutionen zu verdanken, dass dieser neue Zugang sich durchgesetzt hat und zumindest in den Führungsebenen der staatlichen Verwaltungen implementiert wird. Dazu bedurfte es vieler Studien, Überzeugungsarbeit und Vernetzungstreffen.

THESE 6

EUROPA VERBESSERT UNSER RECHTSSYSTEM; WIR SOLLTEN UNS STÄRKER EINBRINGEN

Die Harmonisierung in Europa ist eines der spannendsten Rechtsprojekte der Geschichte und verschafft dem Rechtssystem einen Qualitätsschub – Österreich kann sich durchaus stärker einbringen.

Die Faszination des Europäischen Rechtsprojekts erschließt sich den europäischen Rechtsberufen oft ebenso wenig wie die Union der Bevölkerung. Das Wissen über die Funktionsweise der Union ist auch bei Juristinnen und Juristen gering.

Daher ist es für die Zukunft wichtig, dass bereits die Universitäten mehr Wissen über das Europarecht vermitteln. Angehende Richterinnen und Staatsanwälte sollten zumindest für einige Wochen zu Besuchen bei Europäischen Institutionen entsandt, später zu Tätigkeiten in europäischen Einrichtungen motiviert werden. Das Fachwissen fließt in die nationale Gerichtsbarkeit zurück, und ein Mitgliedstaat hat tendenziell mehr Einfluss in Europa, je mehr kompetente Fachleute er in die europäischen Institutionen entsendet.

Österreich sollte europäische Jobs attraktiver machen. Supranationale Tätigkeiten sollten bei der Rückkehr in den nationalen öffentlichen Dienst positiv berücksichtigt werden und bei Bewerbungen einen Vorteil bedeuten.

Die Justiz sollte in Brüssel verstärkt eigene Gesetzesinitiativen einbringen und so den europäischen Rechtsraum stärker mitbestimmen.

Der gemeinsame Rechtsraum, das gemeinsame Friedensprojekt Europa muss vertieft und ausgebaut werden. Ziel muss es sein, schneller als bisher alle europäischen Staaten, und insbesondere auch Russland, in Harmonisierungen einzubeziehen. Aus diesem Grund ist den Arbeiten im Europarat, in die nahezu alle europäischen Staaten eingebunden sind, besondere Bedeutung beizumessen.

7. Sprache und Kommunikation der Justiz: Der Zugang zum Recht

Den Rechtsstaat machen nicht nur ausgewogene Regelungen aus, ebenso wichtig ist der einfache Zugang zum Recht für alle. Einigen Aspekten des Zugangs zum Recht wenden wir uns in diesem Abschnitt zu. Verständlichkeit und Sprache sind Schlüsselelemente beim Zugang zum Recht; ihnen wird hier mehr Raum gewidmet. Für wenige Berufe spielt Sprache eine so große Rolle wie für die Rechtsberufe.

Grundsätzlich liegt eine besondere Stärke der österreichischen Justiz im niederschwelligen Zugang. Ein wichtiges Element dabei ist der Amtstag, den wenige andere Justizsysteme in Europa kennen. Der bei allen österreichischen Bezirksgerichten wöchentlich abgehaltene Amtstag bietet den Bürgerinnen und Bürgern die Möglichkeit, Rechtsauskünfte einzuholen und mündliche Klagen, Anträge und Erklärungen zu Protokoll zu geben. Gerade für Personen, die sich keinen Rechtsanwalt leisten können, ist der Amtstag die zentrale Möglichkeit, sich kompetent beraten und bei der Rechtsverfolgung unterstützen zu lassen. Waren früher längere Wartezeiten die Regel, so vergeben viele Gerichte mittlerweile vorab Termine – in der Regel kann man innerhalb von 14 Tagen zu Gericht kommen. Vor allem in den Familienabteilungen wird der Amtstag stark genutzt; aber etwa auch in Arbeits- und Sozialrechtssachen. Bürgerinnen und Bürger erkundigen sich direkt bei den Richterinnen oder Rechtspflegern, wie ein Scheidungsverfahren abläuft, sie regen die Bestellung eines Erwachsenenvertreters (Sachwalters) für erkrankte Angehörige an oder geben Kontaktrechts- und Unterhaltsanträge zu Protokoll.

Dieses Amtstagsmodell hat ausgeprägte Stärken und Schwächen. Der Vorteil liegt für die Bürgerinnen und Bürger im einfachen Zugang zum Recht. Für die Gerichte kann die direkte Kommunikation mit Prozessbeteiligten verfahrensökonomisch wirken, indem Wesentliches frühzeitig abgeklärt wird und unnötige oder aussichtslose Verfahren nach vorangehender Beratung gar nicht erst eingeleitet werden. Auf der anderen Seite erweckt der Kontakt der Richterinnen und Richter mit einer der Verfahrensparteien zumindest nach außen hin oft den Anschein der Befangenheit. Die Justizorgane sind mitunter einer hohen Belastung ausgesetzt, da einzelne Parteien sehr beharrlich ihre Angelegenheiten verfolgen.

Die Amtstage sind eine gewachsene Besonderheit des österreichischen Justizsystems. Ihre Existenz ist eine wesentliche Begründung für den Weiterbestand der vielen kleinen ländlichen Bezirksgerichte. Über den Amtstag haben alle Bürgerinnen und Bürger einfachen Zugang zum Recht. Ohne weiten Anreiseweg und kostenfrei erhalten sie kompetente Rechtsauskünfte. Will man die Amtstage abschaffen oder einschränken – das wird immer wieder diskutiert, um Justizkosten einzusparen und allfällige Interessenkonflikte der Richter und Richterinnen auszuschalten –, müsste man auf andere Weise gleichwertige kompetente und kostenlose Beratungsmöglichkeiten sicherstellen. Sei es durch zentrale Beratungsstellen der Justiz, sei es durch kosten- und barrierefreie Auskunftsmöglichkeiten bei anderen Institutionen. Nicht zu unterschätzen ist nämlich, dass sehr viele Menschen aufgrund ihrer finanziellen Situation, ihrer Scheu, eine Anwaltskanzlei aufzusuchen, sowie ihrer bildungs- und sprachlichen Situation ohne das Institut des Amtstags keine Möglichkeit hätten, ihre Rechte vor Gericht durchzusetzen. Durch die unkomplizierte Möglichkeit der rechtlichen Beratung und der Protokollierung von mündlichen Anträgen stellt der Amtstag ein wesentliches Element zu einem gleichwertigen Zugang zu den Gerichten für alle Bürgerinnen und Bürger und damit zur gesellschaftlichen Fairness dar.

Wenn es um den Zugang zum Recht geht, bleibt – von den Amtstagen abgesehen – für die Justiz die Verständlichkeit ein großes Thema. Der ORF-Journalist Peter Resetarits, selbst Jurist und als Journalist seit Jahrzehnten aufmerksamer Beobachter der Justiz, konstatierte kürzlich, dass die Medienarbeit der Justiz professioneller geworden sei. Dennoch müsse man sich ständig bewusst sein, dass juristische Themen für eine breite Öffentlichkeit auf eine für alle verständliche Sprache herunterzubrechen sind. Die Ausdrucksweise der Justiz sei nämlich kaum zugänglich. Resetarits berichtete von einer Exkursion mit Studierenden zu einer Zivilverhandlung an einem Wiener Gericht über einen Erbschaftsstreit. Die Verhandlungssprache sei derart von Fachausdrücken dominiert gewesen, dass aus der über zwanzigköpfigen Gruppe von Studierenden kaum jemand am Ende erklären konnte, worum es in der Verhandlung gegangen sei. Resetarits appellierte daran, in Verhandlungen öfter allgemeinverständliche Einführungen oder Zusammenfassungen einzubauen. Peter Resetarits ist neben Florian Klenk einer der Wenigen, die juristische Themen für eine breite Öffentlichkeit gut verständlich aufbereiten können. Die Justiz profitiert von dieser Arbeit.

Der kürzlich verstorbene Sprachwissenschafter Florian Menz führte bei einem Justizseminar im Jahr 2016 aus, dass Forschungsergebnissen zufolge die Sprache der Justiz auf bestimmte männliche Bevölkerungsgruppen zugeschnitten sei. Großen Bevölkerungsgruppen, darunter stärker vertreten Frauen, Menschen mit niedriger Bildung, mit Migrationshintergrund und älteren Menschen, sei die Sprache der Justiz dagegen in unterschiedlich hohem Ausmaß fremd. Die Untersuchung von Urteilen etwa zeige, dass diese sich vor allem an die Rechtsmittelinstanz, also an die Institution Justiz selbst, richteten. Aus der Logik des Systems sei das damit erklärbar, dass die das Urteil schreibenden Justizorgane primär das Bestehen des Urteils vor der Rechtsmittelinstanz im Auge habe. Nicht juristisch gebildete Verfahrensbeteiligte seien möglicherweise die angestrebte, jedoch nicht die tatsächliche Zielgruppe gerichtlicher Schriftstücke, wenn man die Textgestaltung analysiere. Menz wies darauf hin, dass rund vierzig

Prozent der Bevölkerung in Österreich einem funktionalen Analphabetismus zugehören, das heißt, die schriftlichen Texte der Justiz sind dieser großen Gruppe von Menschen grundsätzlich nicht zugänglich. Tatsächlich ergeben Befragungen der Bevölkerung, Diskussionsveranstaltungen und Erzählungen im Bekanntenkreis immer dasselbe Bild: Die Menschen verstehen die Justiz nicht, und dies ist für die Akzeptanz und das Vertrauen in die Justiz ein zentrales Problem. Das betrifft die Schriftstücke des Gerichts, die allzu oft aus Fachausdrücken, altertümlichen Begriffen und Schachtelsätzen bestehen. Es betrifft vielfach ebenso mündliche Ausführungen von Richterinnen und Richtern: Wer soll schon in einer Stresssituation verstehen, wann die Berufungsfrist endet, wenn ihm das Gerichtsorgan etwa sagt: „Die Frist zur Rechtsmittelerhebung endet am dritten Werktag ab Urteilsverkündung." Ganz anders wäre es, würde derselbe Inhalt so vermittelt werden: „Eine Berufung müssen Sie spätestens am kommenden Montag einbringen." Es ist für die Justiz furchtbar, wenn Menschen nach einer mündlichen Urteilsverkündung oder nach Erhalt einer schriftlichen Urteilsausfertigung nicht erkennen, wer denn nun den Prozess gewonnen hat.

Auch wenn sich die Verständlichkeit vieler juristischer Texte deutlich verbessern lasse, so kommt diese Verbesserung der Verständlichkeit laut Florian Menz wiederum nur jener kleineren Gruppe von Menschen zugute, die ohnehin einen höheren Bildungsgrad haben. Von der großen Gruppe nicht fundiert gebildeter Menschen kann man dagegen auch mit einfacher abgefassten Texten nicht allzu viele erreichen. Daher müssten vermehrt andere Formen und Medien der Informationsvermittlung eingesetzt werden. Dies ist an sich eine Forderung des Gesetzes. Die Geschäftsordnung für die Gerichte I. und II. Instanz verlangt, „dass das Verkündete von den Beteiligten verstanden wird. Die Ausdrucksweise des Gerichts sei kurz und klar." Der nachfolgende Gesetzesabsatz lautet: „Die Erledigung muss verständlich sein."

Ähnliche Bestimmungen enthält das – von den Verwaltungsgerichten zu beachtende – Allgemeine Verwaltungsverfahrensgesetz (AVG): „In der Begründung sind die Ergebnisse des Ermittlungsverfahrens, die bei der Beweiswürdigung maßgebenden Erwägungen und die darauf gestützte Beurteilung der Rechtsfrage klar und übersichtlich zusammenzufassen." Die Übersichtlichkeit ließe sich oft auf einfache Weise erzielen – etwa durch die Nummerierung der Absätze eines Urteils, wie sie beispielsweise vom Europäischen Gerichtshof für Menschenrechte praktiziert wird.

Die Kommunikation der Justiz mit der breiten Öffentlichkeit erfolgt sehr wesentlich über die Medien als Mittlerinnen. Die Öffentlichkeitsarbeit der Justiz ist ein recht junges Terrain, das Verhältnis von Justiz und Medien kann nach wie vor nicht unverkrampft genannt werden. Beide erheben immer wieder Vorwürfe über die Qualität der Arbeit des Gegenübers. Die Justiz ist mit den Medien unzufrieden, die Medien mit der Justiz. So war es etwa im Jahr 2014 aus Anlass des Strafverfahrens gegen den Demonstranten Josef S. in Wien; es kam zu einem verbalen Schlagabtausch zwischen Justiz- und Medienvertretern darüber, ob und wo Kritik an einem Strafverfahren ihre Grenzen finden soll. Kritik an der Justiz kam damals auch von ausländischen Qualitätsmedien wie ARD, ZDF, *Spiegel* und *Neuer Zürcher Zeitung.* Solche Diskussionen bieten immer Gelegenheit, über die Rollenbilder von Medien und Justiz und das Verhältnis der beiden zueinander nachzudenken.

Die Rahmenbedingungen von Rechtsprechung haben sich, wie mehrfach erwähnt, in den letzten Jahren massiv verändert. So hat sich etwa eine mitunter aggressive Litigation-PR, also Öffentlichkeitsarbeit von Verdächtigen und Verfahrensparteien, entwickelt. Die Justiz kann dem aufgrund ihrer Verpflichtung zur Sachlichkeit oft nichts oder nur beschränkt etwas entgegensetzen. Früher fanden sich ab und zu einige Zuhörerinnen und Zuhörer im Gerichtssaal ein. Nun sind zwar Fernsehübertragungen von Verhandlungen nach wie vor unzulässig, doch Medien und Aktivist*innen berichten über Twitter und Liveticker im Internet aus dem Verhandlungssaal. Sie erreichen in Sekundenschnelle tausende Interessierte. Sie nennen die Namen von Justizorganen und deren vermeintliche und tatsächliche Fehler. Dies schafft einerseits verfahrensrechtliche Probleme (Zeuginnen und Zeugen sollen die Aussagen früher vernommener Personen nicht kennen) und es erhöht den Druck, unter dem Justizorgane in öffentlichkeitswirksamen Fällen ohnedies stehen. Dennoch sollte die Nennung der Namen der Richterinnen und Staatsanwälte nicht verboten werden; es ist ein öffentliches Amt, das Selbstbewusstsein und Courage erfordert. Dass man zu seinen Handlungen mit seinem Namen steht, scheint mir Grundvoraussetzung. Nie soll sich Rechtsprechung hinter Anonymität verstecken, auch nicht in Phasen von Terrorgefahr oder vergleichbar schwierigen Umständen.

Die Bevölkerung erwartet sich von der Justiz heute eine offene, leicht verständliche, nicht länger abgehobene Erklärung der Arbeit von Gericht und Staatsanwaltschaft; nicht nur im einzelnen Verfahren, auch im Großen. Justizorgane werden heute in Pressearbeit geschult, sie besuchen Schulklassen, um Jugendlichen die Rechtsprechung näherzubringen. Verfassungsgerichtshof und Oberster Gerichtshof verfügen über zeitgemäße Internetauftritte.

Gerichte und Staatsanwaltschaften glichen lang einem Elfenbeinturm. Mittlerweile sind Journalistinnen und Journalisten regelmäßig Vortragende und Diskutanten in Justizseminaren. Diese Begegnungen haben das Verhältnis zueinander nur bedingt entkrampft. Medien lösen bei großen Teilen der Justiz nach wie vor Ängste aus; Teile der Justiz sehen die Medien zudem offenkundig nicht als gleichberechtigt. Sie finden auch keinen Draht zur Zivilgesellschaft.

Der moderne Rechtsstaat lebt von *checks and balances*, von der wechselseitigen Kontrolle der Staatsgewalten. Bei der

Rechtsprechung und damit Bewahrung des Rechtsfriedens steht die Justiz nicht über, sondern neben Gesetzgebung und Verwaltung. Die Rolle der Medien als *public watchdog* wiederum hat der Oberste Gerichtshof, wir haben es schon erwähnt, in mehreren Entscheidungen betont. Tatsächlich sind viele prominente Strafverfahren der Zweiten Republik nur auf Druck der Medien eingeleitet oder weitergeführt worden: von AKH-, Noricum- und Lucona-Affäre in den 1970er/80er-Jahren bis zu den jüngeren Causen Eurofighter, Buwog oder Birnbacher.

Medien sind daher im Rechtsstaat nicht Gegner, sondern natürliche Verbündete der Strafjustiz. Beispielhaft zeigt die Korruptionsbekämpfung dieses Zusammenspiel. Nicht selten nimmt die Justiz von den Medien aufgeworfene Bälle auf. Natürlich existiert auch ein wenig fakteninteressierter Boulevardjournalismus; man muss ihn nehmen, wie er ist, innerhalb der Schranken des Medienrechts.

Die Justiz leidet außerhalb des Verhandlungssaals oft an Sprachlosigkeit; sie vermag sich und ihre Arbeitsweise, darauf wurde oben schon hingewiesen, der Öffentlichkeit nicht zu vermitteln und flüchtet in Stehsätze, Fachsprache oder Belehrungen. Das ist schade. Denn die österreichische Justiz liegt in vielen Bereichen (nicht nur bei der Verfahrensdauer) im europäischen Spitzenfeld. Studien von Europarat und EU bestätigen dies regelmäßig. Defizite in der Medienarbeit und mangelnde Kommunikation führen dazu, dass diese Leistungen zu wenig ins öffentliche Bewusstsein dringen.

Mediale Kritik an der Justiz ist immer legitim. Justizorgane sind von der Verfassung mit viel Macht ausgestattet, sie greifen täglich in Schicksale ein. Dass sich eine solche Tätigkeit der öffentlichen Kontrolle stellt, ist eine Selbstverständlichkeit – deshalb sind ja Gerichtsverhandlungen öffentlich. Die gedankliche Konstruktion einer Sonderrolle für die Justiz, wie sie in Justizstimmen mitunter anklingt, wäre eine Anmaßung.

THESE 7
DIE BEVÖLKERUNG VERSTEHT DIE SPRACHE DER JUSTIZ NICHT – ALSO MUSS DIE JUSTIZ ANDERS KOMMUNIZIEREN

Die Wissenschaft konstatiert, dass nahezu die Hälfte der Bevölkerung über so erhebliche Leseschwächen verfügt, dass sie mit Erledigungen der Gerichte, auch wenn diese in einfacher Sprache abgefasst sind, nicht viel anfangen kann. Das bedeutet für die Justiz:

Sowohl in mündlichen Verhandlungen als auch in schriftlichen Erledigungen (Urteilen) müssen häufig Zusammenfassungen in leicht verständlicher Sprache eingefügt werden.

Alle wichtigen Aufträge, Verfahrensschritte und Entscheidungen müssen den Verfahrensbeteiligten auch mündlich erklärt werden.

Der juristische Nachwuchs wird an den Universitäten zur Unverständlichkeit erzogen. Die Justiz muss gemeinsam mit den Universitäten einen Paradigmenwechsel vollziehen. Die Fähigkeit, juristische Sachverhalte gut verständlich auszudrücken und sich einer einfachen Sprache zu bedienen, muss als Kernkompetenz der Rechtsberufe anerkannt und geübt werden.

Wichtige Schriftstücke wie Urteile sollten vor ihrer Erlassung einer Prüfung auf ihre Verständlichkeit hin unterzogen werden. Einige Höchstgerichte liefern Vorbilder.

Die Justiz muss modernes Informationsmaterial entwickeln und über das Internet zur Verfügung stellen. Die Höchstgerichte verfügen bereits über zeitgemäße Internetauftritte, in denen sie wichtige Entscheidungen gut verständlich und kurzgefasst erläutern.

Die Justiz sollte die Öffentlichkeitsarbeit professionalisieren, ein Social-Media-Management einrichten, wie es etwa Universitäten schon haben, und PR-Profis in die tägliche Medienarbeit einbinden. So kann sich die Justiz offensiv in einer der Rechtsprechung angemessenen Form erklären –

Medienarbeit ist eine Bringschuld der Justiz gegenüber der Öffentlichkeit.

Ein einfacher Zugang zum Recht umfasst eine gute, barrierefreie Internetseite, gut verständliches, mehrsprachiges Informationsmaterial im Netz und auf Papier und flächendeckende Servicestellen. All das fehlt ebenso wie eine an höchsten Standards orientierte gelebte richterliche Anleitungspflicht in allen Verfahren. Alle diese Ziele lassen sich nur über interdisziplinäre Abteilungen der Justiz, in denen Rechtsberufe mit Sprach- und Kommunikationswissenschaft zusammenarbeiten, erreichen. Übergeordnetes Ziel wäre eine neue, menschengerechtere und möglichst barrierefreie Kommunikationskultur von Gerichten und Staatsanwaltschaften.

8. Zum Verhältnis von Polizei, Staatsanwaltschaft, Gericht und politischer Verwaltung

Sowohl Polizei als auch Justiz sind repressive Systeme mit viel Macht. Entsprechend wichtig sind Kontrolle und eine gewisse Distanz der Institutionen. Aus diesem Grund sind in den meisten Demokratien Innen- und Justizressort getrennt. Denn die Justiz soll die Polizei kontrollieren; im Strafverfahren steht die Polizei unter der Leitung der Staatsanwaltschaften, die Gerichte wiederum haben in allen wichtigen Fragen das letzte Wort und sind für die Entscheidung über wesentliche Grundrechtseingriffe zuständig. Ein zu enges Zusammenrücken von Polizei, Staatsanwaltschaften und Gerichten ist der Rechtsstaatlichkeit abträglich. Der Justiz obliegt eine Kontrollfunktion nicht nur gegenüber der Polizei, sondern auch gegenüber Politik und Verwaltung. Dieser Abschnitt untersucht vor allem einzelne Fälle, in denen die wechselseitige Kontrolle unzulänglich war oder gescheitert ist, und entwickelt anhand dieser Beispiele Verbesserungsvorschläge.

Nicht nur im Strafrechtsbereich gibt es eine Aufgabentrennung. Auf staatlicher Ebene gehört die Trennung von Gesetzgebung, Verwaltung und Rechtsprechung zu den tragenden Prinzipien des Rechtsstaates. Für den Rechtsstaat ebenso wichtig ist ein System von *checks and balances.* In diesem System ist eine klare Rollenverteilung von Polizei, Staatsanwaltschaft und Gericht wichtig. Die Gerichte entscheiden in Strafsachen in völliger Unabhängigkeit über alle wesentlichen Grundrechtseingriffe in einem strafrechtlichen Ermittlungsverfahren. Die Polizei wiederum erledigt einen großen Teil der operativen Ermittlungsarbeit, die Staatsanwaltschaft hat die zentrale Steuerungsrolle im Ermittlungsverfahren. Mit der Anklage und dem Hauptverhandlungsstadium wechseln die Aufgaben. Das Gericht rückt in den Mittelpunkt mit seiner Entscheidungsfunktion, die Staatsanwaltschaft wird zu einer von zwei gleichberechtigten Parteien neben Angeklagtem und Verteidigung. Das ist die vom Gesetz vorgegebene Rollenverteilung, die auch Macht zuordnet. Die Praxis stimmt mit dieser Aufgaben- und Machtverteilung nicht immer überein; manchmal wird das schmerzlich sichtbar, wie zuletzt 2018 in der BVT-Affäre. Noch etwas ist wichtig: Die beste Verfassung, das beste Regelwerk versagt in der Praxis, wenn die Akteure nicht Respekt vor Funktion und Aufgabe anderer Organe haben. Auch dafür kann die BVT-Causa des Jahres 2018 als Beispiel dienen. Enge Mitarbeiter des Innenministers unterbreiten persönlich einer Staatsanwältin Handlungsvorschläge, dann begleiteten sie auch noch Zeuginnen und Zeugen als Vertrauensperson zur Einvernahme. Sowohl der Staatsanwaltschaft als auch dem Gericht wurde vom Büro des Innenministers ein Zeitdruck geschildert, der sich bald als imaginiert erwies, aber erst nachdem man die angestrebte Razzia bei einer offenbar politisch in Ungnade gefallenen Verwaltungseinheit erwirkt hatte. Viele einzelne Vorgänge in dieser Causa zeugen nicht nur von mangelnder Professionalität, sondern auch vom fehlenden Respekt vor anderen staatlichen Einrichtungen und vor den Grundgedanken unseres Rechtssystems. Der Endbericht des parlamentarischen BVT-Untersuchungsausschusses benannte die Missstände im September 2019 in ungewohnter Deutlichkeit. Noch dramatischer sind die Vorgänge in Ungarn und Polen, wo die Regierung anderen Staatsgewalten, allen voran der Gerichtsbarkeit, aber auch den ebenfalls wichtigen Medien, keine volle Unabhängigkeit zuerkennt. Auch in an sich stabilen Staaten wie Österreich wird an Pfeilern des Staates gerüttelt. Die Forderung des ehemaligen Innenministers Herbert Kickl, das Recht müsse der Politik folgen, zeigte unverdeckt derartige Ambitionen im Kabinett Kurz I, das im Mai 2019 mit dem Misstrauen des Parlaments bedacht wurde.

In der Frage der zweisprachigen Ortstafeln in den slowenischsprachigen Kärntner Gemeinden verhielt sich die Politik nicht nur gegenüber der slowenischsprachigen Bevölkerungsgruppe respektlos, sondern auch gegenüber der Justiz. Das Recht der slowenischsprachigen Kärntner*innen auf zweisprachige Ortstafeln steht im Verfassungsrang und ist im Staatsvertrag von Wien aus dem Jahr 1955 festgeschrieben. Fünfzig Jahre lang hielt sich Österreich nicht an diesen Vertrag, den es mit den Befreiern vom Nationalsozialismus abgeschlossen hatte. Ende Dezember 2005 erließ der Verfassungsgerichtshof ein Ortstafelerkenntnis, in dem er die Aufstellung zweisprachiger Ortstafeln in bestimmten Gemeinden anordnete. Bereits im Jahr 2001 hatte der Gerichtshof ein Vorgängerurteil erlassen. Der damalige Bundeskanzler Wolfgang Schüssel sprach nach dem Urteil 2005 davon, er wolle seit Jahren gemeinsam mit dem Kärntner Landeshauptmann „eine Lösung suchen". Freilich: man muss nicht erst eine Lösung suchen, wenn bereits Entscheidungen des nach der Verfassung zuständigen Staatsorgans vorliegen. Wo politische und gesellschaftliche Meinungsverschiedenheiten nicht anders beigelegt werden können, sind Gerichte berufen, eine Entscheidung zu treffen. Auch und gerade die Bundesregierung als Spitze der Verwaltung hat sich daran zu halten. Sowohl die vom damaligen Landeshauptmann Jörg Haider organisierten Umfragen in einzelnen betroffenen Gemeinden als auch Haiders medial inszeniertes Verrücken der Ortstafeln manifestierten die Missachtung des Höchstgerichts. Im Falle der Ortstafeln konnte man durchaus von einem schleichenden Putsch sprechen. Nichts anderes ist es, wenn ein Organ der Bundesverfassung die Kompetenzen des anderen nicht mehr anerkennt. Das gesamte Verfassungsgefüge mit der zentralen Idee der Gewaltentrennung hält eben nur, solange Gesetzgebung, Verwaltung und Rechtsprechung einander respektieren. Zur Missachtung der Urteile kam Haiders verbaler Spott für den damaligen Präsidenten des Verfassungsgerichtshofs. Bei seiner Aschermittwochsrede des Jahres 2002 meinte Haider über den Höchstgerichtspräsidenten: „Wenn einer schon Adamovich heißt, muss man zuerst einmal fragen, ob er überhaupt eine aufrechte Aufenthaltsberechtigung hat." All das war Gift für den Rechtsstaat Österreich, das nach wie vor in den Blutbahnen des Staates umläuft.

Der Weg, den Schüssel und Haider mit der Missachtung der Urteile des Verfassungsgerichtshofs gegangen sind, war gefährlich. Es könnte ja auch ein Gericht auf die Idee kommen, ein Gesetz nicht anzuwenden, weil dieses seiner Meinung nach nicht wohlüberlegt sei und die Interessen der Betroffenen nicht ausreichend berücksichtige. Ein Verwaltungsbeamter könnte entgegen dem Gesetz eine Sozialleistung ausbezahlen und sich darauf berufen, das Gesetz sei unbillig und berücksichtige Härtefälle zu wenig und so weiter und so fort. Die Regierung Schüssel hielt bis 2006, der nachfolgende Kanzleramtsminister Ostermayer einigte sich mit Kärnten auf die Umsetzung einer Ortstafellösung. Dennoch wäre es wichtig, durch eine Änderung der Bundesverfassung eine effiziente Durchsetzung von Höchstgerichtsentscheidungen für die Zukunft sicherzustellen.

Gegen die politische Unkultur, wie sie in Kärnten lange gepflegt wurde, ist aber wohl kein alles heilendes rechtliches Kraut gewachsen. Bereits Ende Februar 2002 hatte der Kärntner Landtag mit (Mehrheits-)Beschluss einen Untersuchungsausschuss zur Überprüfung der Reisetätigkeit des Landeshauptmannes eingesetzt. Die FPÖ als Partei des Landeshauptmannes vertrat die Ansicht, der Landtag überschreite damit seine Kompetenzen, der Ausschuss sei nichtig. Am 5.3.2002 verweigerte der der FPÖ zugehörige Landtagspräsident dem Untersuchungsausschuss einen Protokollführer; die Mandatare der FPÖ blieben dem Ausschuss fern. Landeshauptmann Haider kündigte an, er werde einer Ladung dieses Ausschusses nicht folgen, da der Ausschuss ein „rechtliches Nichts" sei.

Damit wurde eine in der Zweiten Republik einmalige Aufeinanderfolge von Angriffen auf (oberste) Staatsorgane fortgesetzt. Erstmals wurde die Volksvertretung in Form des Kärntner Landtags Opfer einer offenkundigen politischen Strategie, unerwünschte Entscheidungen einfach unbeachtet zu lassen. Dies reihte sich in die Ereignisse seit dem Antritt der schwarz-blauen Bundesregierung unter Schüssel ab dem Jahr 2000 ein: So sah sich der damalige Bundespräsident Thomas Klestil schon bald nach Amtsantritt der neuen Regierung öffentlichen Beleidigungen durch freiheitliche Funktionäre ausgesetzt, weil er nicht entsprechend den Vorstellungen der FPÖ agierte – von einer Anklage des Bundespräsidenten und der Abschaffung seines Amtes war da die Rede.

Als die Staatsanwaltschaft im Jahr 2000 in der sogenannten Spitzelaffäre Strafverfahren gegen mehrere Funktionäre der FPÖ einleitete, folgten seitens freiheitlicher Amtsträger wüste persönliche Angriffe und Beleidigungen gegen den Generaldirektor für die öffentliche Sicherheit sowie den ermittelnden Untersuchungsrichter.

Im Dezember 2001 fällte der Verfassungsgerichtshof das erste Erkenntnis in der Ortstafelfrage. Das Urteil der Höchstrichter wurde von Vertretern der FPÖ – allen voran dem Kärntner Landeshauptmann und der Vizekanzlerin – als nichtig bezeichnet. Diese Einschätzung ist rechtlich ein Unfug. Unterschriften gegen das Urteil wurden gesammelt, der Präsident des Verfassungsgerichtshofes wurde mehrmals öffentlich verhöhnt.

Die Desavouierung des Untersuchungsausschusses des Kärntner Landtags war also kein Einzelfall, sondern Zwischenstation in einer langen Reihe von Angriffen auf oberste Staatsorgane. Eine Fortsetzung fanden diese Angriffe 2012. Damals fand im Kärntner Landtag eine Sondersitzung statt. Alle Abgeordneten der damaligen FPÖ-Abspaltung FPK, die den Landeshauptmann stellte, fehlten – mit Ausnahme des Landtagspräsidenten. Ein solches Verhalten von Abgeordneten ist nichts anderes als eine Missachtung des parlamentarischen Systems, das eine Anwesenheitspflicht für die Abgeordneten vorsieht. Die Beispiele zeigen: Parlament und Landtage, Bundespräsident, Höchstgerichte und Bundesregierung sind allesamt oberste Organe des Staates. Ihnen sind bestimmte Aufgaben zugewiesen, ihre Tätigkeit folgt konkreten gesetzlichen Vorgaben. Verfassung und Gesetze definieren wechselseitige Kontrollmöglichkeiten. Insgesamt entsteht so ein Gleichgewicht der Kräfte, das letztlich den demokratischen Rechtsstaat ausmacht und den gesellschaftlichen Frieden sichert; allerdings nur so lange, als alle Funktionsträgerinnen und Funktionsträger diese Spielregeln akzeptieren.

Ein wesentlicher Unterschied zwischen Rechtsstaaten und autoritären Regimen besteht darin, dass im Rechtsstaat das staatliche Gewaltmonopol der Kontrolle durch Justiz und Medien unterworfen ist. Wird ein Mensch in staatlichem Gewahrsam misshandelt, stirbt er dort gar, so ist die Klärung eines solchen Misshandlungs- oder Todesfalls durch die Justiz ein Maßstab für das Funktionieren des Rechtsstaats. Vorausschicken muss man, dass die Polizei in Wien ein differenziertes Bild bietet. Im Bereich des Gewaltschutzes leistet sie seit zwanzig Jahren international anerkannte, herausragende Arbeit. Die Polizei hat hier durch gute Ausbildungsmaßnahmen höchste Expertise entwickelt. Auch die Arbeit in den Bezirken funktioniert gut, es wird viel mediiert und geschlichtet. Nicht so positiv ist die Bilanz der Spezialeinheiten. Bei Demonstrationen etwa treten diese, je nach Polizeiführung und Einsatzleitung, phasenweise deeskalierend, dann wieder eskalierend in Erscheinung. Um die Aufarbeitung von Polizeiübergriffen durch die Justiz ist es seit langen Jahren nicht gut bestellt. Nach dem medial breit behandelten Tod von Markus Omofuma (er erstickte im Mai 1999 während seiner Abschiebung in einem Flugzeug) starb 2002 ein 24-jähriger Mann in Meidling während seiner Festnahme. Auch der Fall eines zu dieser Zeit von Polizeibeamten auf offener Straße erschossenen jungen Mannes ist im Gedächtnis geblieben: Die Beamten hatten sich bei der Amtshandlung durch das Hantieren mit einer Mineralwasserflasche bedroht gefühlt. Der unbewaffnete Imre B. wurde im Jahr 2000 von Polizisten bei einer Razzia erschossen. All diesen Fällen ist eines gemeinsam: Ihre strafrechtliche Untersuchung kann unvoreingenommene Beobachter nicht befriedigen. Das eine Mal wurden eingeholte Sachverständigengutachten später widerlegt, das andere Mal erfolgten wichtige frühe Einvernahmen nicht vor unabhängigen Gerichten oder vor Staatsanwaltschaften, sondern durch die Sicherheitsbehörden. Die nach – ohnehin seltenen – Schuldsprüchen verhängten Strafen erscheinen nicht nur juristischen Laien milde. Was auch nachdenklich stimmt: Die Todesfälle betrafen durchwegs Angehörige von Randgruppen: Schwarzafrikaner, Drogenabhängige, Menschen mit einer anderen Staatsbürgerschaft.

Bereits der Sicherheitsbericht 2002 illustrierte das Problem: Nur in 16 von 1323 angezeigten Fällen von Polizeiübergriffen kam es zu einer Anklage, in lediglich zwei Fällen zu Verurteilungen. In 777 Fällen wurde nicht einmal ein gerichtliches Vorverfahren eingeleitet. Auch bei größtem Vertrauensvorschuss in die heimische Exekutive und dem Faktum, dass manchmal auch unberechtigte Vorwürfe gegen die Polizei erhoben werden: Die Annahme, dass 99 Prozent der Anzeigen aus der Luft gegriffen wären, ist lebensfremd. In den Jahren seither hat sich an diesem Zustandsbild wenig geändert.

Eine Reihe von Maßnahmen könnte helfen, die Kontrolle effizienter zu gestalten; etwa die Einrichtung von Sondereinheiten auch bei der Staatsanwaltschaft, mit spezialisierten und motivierten Teams zur Verfolgung von Misshandlungsvorwürfen. Auch die Beiziehung auswärtiger Sachverständiger könnte das Vertrauen der kritischen Öffentlichkeit in die Ermittlungen stärken. Ein auswärtiger Sachverständiger kommt nicht in den Geruch der Befangenheit, wie er bei vielen lokalen Fachleuten aufgrund ihrer regelmäßigen Zusammenarbeit mit Polizei und Justiz besteht. Die Bestellung medizinischer Sachverständiger aus München statt von Wiener Ärztinnen und Ärzten schneidet von vornherein Angriffsflächen ab. Das rasche Einschreiten unabhängiger Gerichte ist umso wichtiger, je schwerer die Vorwürfe sind. Bisherige Erfahrungen zeigen, dass Gerichte entschiedener gegen staatliche Organe vorgehen, als dies Polizei und Staatsanwaltschaft tun. Entscheidungen der Zivilgerichte, durch die Misshandlungsopfern nach Übergriffen Schadenersatz zugesprochen wurde, belegen dies.

In den letzten Jahren wurde der Ton der Wiener Polizei rauer, vor allem bei Sondereinheiten. Ein 2016 geführter Strafprozess illustriert das. Am 29.1.2016 fand in Wien der umstrittene WKR-Ball statt. Gegen die Veranstaltung wurde demonstriert. Cathrin Kahlweit, angesehene Österreich-Korrespondentin der *Süddeutschen Zeitung*, sagte vor Gericht aus, sie sei an diesem Abend als Passantin auf einen Tumult auf der Mariahilfer Straße gestoßen. Einige Männer seien rabiat gegen eine Gruppe von Personen vorgegangen und hätten sie schließlich festgenommen – erst da habe man vermuten können, dass die martialisch adjustierten Männer Polizisten in Zivil waren. Kahlweit gibt an, es sei ihr einiges seltsam vorgekommen, sie habe sich als Journalistin zu erkennen gegeben und gefragt, was hier los sei. Ein Mann in Flecktarn, offenbar ein Beamter, habe sie daraufhin folgendermaßen beschimpft: „Scheiß Kuh" und: „Geh nach Hause zu deiner scheiß Merkel." Erst nach langem Hin und Her habe sie eine Dienstnummer erhalten. Zu einem Festgenommenen, der um die Lockerung seiner Fesseln bat, habe ein Beamter sinngemäß gesagt: „Wir können noch ganz anders, zum Beispiel (…) in den Wald fahren und dir alle Knochen brechen." Auf ihre schriftliche Beschwerde hatte Kahlweit nach neun Monaten noch keine Antwort erhalten. Dafür wurde sie nach Einreichung ihrer Beschwerde angerufen: Ein Mann fragte sie, woher sie seine Dienstnummer habe – welcher Kollege sie preisgegeben habe.

Die Wiener Polizei hat vor etwa 25 Jahren einen Prozess der Öffnung begonnen. Frauen zogen in den Polizeidienst ein. Nicht nur, aber auch deswegen kehrte ein neuer Ton in der Kommunikation der Polizei ein. Menschenrechtsschulungen wurden forciert, bei Demonstrationen wurden moderne Deeskalationsstrategien eingesetzt. Bei den monatelangen Demonstrationen gegen Schwarz-Blau im Jahr 2000 leistete die Wiener Polizei exzellente Arbeit, hochprofessionell, auf Ausgleich und Fairness gegenüber Bevölkerung wie Versammlungsteilnehmerinnen und -teilnehmern bedacht. Der gute lokale Streifendienst und die Leistungen der Polizei bei der Bekämpfung häuslicher Gewalt wurden bereits weiter oben beschrieben.

In den letzten Jahren häufen sich die ernst zu nehmenden Beschwerden über Polizeieinsätze wieder; oft stehen sie in Zusammenhang mit Demonstrationen, aber nicht nur. Ein rüdes Vorgehen etwa bei Verkehrskontrollen gegenüber Radfahrerinnen und Radfahrern ist keine Seltenheit. Publizität erlangen solche Berichte durch Zufall, wenn gerade ohne Wissen der Amtsorgane eine Kamera mitläuft (wie im Fall einer Frau, die in der Silvesternacht 2014/15 nach einer polizeilichen Kontrolle auf einer Tankstelle am Wiener Schwedenplatz mit zahlreichen Verletzungen zurückblieb) oder eben wenn, wie im Fall von Cathrin Kahlweit, zufällig eine bekannte und couragierte Journalistin Zeugin einer überzogenen Amtshandlung wird. Man muss sich fragen: Wie geht es jenen, die nicht so gebildet oder selbstbewusst sind, sich zur Wehr zu setzen? Die sich als Drogenkranke oder Asylwerber so schwach fühlen, dass sie sich nicht auflehnen können? Die polizeilichen Übergriffe ohne Zeugen und ohne Videobeweis ausgesetzt sind?

Seit einigen Jahren ist zu beobachten, dass die Wiener Polizei keine adäquate Reaktion auf Fehler findet; dass ihrer Spitze die Sensibilität für die Bedeutung des Demonstrationsrechts fehlt und dass Korpsgeist zunehmend die Kritikfähigkeit nach innen ersetzt. Parallel dazu ziehen plumpe Strategien in die Pressearbeit ein, wenn etwa täglich Bagatelldelikte aufgebauscht oder wenn Journalistinnen und Journalisten zu einer „Schwerpunktaktion zur Bekämpfung des Drogenhandels im öffentlichen Raum" eingeladen werden. Im Anschluss an diesen Pressetermin der Wiener Polizei im Juni 2016 konnten Medienvertreter die Polizei bei der Arbeit begleiten. „Wir werden schauen, dass wir ein paar Festnahmen zusammenkriegen", kündigte ein Mediensprecher der Polizei an. Wie auf einer Safari wurden Personen angehalten und den Medienvertretern vorgeführt, ohne Sensibilität für Datenschutz und Persönlichkeitsrechte. Dass das kein rechtliches Nachspiel hatte, ist wohl vor allem auf die (auch finanzielle) Ohnmacht der betroffenen Personen zurückzuführen.

Zweifellos nimmt die Zahl verbaler und körperlicher Übergriffe zu, wenn die Führung der Polizei solche Signale aussendet und wenn Fehlverhalten von Beamtinnen und Beamten ohne Konsequenzen bleibt, letztlich also von oben gebilligt wird. Es ist empörend, dass einer Beleidigung, wie sie Frau Kahlweit erfahren hat, keine umgehende förmliche Entschuldigung der Polizei folgt (wir reden jetzt gar nicht von den weiteren Sonderlichkeiten der von Frau Kahlweit beschriebenen Amtshandlung). Durch ihr Schweigen zur gerichtlichen Aussage von Frau Kahlweit macht die Polizeispitze den falschen Mitarbeiterinnen und Mitarbeitern die Mauer, deckt Verfehlungen und desavouiert alle korrekt arbeitenden Beamtinnen und Beamten. Wer eine Journalistin (oder sonst jemanden) mit „Scheiß Kuh, geh zu deiner scheiß Merkel nach Hause" beschimpft, hat im öffentlichen Dienst nichts verloren. Kein Finanzbeamter, keine Jugendamtsmitarbeiterin, kein Lehrer kann sich so etwas leisten. Das Schweigen der Wiener Polizeispitze angesichts solcher Vorfälle ist inakzeptabel. Die Entwicklung der Polizei passt schon länger nicht mehr zu Wien. Die Polizei soll integraler Bestandteil der Gesellschaft sein, nicht ein sich verselbstständigender Apparat, vor dem sich Bürgerinnen und Bürger fürchten müssen. Wien hat eine Polizeiführung verdient, die den Wandel der Wiener Stadtverwaltung in Richtung mehr Bürgernähe, mehr Kommunikation und mehr Respekt mitträgt.

Auch der Fall des Demonstranten Josef S. aus dem Jahr 2014 müsste ein Warnsignal sein. Der deutsche Student Josef S. saß von Jänner bis zum Sommer 2014 in Untersuchungshaft in Wien und machte Schlagzeilen. Josef S. hatte Ende Jänner 2014 an einer Demonstration gegen den Ball rechter Burschenschafter in Wien teilgenommen, im Zuge dessen es zu Ausschreitungen mit erheblichen Sachschäden gekommen war. Die Staatsanwaltschaft erhob Anklage wegen Landfriedensbruchs. Der Prozess endete dann mit einer Verurteilung; diese soll hier nicht diskutiert werden. Sehr wohl reden muss man aber über die Begleitumstände des Verfahrens, etwa die Sprache der Institutionen. Laut unwidersprochenen Berichten des *Falter* ist in den Akten im Fall Josef S. nicht wie üblich von Tatverdächtigen die Rede, sondern von „Demonstrationssöldnern", von „Manifestanten" und „Chaoten", die sich „zusammenrotten", von „Spähern" und einer „martialischen Phalanx", von „kohortengleichen Formationen". Diese Ausdrucksweise weicht von der üblichen sachlichen Amtssprache ab. Es sind Begriffe der Polemik und Dramatisierung, die politischer Agitation eignen. In Behördenakten haben sie im Rechtsstaat nichts verloren, signalisieren sie doch Gleichgültigkeit, wenn nicht Feindseligkeit gegenüber den Grundrechten der Meinungs-, der Versammlungs- und der Demonstrationsfreiheit. Sie vermitteln (jedenfalls im Kontext der Strafverfahren Tierschützer und Votivkirche/Schlepperei) den Eindruck, die Behörden hätten generell eine Abneigung gegen zivilgesellschaftliches Engagement.

Demonstrationen verursachen Unannehmlichkeiten: Verkehrsstaus, Mehrarbeit und fallweise Gefahren für die Behörden, Umsatzeinbußen für Geschäfte. Sie rechtfertigen nie Ausschreitungen. Das ändert aber umgekehrt nichts daran, dass die Versammlungsfreiheit ein zentrales Grund- und Freiheitsrecht und zugleich die verfassungsrechtliche Absicherung zivilgesellschaftlichen Engagements ist. Polizei und Justiz haben die Versammlungsfreiheit nicht nur zu schützen, sondern aktiv zu garantieren. Der Begriff des „Demonstrationssöldners" denunziert und verhöhnt dieses Grundrecht. Und noch etwas fällt auf: Im Strafverfahren geht es in der Regel darum, einer konkreten Person eine konkrete Handlung nachzuweisen. Das Einschlagen einer Fensterscheibe, die Verletzung eines Menschen, den Verkauf eines Säckchens Heroin. Im Fall Josef S. wich die Polizei dieser mühsamen Ermittlungsarbeit und Beweisführung aus, indem sie mit „Landfriedensbruch" einen Tatbestand heranzog, der die bloße Anwesenheit an einem Ort oder die Zugehörigkeit zu einer Gruppe bestraft. Ähnlich war die Polizeitaktik im Tierschützerverfahren, als man wegen des Delikts der Bildung einer kriminellen Vereinigung ermittelte. In beiden Fällen kamen Tatbestände zur Anwendung, die der Gesetzgeber für Ausnahmesituationen – zur Bekämpfung von Terror- und Mafianetzwerken oder für Zeiten des Aufruhrs – geschaffen hat. Landfriedensbruch war lange Jahre totes Recht. Die Anwendung der sogenannten Organisationsdelikte gerade im Zusammenhang mit zivilgesellschaftlichem Engagement bewirkt Einschüchterung und ist verfassungs- und demokratiepolitisch fatal. Letztlich haben diese Vorgänge dazu beigetragen, dass 2017 das Demonstrationsrecht verschärft und beschränkt wurde.

Was treibt die Polizei an, und warum tut sich die Justiz so schwer, sich von der Arbeit der stärker politisch beeinflussten Polizei abzugrenzen? Liegt es an der Personalauswahl und der Ausbildung? Gerade die Justizausbildung hat doch in den letzten zwei Jahrzehnten eine Öffnung erfahren und einen Qualitätssprung gemacht. Trotz der neuen interdisziplinären Seminare, der Praktika bei Wirtschaftsbetrieben, Jugendämtern und Opferhilfestellen, der Besuche bei NGOs und Gedenkstätten ist es eine junge Generation von Justizangehörigen, die die Protagonisten der angeführten Strafverfahren der letzten Jahre stellt und bei Medien und Öffentlichkeit Zweifel erweckt.

Könnte das fehlende politische Bewusstsein der Richterinnen und Richter, der Staatsanwältinnen und Staatsanwälte eine Erklärung dafür sein? Als Reaktion auf die damalige Verpolitisierung aller Lebensbereiche hat die Richterschaft in den 1980er-Jahren einen Trennstrich gezogen und sich von der Politik radikal distanziert. Allerdings hat man Politik mit Parteipolitik verwechselt. Man kann der Meinung sein, dass sich Richterinnen und Richter von Parteipolitik fernhalten mögen. Verhängnisvoll ist es jedoch zu meinen, Rechtsprechung sei unpolitisch oder könne unpolitisch sein. Genau diese Irrmeinung hat jedoch Patz gegriffen. Nun bedarf es eines längeren Prozesses, sich wieder bewusst zu machen, dass nicht nur gesetzliche Regelungen zu Mieten, Lebensgemeinschaften und Drogentherapien (gesellschafts-)politische Entscheidungen sind, sondern auch die Rechtsprechungslinien dazu. Für das Strafrecht gilt dies ganz besonders. Das Bewusstsein, dass es sich bei alldem um politische Vorgänge handelt, ist Voraussetzung einer ruhig abwägenden richterlichen Tätigkeit. Das Gesetz sieht eine Distanz von Polizei, Gericht und Staatsanwaltschaft vor, um die wechselseitige Kontrolle zu gewährleisten. Vielleicht benötigt diese Distanz auch räumliche Trennung, etwa von Staatsanwaltschaft und Gericht. Bei der Wirtschafts- und Korruptionsstaatsanwaltschaft ist man diesen Weg bereits gegangen. Die räumliche Eigenständigkeit schärft Profil, Rollenbewusstsein und Unabhängigkeit.

Im Übrigen liegt der Schlüssel zu Qualität und rechtsstaatlicher Aufgabenerfüllung vor allem bei der Personalauswahl sowie bei der Aus- und Fortbildung. Für Richterinnen und Staatsanwälte gilt dasselbe wie für Ärztinnen oder Lehrer: Man muss Menschen mögen, um den Beruf gut auszuüben.

Justizangehörige benötigen ein Sensorium für die Verhältnismäßigkeit der Mittel, und es geht unter anderem darum, Versammlungs- und Meinungsfreiheit sowie zivilgesellschaftliches Engagement nicht nur zu respektieren, sondern zu garantieren. Wenn Polizei und Justiz es nicht schaffen, diese Selbstverständlichkeit zu vermitteln, dann sehen sie sich zu Recht der Frage ausgesetzt: Wie würden eine Polizei und eine Justiz, die in ruhigen Zeiten von „Demonstrationssöldnern" und „Zusammenrottungen" sprechen, unter einer autoritären Regierung vom Schlag eines Viktor Orbán agieren?

Durch die letzten Jahrzehnte ziehen sich markante Strafverfahren, in denen die Kontrolle der Staatsanwaltschaft über die Polizei und teils auch die Kontrolle durch die Gerichte nicht im nötigen Ausmaß funktioniert hat. Die Verfahrenskomplexe zur Operation Spring, zur Tierschützercausa, zur Votivkirchenbesetzung und zum BVT folgen alle dem gleichen Muster. Die Justiz wird zur Getriebenen fragwürdiger Polizeiaktionen. Da geht es einmal um unqualifizierte Dolmetschende, dann um Sachverständige und Zeuginnen und Zeugen. Sachverhalte werden von der Polizei aufgebauscht, durch eine große Zahl polizeilicher Saalschützer im Gericht wird Dramatik suggeriert. Plätze in den Gerichtssälen werden von Polizeischülerinnen und -schülern besetzt, sodass für die Öffentlichkeit weniger Sitzgelegenheiten verfügbar sind. Die Causa BVT erscheint wie eine komprimierte Fassung der genannten früheren Verfahren: gleichsam der Super-GAU für die Justiz. Die Staatsanwaltschaft als Getriebene der Polizei; der Haftrichter, der das Ganze schnell absegnet. Die Kontrolle funktioniert erst wieder eine Gerichtsinstanz höher, wenn das Oberlandesgericht feststellt, dass die Voraussetzungen für durchgeführte Hausdurchsuchungen nie vorlagen. Das Sensorium für die angerichteten Schäden scheint im Justizministerium vorhanden zu sein. Freilich traten im Frühjahr 2019 interne Konflikte innerhalb der Hierarchie der öffentlichen Anklagebehörden auf, die in wechselseitigen Anzeigen hochrangiger Amtsträger gipfelten und dem Ansehen und Vertrauen in die Strafjustiz Schaden zufügten. Eine nachhaltige Verbesserung des Arbeitsklimas hätte wohl personelle Konsequenzen auf mehreren Ebenen erfordert.

Generell neigen staatliche Behörden systemimmanent zu Korpsgeist und Zusammenhalt, und nicht nur innerhalb einer Dienststelle oder Behörde, sondern über Behördengrenzen hinweg. Diese Tendenz kann positiv wirken, wenn sich ein Beamtenethos herausbildet und wenn über Ressortgrenzen hinweg das Ziel einer effizienten, bürgerfreundlichen Verwaltung verfolgt wird. Unzeitgemäß und schädlich wird diese Tendenz, wenn selbstbewusste Bürgerinnen und Bürger oder NGOs als gemeinsamer Außenfeind betrachtet werden, gegen den man eine Abwehrfront bildet. Man kann das gut an der mangelnden Bereitschaft österreichischer Ämter beobachten, Akteneinsicht zu gewähren.

Wo Behörden zusammenwirken sollen, etwa im Bereich der Kinderwohlfahrt, ist Nähe nützlich. Wo sie einander kontrollieren sollen, ist Nähe tendenziell schädlich. Im Strafverfahren arbeiten Polizei und Staatsanwaltschaft zusammen und ermitteln gemeinsam; gleichzeitig sollen Staatsanwaltschaft (und Gerichte) aber die polizeiliche Arbeit kontrollieren. Im Verhältnis zwischen Staatsanwaltschaft und Gericht fällt auf, dass beide Behörden in der Regel im selben Gebäude untergebracht sind, die jeweiligen Organe kennen einander von der Ausbildung her und durch jahrelange gemeinsame Arbeit. Dennoch ist die Staatsanwaltschaft aus Sicht des Gerichts nur eine von zwei Hauptbeteiligten des Verfahrens, und das Gericht benötigt gedankliche und emotionale Unabhängigkeit gegenüber der Staatsanwaltschaft. Es gilt also immer, die richtige Distanz bzw. Nähe zu finden.

Ein eigenes Buch würde die Entwicklung des Asyl- und Fremdenrechts füllen. Jahrelange populistische Politik mehrerer Parteien hat hier Zustände geschaffen, die betroffen machen. Getrieben von der Tagespolitik wurden die einschlägigen Gesetze permanent, teilweise mehrmals in einem Kalenderjahr, abgeändert. Längst lässt sich für Behörden, Betroffene und Anwaltschaft kaum mehr feststellen, welche Fassung der einzelnen Gesetzesbestimmungen auf einen konkreten Fall nun anzuwenden ist. Die Gesetze sind verschachtelt, schwer lesbar, durch eine abwehrende und oft inhumane Sprache charakterisiert. Immer wieder werden Menschen zum Spielball der gesellschaftlichen Auseinandersetzung. Arigona Zogaj ist ein gutes Beispiel dafür. Der Verfassungsgerichtshof beurteilte ihren Fall im Jahr 2010. Arigona Zogaj war damals 18 Jahre alt und lebte seit acht Jahren in Österreich. Man musste nicht mit Paragrafen um sich werfen – wer Arigona Zogaj damals im Fernsehen sah, dem war klar, eine Österreicherin vor sich zu haben. Arigona Zogaj sprach oberösterreichischen Dialekt, ging 2010 noch ins Gymnasium, artikulierte sich in besserem Deutsch als die meisten Gleichaltrigen (und als so mancher Parlamentsabgeordnete, der ihre Abschiebung forderte). An sich wäre kein vernünftiger Mensch auf die Idee gekommen, Arigona Zogaj ins Ausland – und der Kosovo war für Arigona Zogaj tatsächlich ein fremdes Land – abzuschieben. Asylrechtlich ist die Sache vergleichsweise einfach. Im Kosovo droht im Allgemeinen seit Jahren niemandem mehr Verfolgung, Asylgründe lagen daher kaum vor. Was aber in der Diskussion zugunsten einer Abschiebung ins Treffen geführt wurde – der negative Ausgang des Asylverfahrens sei abzusehen gewesen, die Ausweisung nur durch unzählige Rechtsmittel immer weiter hinausgezögert worden – mag eine gegenüber einem Erwachsenen zulässige Argumentation sein. Arigona Zogaj jedoch wurde als Kind von ihren Eltern nach Österreich gebracht. An der Art der Verfahrensführung und der Verfahrensdauer mögen viele Schuld tragen – vielleicht der Vater, vielleicht die Mutter, vielleicht ein Berater, vielleicht die Behörden –, ganz sicher aber nicht die minderjährige Arigona.

Es stimmt: Viele andere stehen nicht im Licht der Öffentlichkeit und es ergeht ihnen wie Arigona, täglich werden Abschiebungen durchgeführt und sie sind oft ebenso sinnlos wie die ihre. Gerade deshalb war der Fall Zogaj wichtig. Er ist Symbol für eine unmenschliche Fremdenpolitik, wie sie seit bald dreißig Jahren von Österreich praktiziert wird. Doch die Bevölkerung steht – wie regionale Bürgerinitiativen zeigen – gar nicht hinter diesem populistischen Politzynismus. Daher war es wichtig, dass Arigona Zogaj sich bereits als 14-Jährige auch an Medien wandte und ihr Fall von der Zivilgesellschaft gewonnen wurde. Juristisch sollte das auch klar sein: Artikel 8 der Europäischen Menschenrechtskonvention gibt jedermann Anspruch auf Achtung seines Privat- und Familienlebens. Ein behördlicher Eingriff in dieses Recht ist nur insofern zulässig, als er eine Maßnahme darstellt, die in einer demokratischen Gesellschaft für die nationale Sicherheit, die öffentliche Ruhe und Ordnung, das wirtschaftliche Wohl des Landes, die Verteidigung der Ordnung und zur Verhinderung von strafbaren Handlungen, zum Schutz der Gesundheit und der Moral oder zum Schutz der Rechte und Freiheiten anderer notwendig ist. Keiner dieser Gründe lag im Fall Arigona Zogaj vor. Menschen in der Lage von Arigona Zogaj, die seit vielen Jahren im Land und gut integriert sind, abzuschieben ist immer ein menschliches, menschenrechtliches und gesellschaftliches Desaster.

Im Jahr 2018 wurde eine ganze Fülle von Asylbescheiden bekannt, die die Antragstellerinnen und Antragsteller als Menschen und Zugehörige ethnischer oder religiöser Gruppen regelrecht verspotteten. Gemeinsam mit Daniel Landau und vielen anderen aus Kunst, Rechtsberufen und Zivilgesellschaft konnten wir das im Oktober 2018 im ausverkauften Theater in der Josefstadt in Wien sichtbar machen. Es hält den Zug wohl nicht auf. Das Innenministerium baut die Strukturen des Asylverfahrens Schritt für Schritt um. Nicht nur Dolmetschung und Sachverständigenwesen, auch die zentrale rechtliche Information, Beratung und Rechtsvertretung von Asylwerberinnen und Asylwerbern kommt unter die Kontrolle des Staates. Die Gefahren sind nur zu leicht ersichtlich:

Die Beratung kann von Beginn an in Richtung Rückkehrberatung gehen, die Zahl aussichtsreicher Berufungen klein gehalten werden. Es ist insgesamt ein beschämendes Bild und ein bedrohliches Zeichen für Demokratie und Rechtsstaat, wenn der Staat einen so diskriminierenden und zynischen Umgang mit den Schwächsten pflegt, mit Menschen auf der Flucht, die die Amtssprache nicht verstehen. Nichts symbolisiert diese Entwicklung so einprägsam wie der Tausch der Bezeichnung „Erstaufnahmezentrum" durch „Ausreisezentrum" im Jahr 2019 – entgegen der gesetzlichen Begrifflichkeit und auf Anordnung des Innenministeriums. Der damalige Kanzler Kurz schwieg dazu. Es war das Verdienst des im Frühjahr 2019 nur wenige Tage amtierenden Innenministers Eckart Ratz, dass die Tafel „Ausreisezentrum" unmittelbar nach seiner Angelobung entfernt wurde.

THESE 8

ZWISCHEN POLIZEI, STAATSANWALTSCHAFT UND GERICHT BRAUCHT ES MEHR ABGRENZUNG UND EINE EFFIZIENTERE WECHSELSEITIGE KONTROLLE. DEN GERICHTEN KOMMT AUCH DIE KONTROLLE ÜBER VERWALTUNG UND POLITIK ZU.

Der Weg dahin wird erleichtert durch: die räumliche Trennung von Staatsanwaltschaften und Gerichten; keine Unterbringung im selben Gebäude.

Wenn Staatsanwaltschaften über Anträge der Polizei entscheiden oder Gerichte über Anträge der Staatsanwaltschaften, dann sollte das nicht über telefonische Ansuchen möglich sein. Vielmehr sollte das zu einer Entscheidung berufene Organ immer erst bei Vorliegen der wesentlichen Aktenstücke tätig werden dürfen. Aufgrund der modernen Technik entsteht dadurch keine Zeitverzögerung.

Wo die wechselseitige Kontrolle nicht funktioniert und sich Fehler durch ein gesamtes Verfahren ziehen, muss eine

Aufarbeitung und Fehleranalyse einsetzen, um strukturelle Reformen zu ermöglichen.

Die audiovisuelle Aufzeichnung aller Einvernahmen und Verhandlungen kann das Rollenbild schärfen.

Für den Bereich der Asylverfahren kann die Vision nur ein einheitliches Asylverfahren, durchgeführt von EU-Behörden und EU-Beamten, nach höchsten Standards sein. Bis dahin sollten diese Verfahren aufgrund ihrer Tragweite auch in erster Instanz von Gerichten und nicht wie derzeit von Verwaltungsbehörden geführt werden.

Für alle Asyl- und Strafverfahren wäre eine verpflichtende unabhängige Rechtsvertretung eine wesentliche Qualitätssicherungsmaßnahme.

9. Justiz und Politik

Justiz und Politik fließen begrifflich in der Justizpolitik zusammen. Die österreichische Justizpolitik war seit dem Zweiten Weltkrieg durch eine parteiübergreifende Zusammenarbeit geprägt. Justizpolitische Reformen, selbst die großen Neuerungen unter Minister Broda in den 1970er-Jahren, wurden zumeist so lange mit der Opposition verhandelt, bis eine gemeinsame Beschlussfassung über die politischen Lager hinweg im Parlament erfolgte. Der Gedanke dahinter war, dass die Justizpolitik ein zentrales gesellschaftspolitisches Feld bildet. Die breite Akzeptanz stand im harmoniebedürftigen und konfliktscheuen Nachkriegsösterreich über dem Reformtempo. Auch wenn der breite gesellschaftliche Konsens manchmal Zeit braucht, so ist er doch ein hoher Wert in einem wichtigen Politikfeld. Dies zeigte sich im September 2019, als ÖVP und FPÖ mit bisherigen Usancen brachen und im Alleingang gegen die Meinung aller Expertinnen und Experten und gegen den dringenden Appell von Justizminister Clemens Jabloner das Jugendstrafrecht verschärften. Jabloner sprach mit gutem Grund von einem zivilisatorischen Rückschritt, widersprach die Reform doch allen wissenschaftlichen Empfehlungen und internationalen Entwicklungen im Strafrecht.

Im Alltag beäugen sich Politik und Justiz in Österreich eher aus der Distanz und mit Skepsis. Ausgangspunkt waren die Verpolitisierung aller Lebensbereiche und die sogenannte Parteibuchwirtschaft, die Österreich bis in die 1980er-Jahre prägte. Diese Entwicklung mündete in die Salzburger Beschlüsse der Richterschaft, die Richterinnen und Richtern nahelegen, sich einer Parteimitgliedschaft zu enthalten. Was als Befreiungsschlag gedacht war, gelang nur teilweise. Vielfach traten andere Netzwerke, wie etwa der Cartellverband, an die Stelle der früheren Parteizugehörigkeit. Das große Dilemma der Salzburger Beschlüsse war aber die Verdammung alles Politischen und eine gewisse Geringschätzung, die bei der Richterschaft gegenüber Politikerinnen und Politikern aufkam. Einerseits entstand ein unnötiger atmosphärischer Graben zwischen Politik und Justiz. Zum anderen hatten die Salzburger Beschlüsse eine Ablehnung politischen Denkens zur Folge. Die später erlassene Ethikerklärung der Richtervereinigung wählte deshalb auch bewusst weichere Formulierungen. Dennoch machte das Fehlen politischen Denkens die schon erörterte BVT-Affäre des Jahres 2018 erst möglich. Im Jahr 2019 sah sich die Politik mit der Situation konfrontiert, dass die Funktionsfähigkeit der Justiz durch immer weitere Personalreduktionen im Kanzleibereich, aber auch durch Einsparungen in Bereichen wie dem Dolmetschwesen ernsthaft gefährdet wird. Justizminister und Vizekanzler Jabloner sprach in diesem Zusammenhang von der Gefahr eines „stillen Todes der Justiz". Anhand einiger ausgewählter Fragen betrachten wir in diesem Kapitel das Verhältnis von Politik und Justiz.

Die Wechselwirkungen von Politik und Justiz zeigen sich im Großen und Kleinen nahezu täglich. In der ersten Jahreshälfte 2015 starben (wie auch davor und danach) tausende Menschen im Mittelmeer, als sie versuchten, von Afrika nach Europa zu gelangen. Der deutsche Richter Thomas Fischer warf damals in einem Kommentar für die *Zeit* die Frage auf, ob der Tod dieser Menschen nicht durch die Untätigkeit der europäischen Staaten mitverursacht sei, und stellte die Überlegung in den Raum, ob europäische Politiker sich des Mordes durch Unterlassung schuldig machen. Viele werden diese Überlegung als absurd abtun. Eine ruhige strafrechtliche Prüfung lässt es dagegen seltsam erscheinen, dass bisher nur wenige Strafverfahren aus Anlass des Massensterbens laufen. Juristisch wäre das naheliegend, und tatsächlich ermitteln zumindest italienische Staatsanwaltschaften zwischenzeitig gegen den früheren Innenminister Salvini, der Flüchtlingsschiffen die Landung in Italien versagte. Man stelle sich nur vor, am Rhein oder an der Donau sinkt ein Ausflugsschiff und Passanten am Ufer spazieren ruhig weiter, ohne telefonisch oder sonstwie Alarm zu schlagen. Man muss dazu wissen, dass Thomas Fischer einer der führenden, wenn nicht der führende deutsche Strafrechtler ist.

Und damit sind wir schon beim Verhältnis zwischen Justiz und Politik. Rechtsprechung ist oft politisch: Sehr deutlich wird das bei Strafverfahren nach politischen Korruptionsdelikten, wie wir sie in Österreich in den letzten Jahren zuhauf erlebten. Aber auch der Gerichtsalltag in Familien-, Arbeitsrechts- oder Mietsachen ist im weiteren Sinne politisch. Es macht für die Bevölkerung einen Unterschied, ob die Rechtsprechung eher arbeitnehmer- oder arbeitgeber-, eher vermieter- oder mieterfreundlich ist. Und wir beobachten, dass ein zögerlicher Gesetzgeber gesellschaftspolitische Entscheidungen oft den Gerichten überlässt: Die Frage der Sterbehilfe liefert hier ein Beispiel. Umgekehrt korrigiert der Gesetzgeber immer wieder die Rechtsprechung durch die Erlassung neuer gesetzlicher Regelungen.

Die Verbindung von Politik und Gerichtsbarkeit wird in der Verfassungsgerichtsbarkeit besonders deutlich. Im negativen Sinn waren Justiz und Politik im letzten Jahrzehnt durch eine Reihe von politischen Wirtschafts- und Korruptionsstrafsachen miteinander assoziiert. Beide Felder sollen im Folgenden beleuchtet werden.

Die Arbeit des Verfassungsgerichtshofs trat 2016 ins Bewusstsein einer breiteren Öffentlichkeit. Der Gerichtshof hob das Ergebnis der ersten Stichwahl der Bundespräsidentenwahl auf. Alexander Van der Bellen und Norbert Hofer mussten nochmals wahlkämpfen, die Österreicherinnen und Österreicher nochmals wählen. Für das Verfassungsbewusstsein der Bevölkerung hat die Entscheidung – die nicht nur Alfred Noll und ich für ein Fehlurteil halten – vermutlich wenig bewirkt. In Österreich fehlt ein Pendant zum deutschen Verfassungspatriotismus. Längst schon ist es überfällig, die Bedeutung der Verfassung im öffentlichen Bewusstsein zu stärken. Wer kennt in Österreich schon die Verfassung? Im Gegensatz zu anderen Staaten gibt es nicht ein einziges Verfassungsdokument, vielmehr sind Verfassungsbestimmungen über viele Dokumente verstreut. Der schlampige Umgang mit der Verfassung manifestierte sich lange Zeit darin, dass Regierungen jede noch so unwichtige Regelung, gegen die verfassungsrechtliche Bedenken bestanden oder die vom Verfassungsgerichtshof aufgehoben worden waren, in den Verfassungsrang hoben. Zum Ansehen des Verfassungsrechts trug das nicht bei. In diesem Rahmen könnte schon die oft diskutierte Erstellung eines modernen Grundrechtskatalogs, ähnlich der EU-Charta der Grundrechte, über das Symbolische hinauswirken. Letztlich geht es um die viel zitierten Werte, über die im Land Konsens herrscht. Diese hart erkämpften Grundrechte sind tatsächlich unser größtes immaterielles Anlagevermögen. Die Grundrechte werden, das haben die letzten Jahre gezeigt und wird nun in ganz Europa mit jeder Woche deutlicher, von vielen Seiten angegriffen – von der extremen Rechten, von Terroristen, von jenen, die sich von Überwachung und Repression mehr Sicherheit erwarten.

Eine Kampagne für mehr Bewusstsein für die Verfassung und deren Inhalte wäre eine Investition in eine friedliche Zukunft – die deutsche Regierung startete eine solche Kampagne im Jahr 2019. Stellen wir uns doch vor: Wir tragen die Verfassungstexte in alle Schulen und Dörfer, die bekanntesten Künstlerinnen und Künstler lesen daraus vor, Zitate der Verfassung werden selbstverständlicher Teil jeder Schulfeier. Nicht nur Artikel 1 der EU-Grundrechtecharta – „Die Würde des Menschen ist unantastbar. Sie ist zu achten und zu schützen." – verdient breite Bekanntheit, auch viele weitere Gesetzestexte sind eine lohnende Lektüre.

Eine solche Verfassungskampagne ließe sich mit weiteren Initiativen zur Stärkung des humanistischen Rechtsstaats verbinden. Erlauben wir uns die Vision: Wer in den Polizei-

oder Justizdienst eintritt, soll zuvor Praxis in einem anderen Bereich erworben haben – in einer Sozialeinrichtung, einer Bildungseinrichtung oder in der Privatwirtschaft. Nähern wir uns der für das Strafrecht naheliegenden Vision: Wir verschieben Ressourcen von der Verfolgung kleiner Ladendiebe zur Verfolgung von Cybercrime, Hass- und Umweltkriminalität: also hin zu Delikten, die für die Gesellschaft weit bedrohlicher sind als der Griff nach einem Lippenstift im Drogeriemarkt.

Für die Gesetzgebung gilt es, den Menschen auch im Gesetzestext stärker in den Mittelpunkt zu rücken. Die Regelungen der EU weisen hier den Weg. Eine Passage einer kürzlich erlassenen Richtlinie zum besseren Schutz von Kindern vor Gericht zeigt einen neuen Ton in der Gesetzgebung. Diese Richtlinie fordert unter anderem die Schulung des Personals von Staatsanwaltschaften und Gefängnissen. Der Gesetzestext selbst schreibt vor, dass alle Mitarbeiterinnen und Mitarbeiter von Polizei, Staatsanwaltschaften und Haftanstalten, die Fälle mit Beteiligung von Kindern bearbeiten, spezifische Schulungen zu Kinderrechten, geeigneten Befragungsmethoden, Kinderpsychologie und zu einer kindgerechten Sprache erhalten.

Solche Regelungen zeigen, dass das humanistische, als Lehre aus dem Leid von Faschismus und Zweitem Weltkrieg aufgebaute Europa lebt. Aus den vergangenen Jahren lernen wir, dass wir um diese unsere gesellschaftliche Grundordnung mehr kämpfen müssen als gedacht. Denn die Grundrechte werden nicht nur von außen, von der extremen Rechten, vom politischen Islam und anderen, angegriffen, sie werden auch von innen unter Druck gesetzt. Der damalige Innenminister Wolfgang Sobotka schickte sich ab 2016 nicht nur an, die staatlichen Überwachungsmöglichkeiten auszubauen – dafür gibt es immerhin noch einige Argumente. Nein, er versuchte, das Demonstrationsrecht als Gefahr umzudeuten, und konnte es so schon ein erhebliches Stück weit gesetzlich einschränken. 2016 forderte Sobotka unter anderem, Demonstrationen zu verbieten, wenn Geschäftsinteressen bedroht seien. Er wollte ein spezielles ministerielles Verordnungsrecht bei drohenden wirtschaftlichen Einbußen für Geschäfte einführen, einen „Versammlungsleiter" für zivilrechtliche Schäden bei Demonstrationen haftbar machen und die Anmeldefrist für Demonstrationen von 24 auf 72 Stunden verlängern. Die Änderung bei der Anmeldefrist wurde bereits ins Gesetz geschrieben. Wie ist das Vorgehen des Innenministers juristisch und politisch zu bewerten? Das Demonstrationsrecht wurde historisch hart erkämpft – unter kräftiger Mitwirkung des Bürgertums. Umso bemerkenswerter ist es, wenn gerade konservative Kreise seine Einschränkung fordern. Das Versammlungs- und Demonstrationsrecht ist eine der zentralen Möglichkeiten der Bürgerinnen und Bürger, Haltungen und Meinungen außerhalb der Wahlzelle zu artikulieren. Es ist somit ein wichtiges Mittel der politischen Partizipation. Es kann Regierende nach umstrittenen oder falschen Entscheidungen zum Umdenken veranlassen. Die Massendemonstrationen in Rumänien gegen eine Aufweichung des Korruptionsstrafrechts oder in Polen gegen die Abschaffung der Unabhängigkeit der Justiz haben uns das in den letzten Jahren vor Augen geführt. Das Demonstrationsrecht bietet Minderheiten die Möglichkeit, auf Schwierigkeiten und Interessen hinzuweisen. Es gibt Mehrheiten die Gelegenheit, sichtbar zu sein – wie etwa im Fall des Lichtermeers gegen Ausländerfeindlichkeit 1993 in Wien. In Österreich wurde das Demonstrationsrecht nach 1945 vor allem für Umweltanliegen genutzt – etwa zum Protest gegen Kraftwerksbauten.

An der schwarz-blauen Regierung des Jahres 2000 gibt es sehr viel zu kritisieren. Was man der damaligen Regierung und ihrem Innenminister zugutehalten muss, ist der souveräne Umgang mit den monatelangen Demonstrationen – die sich noch dazu gegen die Regierung richteten. Damals setzten Innenministerium und Polizei positive Standards in Sachen Deeskalation und Respekt vor dem Demonstrationsrecht.

Die Vorschläge Sobotkas liefen auf keine Einschränkung, sondern die De-facto-Abschaffung des Demonstrationsrechts hinaus. Kein denkender Mensch übernimmt die Haftung für eine Versammlung, an der tausende ihm nicht bekannte Menschen teilnehmen. Einzelne böswillige Teilnehmer oder Teilnehmerinnen könnten mit ein paar beschädigten Autos den Versammlungsverantwortlichen finanziell ruinieren. Die Abwägung der Kundgebungsinteressen mit Geschäftsinteressen ist genau so absurd wie die Beschränkung der Orte für Demonstrationen – es gehört zum Kern des Versammlungsrechts, dass Protestveranstaltungen an symbolhaften Orten stattfinden können. Wenn ich gegen die Regierung demonstrieren möchte, muss das in der Nähe des Regierungssitzes möglich sein, eine Kundgebung gegen ein fremdes Land muss in der Nähe von dessen Botschaft stattfinden können. Eine Demonstration gegen die Regierung, die am Stadtrand stattfinden muss, ist sinnentleert und wirkungslos.

Bereits jetzt haben die Behörden die gesetzliche Möglichkeit, anlässlich von Versammlungen Platzverbote auszusprechen und Versammlungen und Demonstrationen nur unter verschiedensten Auflagen zu bewilligen. Die Höchstgerichte haben in den letzten Jahren wiederholt festgestellt, dass die Polizei bei diesen Auflagen zu weit gegangen ist und die Garantien der Verfassung für die Versammlungsfreiheit verletzt haben. Wir benötigen also keine neuen Beschränkungen, sondern mehr Respekt der Polizei und eine umsichtigere Vorgangsweise beim Ausüben des aktuell bestehenden Ermessens. Die Verlängerung der Anmeldefrist war insofern rechtlich nicht zentral, als ja die Verfassung jederzeit spontane Versammlungen und Demonstrationen erlaubt. Die Vorschläge des Ministers bewirken also vor allem eine Vergiftung des Klimas. Österreich hat eine Konsenskultur mit einigen Vorteilen. Dazu gehört, dass Polizei und Demonstrationsorganisatoren die Details einer Demonstration im Interesse aller vorab besprechen können. Man kann zum Beispiel die Wegrouten abstimmen, und vielfach passiert das auch.

Sobotka war nicht das erste Regierungsmitglied, das mit seinen Forderungen verfassungspolitische Grenzen überschritt, ohne dass das Konsequenzen gehabt hätte. Der damalige Innenminister Kickl tat es ihm 2019 gleich, indem er die Menschenrechtskonvention infrage stellte und einen Primat der Politik über das Recht forderte. Österreichs Gesellschaft insgesamt, nicht nur der Politik, mangelt es an einer Fehler- und Rücktrittskultur. Das behindert den Fortschritt des Landes: Grobes Fehlverhalten führt weder zu persönlichen Konsequenzen noch zu präventiven Anpassungen des Systems. Auf viele Menschen wirkt das nachvollziehbarerweise demotivierend. Der Vergleich mit anderen Ländern macht es deutlich: Als gegen den früheren deutschen Verteidigungsminister Karl-Theodor zu Guttenberg der Vorwurf erhoben wurde, er habe wesentliche Teile seiner Dissertation abgeschrieben, leitete die Universität Bayreuth binnen zweier Wochen ein Plagiatsprüfungsverfahren ein und erkannte Guttenberg den Doktortitel ab. Führende Wissenschaftlerinnen und Wissenschaftler bezeichneten das Verhalten des Ministers als Betrug, binnen weniger Tage schlossen sich zehntausende deutsche Doktoranden dieser Einschätzung an und forderten den Rücktritt des Ministers.

Keine Gesellschaft ist vor groben Fehlern der Politik gefeit. Für eine stabile Demokratie entscheidend ist die Selbstreinigungskraft des Systems. Mit der Plagiatsprüfung und der Titelaberkennung durch die Universität hat Deutschland diese gesellschaftliche Kraft zur Korrektur unter Beweis gestellt. Der Ministerrücktritt war sinnvolle, befreiende Ergänzung.

In Österreich laufen Prozesse in der Regel anders ab. Gegen den nunmehrigen EU-Kommissar und vormaligen Wissenschaftsminister Johannes Hahn wurde vor einigen Jahren ein vergleichbarer Plagiatsvorwurf erhoben wie gegen Guttenberg. Ein Prüfverfahren wurde nicht einmal ernsthaft angedacht. Dabei hätte es doch im Interesse Hahns wie auch der Universität liegen müssen, allenfalls unberechtigte Vorwürfe zu falsifizieren. Die Aberkennung eines akademischen Titels ist bei aktiven Politikerinnen und Politikern in Österreich aber mittlerweile genauso wenig vorstellbar wie ein Rücktritt. Einem System, in dem sich alle scheuen, Verantwortung zu übernehmen, ist es auch fremd, Konsequenzen aus individuellem Verhalten zu ziehen. Darin liegt auch die positive Bedeutung des Misstrauensvotums gegen die Regierung Kurz. Erstmals (!) in der Zweiten Republik sprach der Nationalrat am 27. Mai 2019 einer Regierung das Misstrauen aus und machte damit Verantwortung fest.

Die fehlende Selbstkontrolle zeigt sich in vielen Bereichen der Gesellschaft. Bei ähnlich schwachen Ergebnissen im PISA-Bildungstest hat Deutschland Reformen eingeleitet und international wieder aufgeholt. In Österreich wurde das Testverfahren angezweifelt. Ermittlungen zu Korruption und Wirtschaftskriminalität, ja selbst Dopingverfahren bedürfen in Österreich in der Regel des Anstoßes aus dem Ausland. Dass wie in Italien oder Israel mit dem Ministerpräsidenten (Berlusconi bzw. Netanjahu) ein aktives Regierungsmitglied angeklagt wird, scheint der österreichischen Öffentlichkeit undenkbar, und – noch schlimmer – wohl auch den Staatsanwaltschaften. Ermittlungsverfahren gegen aktive Regierungspolitiker (Faymann, Haider) werden wie heiße Kartoffeln reihum von Sachbearbeiterin zu Sachbearbeiter gereicht. Juristinnen und Juristen, Universitätsangehörige, öffentlich Bedienstete – alle sind bis zur Pension und darüber hinaus in einer Wolke der Ängstlichkeit und Zögerlichkeit gefangen.

Die mangelnde Selbstreinigungskraft der Gesellschaft ist ein strukturelles Defizit der österreichischen Demokratie. Nach 1945 ist nicht derselbe Reifungsprozess wie im geschichtlich und kulturell verwandten Deutschland gelungen. Zwischen den Polen der Polemik und Harmoniesucht ist kein entwickelter gesellschaftlicher Diskurs gewachsen. Unser Bildungssystem schafft es nur ungenügend, junge Menschen zu kritischen Bürgerinnen und Bürgern zu erziehen.

Der faule Kompromiss ist überall dort zum allgemeinen Prinzip geworden, wo in einer reifen Demokratie Transparenz, Kontrolle und Verantwortlichkeit herrschen. Zieht einmal jemand Konsequenzen seines Handelns, wie Museumsdirektor Peter Noever nach dem Vorwurf, öffentliche Gelder für private Zwecke verwendet zu haben, so folgt prompt eine surreal anmutende Solidaritätsaktion führender Kunstschaffender des Landes. Dabei wird dem Direktor nicht für den Schritt des Rücktritts Respekt gezollt, nein, der Rücktritt wird mit dem bezeichnenden Argument, andere würden ja auch keine Konsequenzen ziehen, bedauert.

Durch diese mangelnde Selbstreinigungskraft bringen wir uns um viele Chancen. Die Stärken des Landes – politischer Ausgleich, sozialer Friede, leistungsfähige Wirtschaft usw. – würden durch etwas mehr Zivilcourage und Entschlossenheit der Eliten zusätzlich gewinnen und dem Land bessere Zukunftschancen eröffnen. Das Fehlen von Verantwortung und gesellschaftlicher Selbstkontrolle dagegen ist einem Zustand permanent erhöhter Temperatur vergleichbar. Es schwächt auf Dauer nicht nur das demokratische System, sondern uns alle.

Die vielfach erhobenen Forderungen sind daher schon richtig: Auch wenn Österreich nicht schlecht dasteht, braucht das Land dringend neue Allianzen, einen Modernisierungsschub, vor allem aber mehr Zivilcourage und Transparenz in allen Bereichen. Unzufriedenheit in der Bevölkerung schafft der Reformstau in zentralen Politikfeldern (Bildungs- und Verteilungspolitik). Zudem hat der vor allem von der schwarz-blauen Regierung von 2000 bis 2006 angelegte Korruptionssumpf in der Bevölkerung den Eindruck gefestigt, die politische Klasse lebe in einer Parallelwelt, deren Motto „Alles geht" lautet. Eine Welt, in der auch gröbstes Fehlverhalten weder politische noch strafrechtliche Folgen hat. Karl-Heinz Grasser, für den die Unschuldsvermutung gilt, ist Symbolfigur für diesen heiteren Lebensstil; letztlich aber auch Erwin Pröll, der sich mit der Intransparenz seiner Privatstiftung einen schlechten Abgang aus der Politik bereitet hat. Die unzufriedenen Bürger und Bürgerinnen freilich sind mit dem Franzosen Stéphane Hessel, Autor des Bestsellers „Indignez-vous!" („Empört euch!"), zu ermutigen, nicht in der Empörung zu verharren, sondern sich stärker einzumischen: Durch Mitarbeit in politischen Parteien sowie in NGOs und nicht zuletzt durch die Wahrnehmung des in Österreich oft denunzierten, in der Demokratie aber selbstverständlichen Demonstrationsrechts. Das Land bedarf einer Alternative zum destruktiven Wirken des Rechtspopulismus. Es braucht einen neuen Modernisierungsschub, wie ihn zuletzt der EU-Beitritt 1995 brachte. Ein Schlüsselbegriff dabei ist Transparenz. Nur durch Transparenz kann der Staat in seinen Kernaufgaben wieder Kraft und das Vertrauen der Bevölkerung gewinnen. Akten der Verwaltung sollten (auch zur Korruptionsprävention) grundsätzlich öffentlich und für alle einsehbar sein, so wie es in den skandinavischen Staaten seit Jahrzehnten selbstverständlich ist; Parteispenden sollten offengelegt werden; ein aufgewertetes Parlament müsste über mehr Ressourcen verfügen. Dass parlamentarische Untersuchungsausschüsse vor wenigen Jahren endlich zum Minderheitenrecht und damit zum Instrument der Opposition wurden, war ein wichtiger Schritt. Das österreichische Parlament könnte – so wie in EU-Institutionen und zahlreichen nationalen Parlamenten bereits üblich – einen eigenen großen Rechtsdienst mit qualifizierten Juristen und Juristinnen erhalten, der den Gesetzwerdungsprozess begleitet, Stellungnahmen abgibt und auf Verfassungswidrigkeiten, Widersprüchlichkeiten und Formalfehler aufmerksam macht. Parallel dazu könnte auch den einzelnen Abgeordneten ein höheres Budget für ihren Mitarbeiterstab zugestanden werden. Ein so aufgewertetes Parlament würde der demokratischen Kultur insgesamt guttun.

Bleiben wir noch kurz bei der bereits angesprochenen Korruption – sie hat die politische Diskussion in Österreich in den Nuller-Jahren bestimmt und ist eine zentrale Herausforderung für Politik und Justiz, besser, für die Strafjustiz. Die Ibiza-Affäre des Jahres 2019 zeigt die unveränderte Aktualität politischer Korruption und einer Diskussion um den strafrechtlichen Umgang damit. Im Strafgesetzbuch fasst eine Gesellschaft jene Handlungsweisen zusammen, die als schwerste Störungen der Rechte des Einzelnen und der Allgemeinheit empfunden werden. Von Diebstahl und Stalking bis zu Raub und Mord – mit Strafe bedroht wird, was den Rechtsfrieden empfindlich stört. Korruptionsdelikten widmet das österreichische Strafgesetzbuch einigen Raum. Und dies aus gutem Grund: Korruption ist für eine Gesellschaft ein schleichendes Gift. Sie etabliert zynische Mechanismen, schöpft Gelder der Allgemeinheit ab und untergräbt schließlich die Demokratie. Afrikanische Staaten, aber auch Regionen wie Süditalien oder Griechenland geben davon Zeugnis. Österreich hielt in den allgemein respektierten Einschätzungen der Organisation Transparency International zur Verbreitung der Korruption lange einen guten Rang. Das hat sich Anfang dieses Jahrhunderts geändert: Korruption war in aller Munde. Sprachexpertinnen bzw. Sprachexperten erstellen jährlich eine Rangliste zum österreichischen Unwort des Jahres: 2012 kam der Begriff „Unschuldsvermuteter" auf den ersten Platz, der Begriff „Anfütterungsverbot" schaffte es ebenfalls noch unter die ersten drei. Nicht wenige österreichische Medien haben das Jahr 2012 in ihren Rückschauen als Jahr der Korruption bezeichnet. Tatsächlich startete 2012 nach jahrelangem Stillstand ein Reigen von Strafprozessen wegen politischer Korruption und Wirtschaftskorruption: Die Staatsanwaltschaften erhoben Anklagen gegen den früheren Innenminister Ernst Strasser, gegen den stellvertretenden Kärntner Landeshauptmann Josef Martinz und gegen den politiknahen Lobbyisten Alfons Mensdorff-Pouilly. Gegen weitere prominente Verdächtige wird zum Teil bis heute ermittelt. Die Fälle dokumentieren das Absinken Österreichs ins europäische Mittelfeld, was die Verbreitung von Korruption betrifft.

In den 1990er-Jahren war Korruption in Österreich kaum ein Thema. Existiert haben wird sie damals auch. Viel spricht für die Einschätzung von Peter Michael Lingens, dass das Phänomen Korruption in Österreich über die letzten Jahrzehnte recht stabil war. Freilich ist die Sensibilität für das Thema und damit die öffentliche Wahrnehmung des Problems ab der Endphase der Regierung Schüssel (2005/2006) gestiegen. Der Hauptgrund dafür liegt in der Maßlosigkeit im Nehmen, die in der Ära der schwarz-blauen Regierung 2000 bis 2006 offenkundig war und das Fass zum Überlaufen brachte. Eine damals junge Generation investigativer Journalistinnen und Journalisten (Renate Graber, Florian Klenk, Kurt Kuch, Michael Nikbakhsh, Ulla Kramar-Schmid, Christine Grabner und zahlreiche andere) recherchierte und erzeugte Druck. Informantinnen und Informanten wandten sich an sie. In der Politik machten sich Rolf Holub, Gabriela Moser, Peter Pilz und andere um Aufklärung verdient. In großen Wirtschaftsaffären (Hypo, Eurofighter) forderten andere Staaten Ermittlungen von Österreich ein. Internationale Gremien wie GRECO (Staatengruppe des Europarats gegen Korruption) und die OECD rügten ein lasches Vorgehen Österreichs in der Korruptionsbekämpfung.

Ich hatte schon lange Jahre in Analysen ein schärferes Korruptionsstrafrecht und die Schaffung einer spezialisierten Korruptionsstaatsanwaltschaft gefordert, als ich 2007 von der damaligen Justizministerin Maria Berger die Möglichkeit erhielt, in ihrem Team ein Antikorruptionspaket mitzukonzipieren. Unser Gesetzesvorschlag enthielt zwei wesentliche Neuerungen. Zum einen die Strafbarkeit des sogenannten Anfütterns, bei dem sich jemand das Wohlwollen eines Beamten oder einer Beamtin durch kleinere Zuwendungen über einen längeren Zeitraum hindurch erkauft. Zum anderen wurde eine bundesweit tätige Sonderstaatsanwaltschaft eingerichtet, die – damals ein Novum für die sonst der Justizministerin gegenüber weisungsgebundenen Anklagebehörden

– weitgehend unabhängig gestellt wurde. Die Hauptüberlegungen von Justizministerin Maria Berger, Albin Dearing, damals Kabinettschef im Justizministerium, und mir bei der Entwicklung der Korruptionsstaatsanwaltschaft waren folgende: Bis zur Mitte der 2000er-Jahre kam es in Österreich kaum zu strafrechtlichen Verurteilungen wegen Korruption. Und wenn, dann traf es kleine Beamtinnen und Beamte, die für mehr oder weniger lässliche Sünden teils überzogene Strafen erhielten. Bei bedeutenden Verdachtsfällen tat sich freilich wenig – was die bereits erwähnte Kritik internationaler Gremien provozierte. Es zeigte sich, dass die lokalen Staatsanwaltschaften nicht willens oder in der Lage waren, Korruption ernsthaft zu verfolgen. Die neue zentrale österreichische Korruptionsstaatsanwaltschaft sollte hier Abhilfe schaffen. Durch die Ansiedlung in Wien sollte die räumliche und persönliche Distanz zu Amtsträgern in Gemeinden und Ländern hergestellt und zentrale Expertise aufgebaut werden. Das Parlament beschloss den von Justizministerin Maria Berger vorgelegten Gesetzesentwurf, und die neue Korruptionsstaatsanwaltschaft nahm 2009 ihre Arbeit auf. Sie wurde mittlerweile in Zentrale Staatsanwaltschaft zur Verfolgung von Wirtschaftsstrafsachen und Korruption (WKStA) umbenannt. Die Spezialbehörde ist bundesweit tätig und entgeht somit der Verflechtung in lokale Netzwerke. Spezialisten für Bilanzierung, Finanzmarkt und Buchhaltung arbeiten im Team mit den Staatsanwältinnen und Staatsanwälten. Die neu gegründete zentrale Staatsanwaltschaft brachte im Kärntner Politkorruptionsfall Birnbacher/Martinz die Anklage ein, während die lokale Staatsanwaltschaft das Verfahren in früheren Jahren bereits zwei Mal eingestellt hatte. Die Aufbauarbeit durch den ersten Leiter der Korruptionsstaatsanwaltschaft, Walter Geyer, einer Ausnahmepersönlichkeit im Bereich der österreichischen Strafjustiz, war prägend und hat neue Maßstäbe für die öffentliche Anklage in Österreich gesetzt: Glastüren in den Büros, die transparentes Handeln der Justiz symbolisieren; Videoaufzeichnung aller

Einvernahmen, was die Beschuldigtenrechte absichert und Unkorrektheiten bei Einvernahmen weitgehend ausschließt. Die WKStA hat in den ersten Jahren ihres Bestehens in mehreren prominenten Verfahren Anklage erhoben. Das Bild, das die Behörde nun in der Causa BVT abgab, ist beunruhigend und weit weg von den Visionen der Gründungszeit. Dazu traten Differenzen mit Oberstaatsanwaltschaft und Justizministerium, die von den Beteiligten im Wege von Strafanzeigen und Interviews in der Öffentlichkeit ausgetragen wurden.

Neben Personalaufstockungen war für die Ermittlungsarbeit der Staatsanwaltschaften auch die Anfang 2011 in Kraft getretene große Kronzeugenregelung ein wichtiger Schritt: Der Ex-Telekom-Austria-Vizefinanzvorstand Gernot Schieszler brachte als erster Kronzeuge das Telekom-Strafverfahren ins Rollen. Ein letztes wichtiges Element war 2013 die Schaffung eines Whistleblower-Postkastens bei der WKStA. Informantinnen und Informanten können nun elektronisch und anonym mit der WKStA kommunizieren, um ihr Wissen weiterzugeben. Große Konzerne setzen schon lange auf internetbasierte Whistleblower-Systeme, um firmeninterne Unregelmäßigkeiten aufzudecken. Die USA bieten seit langem Geldprämien für Informationen zu Wirtschaftsdelikten an.

Rechtspolitisch interessieren bei der Korruption vor allem drei Themenbereiche: die Rahmenbedingungen für Korruption in Politik und Verwaltung, die strafrechtlichen Bestimmungen und die Schlagfähigkeit des Justizsystems bei der Verfolgung von Korruption. Bei den Rahmenbedingungen spielt der Antagonismus von Amtsgeheimnis und Transparenz eine zentrale Rolle. Während in skandinavischen Staaten die gesamte staatliche Verwaltung weitgehend einem Transparenzgebot unterliegt, dominiert in Österreich das Amtsgeheimnis das staatliche Handeln. In Schweden etwa können Bürgerinnen und Bürger den Großteil der Akten der Verwaltung einsehen. Stechen einem beim Spazierengehen ungewöhnlich hohe Dachausbauten ins Auge, so kann man in die Bauakten Einsicht nehmen und die Namen der beteiligten Architektinnen oder Architekten und Beamten erheben. Wird eine neue Schottergrube bewilligt, so kann man die näheren Umstände und Auflagen den Behördenakten entnehmen. In Österreich ist es mitunter schwierig, Einsicht selbst in jene Akten zu erhalten, die einen selbst betreffen. Akteneinsichtsbegehren sieht die Beamtenschaft überwiegend als Störung, das Auskunftspflichtgesetz konnte daran wenig ändern. Akten, in denen man selbst nicht Partei war, kann man meist gar nicht einsehen. Behördenhandeln wird so für Medien und Bürgerinnen und Bürger schwer kontrollierbar; Misstrauen macht sich in der Bevölkerung breit.

Bei den klassischen Bestechungsdelikten gibt es grundsätzlich zwei Gewinner, die jeweiligen Beamtinnen und Beamten und die Bestechenden, die in einer von der Amtsverschwiegenheit geprägten Verwaltung wenig zu befürchten haben. Die Umstellung der staatlichen Verwaltung auf ein Transparenzsystem wäre die entscheidende präventive Maßnahme gegen Korruption im öffentlichen Sektor. Zivilgesellschaftliche Initiativen wie jene des Publizisten Josef Barth und des Politikwissenschaftlers Hubert Sickinger für ein Transparenzgesetz treffen daher den Punkt. Die Causen Buwog und Eurofighter wären in einem transparenten System so nicht passiert. So manche befremdlich begründete Einstellung eines Strafverfahrens wäre wohl nicht erfolgt, müssten Staatsanwaltschaften ihre Einstellungsentscheidungen zwingend im Internet veröffentlichen, statt wie derzeit bloß die Möglichkeit dazu zu haben.

Die Ausgestaltung des Strafrechts spielt naturgemäß ebenfalls eine wichtige Rolle. Typische Bestechungshandlungen wie die positive Erledigung eines Ansuchens um eine gewerberechtliche Bewilligung gegen ein Geldkuvert stehen seit jeher unter Strafe. Andere klassische Korruptionshandlungen, vor allem das sogenannte Anfüttern, waren in Österreich lange straffrei. Beim Anfüttern ist etwa an Bauunternehmen zu denken, die Politiker und Politikerinnen zu Urlaubsreisen oder Festspielen einladen; oder an Architektinnen und Architekten, die für das Baureferat ein Essen ausrichten. Mit dem schon erwähnten Antikorruptionspaket der damaligen Justizministerin Maria Berger stellte Österreich erstmals das Anfüttern unter Strafe. Bergers Nachfolgerin Claudia Bandion-Ortner schlug dem Parlament bereits im Folgejahr eine Neuregelung vor, die inhaltlich eine Verwässerung des Korruptionsstrafrechts bedeutete – ein verheerendes Signal. Diese Lockerung gab dem Druck aus Kultur und Sport nach. Die Argumentation, strenge Korruptionsbestimmungen wären der Tod des Sponsorings, ist freilich falsch. Sponsoring hat per se mit Korruption nichts zu tun. Auch ist es keinem Unternehmen versagt, verdiente Mitarbeiterinnen und Mitarbeiter oder gute Kunden zu Festspielen und in Stadien einzuladen. Was nicht angeht, ist, dass der Telekommunikationskonzern den Telekomregulator einlädt oder der Baumeister den Leiter oder die Leiterin der Bauabteilung. Die Wirtschaft kennt diese Regeln aus dem Ausland – von ihr kam weit weniger Widerstand gegen strenge Korruptionsgesetze als aus Sport und Kultur.

2013 wurde die Lockerung des Korruptionsstrafrechts im Wesentlichen wieder zurückgenommen, das Anfüttern ist nun wieder strafbar. Und doch hat der Gesetzgeber neue Lücken aufgetan: So sind nun Geschenke für pflichtgemäße Amtsgeschäfte erlaubt, wenn sie gemeinnützigen Zwecken gewidmet sind. Das ermöglicht, wie der frühere Leiter der Korruptionsstaatsanwaltschaft, Walter Geyer, kritisierte, Deals wie diesen: „Betriebsanlagengenehmigung gegen ein neues Feuerwehrauto für den Feuerwehrverein". Zu einem Korruptionsstrafrecht ohne Schlupflöcher vermochte sich das Parlament bisher nicht durchzuringen.

Nachdem der ehemalige Kärntner ÖVP-Obmann Josef Martinz und der Steuerberater Dietrich Birnbacher verurteilt worden waren, sahen Medien 2013 eine Trendwende in der

Korruptionsverfolgung gekommen. Walter Geyer, der Leiter der Korruptionsstaatsanwaltschaft, sprach angesichts der Fülle an Fällen auch 2013 noch davon, dass „auch das, was wir jetzt sehen, nur die Spitze des Eisbergs" sei.

Innerhalb der Justiz empfanden die meisten vor allem das Birnbacher-Verfahren als Durchbruch. Es zeigte, wie wichtig es ist, Fälle von Wirtschaftskriminalität und politischer Korruption vor Gericht zu bringen, sobald die Verdachtslage dicht ist. Wichtig deshalb, weil sich das von der Staatsanwaltschaft geführte Ermittlungsverfahren ganz entscheidend von der Verhandlungssituation vor Gericht unterscheidet. Kurz gesagt: Das Ermittlungsverfahren ist geheim, das Hauptverfahren öffentlich.

Strafrechtliche Ermittlungen werden zunächst von Polizei und Staatsanwaltschaft geführt. Diese Verfahren sind nicht öffentlich, die Entscheidungen der Staatsanwaltschaft bleiben in der Regel im Dunkeln des Aktenlagers. Sobald die Staatsanwaltschaft eine Anklage erhebt, wird gleichsam das Licht aufgedreht. Bei der öffentlichen Hauptverhandlung vor Gericht können sich Medien und interessierte Bürgerinnen und Bürger ein eigenes Bild über das Gewicht der Beweise machen. Dies ist zunächst einmal für viele Angeklagte unangenehm. Wer sich bei der Vernehmung im Zimmer der Wirtschaftspolizei oder Staatsanwaltschaft an der Seite seines Starverteidigers oder seiner Starverteidigerin noch beruhigt zurücklehnt, die Aussage verweigert oder skurrile Ausflüchte zum Besten gibt, der verspürt im Gerichtssaal einen ganz anderen Druck. Wenn eine mögliche Haftstrafe näher rückt, veranlasst es den einen oder anderen auszupacken.

Die Gerichte wiederum erklären ihre Entscheidungen öffentlich – im Birnbacher-Verfahren erläuterte der Richter eineinhalb Stunden lang sein Urteil im Verhandlungssaal. Öffentlichkeit und Transparenz des Verfahrens stellen hohe Anforderungen an verhandlungsleitende Richterinnen und Richter. Der Druck wirkt qualitätssichernd. Gleichzeitig schafft die öffentliche Verhandlung Vertrauen. Staatsanwältinnen und Staatsanwälte können ein Honorar von 90.000 Euro für die Organisation einer einzigen Pressekonferenz in ihren Aktenvermerken unbedenklich finden; Richterinnen und Richter werden sich in einer öffentlichen Urteilsverkündung schwertun, das Unerklärliche zu erklären.

Die Richterschaft hat gegenüber den Staatsanwaltschaften freilich einen Vorteil, wenn es darum geht, in heiklen Fällen rasch und ohne falsche Rücksichtnahme zu handeln. Richterinnen und Richter agieren tatsächlich unabhängig. Sie müssen ihre Vorgangsweise mit niemandem abstimmen, niemanden vorab informieren und sich auch im Nachhinein nicht rechtfertigen. Sie verhandeln die Sache öffentlich und begründen ihre Urteile zuerst mündlich, dann schriftlich. Wenn die Verfahrensparteien gegen das Urteil berufen, beurteilt das Höchstgericht den Fall endgültig.

Anders bei den Staatsanwaltschaften. Sie sind in Österreich weisungsgebunden. Für sogenannte clamorose Causen, also Fälle von besonderem öffentlichem Interesse, gilt eine Berichtspflicht. Ein kafkaeskes Regelwerk aus Gesetzen, Verordnungen und internen Erlässen schreibt vor, wann und wie Staatsanwält*innen in heiklen Strafsachen ihre Vorgesetzten in der Justiz über ihre geplante Vorgehensweise zu informieren haben.

Jeder Ermittlungsschritt wird von Gruppenleiter*innen, Leiter*innen der Staatsanwaltschaften, Oberstaatsanwaltschaft und Justizministerium begutachtet und gegengezeichnet. In größeren Verfahren wandert auf diese Weise ein Akt mehrmals von den bearbeitenden Staatsanwalt*innen ins Justizministerium und zurück, und jedes Mal durchläuft er dabei gut sieben Stationen. Das verursacht bei bestem Bemühen aller Beteiligten erhebliche Zeitverzögerungen. Vor allem aber übt dieses institutionelle Misstrauen eine lähmende Wirkung aus. Am Ende der Weisungskette steht das Justizministerium, das auch für Personalentscheidungen zuständig ist, also über die Karrieren der Staatsanwältinnen und Staatsanwälte entscheidet. Dieser Umstand wird kaum einen Staatsanwalt oder eine Staatsanwältin bei einem politisch heiklen Verfahren beflügeln. Die schon erwähnten, 2019 ausgebrochenen Streitigkeiten innerhalb des Staatsanwaltschaftssystems offenbarten das Dilemma in seinem ganzen Umfang.

Man sollte daher überlegen, dem italienischen Beispiel zu folgen, wo Staatsanwältinnen und Staatsanwälte dieselbe Unabhängigkeit genießen wie die Richterschaft – mit durchaus gutem Erfolg.

Schließlich lassen sich die neuen Möglichkeiten der europäischen Zusammenarbeit noch effizienter nutzen. Das EU-Recht sieht gemischte Ermittlungsteams von Staatsanwaltschaften mehrerer Mitgliedsländer vor. Eurojust, eine EU-Einrichtung, dient als hochrangige Service- und Koordinierungsstelle europaweiter Strafverfolgung. Die Nutzung dieser Einrichtungen muss in den einzelnen Staatsanwaltschaften zum selbstverständlichen Instrumentarium der Strafverfolgung werden, gerade dort, wo sich, wie in vielen der aktuellen Fälle, die verräterische Spur des Geldes über Landesgrenzen hinweg zieht.

Vom institutionellen Verhältnis von Justiz und Politik war weiter oben schon die Rede. Es ist wichtig, dass sich diese beiden Bereiche austauschen und auf Augenhöhe begegnen. Die Justiz erwartet Respekt vor den Urteilen, umgekehrt verdient das Parlament etwa bei Untersuchungsausschüssen jede Unterstützung durch die Verwaltung und Gerichtsbarkeit.

Staatsanwaltschaften und Gerichte sind Teil der staatlichen Verwaltung im weiteren Sinn; die Justiz ist daher in aller Regel staats- und politiktreu. Das wird immer dann verhängnisvoll, wenn die Justiz den Weg in ein autoritäres Regime mitgeht. Historisch betrachtet ist dies der Regelfall. Überhaupt muss man zugestehen, dass Gerichte in aller Regel im Gleichklang mit der Politik marschieren. Man kann darüber streiten, ob das an der Obrigkeits- und Politikhörigkeit der Richterinnen und Richter liegt oder daran, dass Politik und Justiz demselben Zeitgeist und somit denselben Trends und Strömungen unterliegen. Starke positive Signale sandten zuletzt die Gerichtsbarkeiten der USA und des Vereinigten Königreichs aus. US-Gerichte setzten rasch Teile der von Präsident Donald Trump erlassenen Einwanderungsdekrete außer Kraft. Das britische Höchstgericht erklärte die von Ministerpräsident Boris Johnson 2019 veranlassten Parlamentsferien einstimmig für unwirksam; Johnson wollte mit diesem Manöver eine Beteiligung des Parlaments an den finalen Brexit-Entscheidungen vereiteln. Selbstbewusstsein und Kompetenz der Gerichte der USA und des Vereinigten Königreichs haben Vorbildwirkung.

THESE 9
JUSTIZ IST (FAST) IMMER POLITISCH; RICHTERINNEN UND RICHTER BRAUCHEN DAHER POLITISCHES BEWUSSTSEIN.

Zeitgeschichtliches und politikwissenschaftliches Wissen sollte verstärkt in die Justizausbildung einfließen. Wünschenswert wären mehr Diskussionsforen, wo Justiz und Politik sich austauschen. Dies könnte zu Verbesserungen in der Gesetzgebungstätigkeit, zur Förderung parlamentarischer Untersuchungsarbeit und zu einem lebendigen rechtspolitischen Diskurs beitragen.

Die Justiz benötigt den Respekt vor ihren Urteilen. Ihre Unabhängigkeit kann nie gut genug abgesichert sein. Dazu sollte man dem Beispiel Italiens folgen und auch den Staatsanwaltschaften Unabhängigkeit und damit ein neues Selbstverständnis geben.

10. Justiz im Wandel

Zum Abschluss wollen wir die großen Änderungen, die das Justizsystem in den letzten Jahrzehnten erfahren hat, Revue passieren lassen. Und um einen Ausblick ergänzen, was die nächsten Schritte sein sollten, um dem Ideal des fairen, für alle zugänglichen gerichtlichen Verfahrens näherzukommen.

Die letzten großen Umwälzungen hat die österreichische Justiz in den 1970er-Jahren erlebt. Die Justiz ist auch nach den großen Reformen in der Ära von Bundeskanzler Bruno Kreisky und Justizminister Christian Broda nicht stehengeblieben. Zivil- und Strafrecht wurden erneuert. Die Einführung der Diversionsbestimmungen zur Jahrtausendwende bedeutete die größte Weiterentwicklung des Strafrechts seit Inkrafttreten des Strafgesetzbuches 1975. Mit ihr erfolgte eine zeitgemäße Entkriminalisierung bei Massendelikten ohne auffälligen Unrechts- oder Schuldgehalt. Die 2008 in Kraft getretene Reform des strafrechtlichen Vorverfahrens hatte ein ähnlich großes Potenzial; es wurde bisher nicht umgesetzt. Unter den Reformen der letzten Jahre verdient zweifellos das 2005 in Kraft getretene neue Außerstreitgesetz Erwähnung. Es hat den Gedanken des Schutzes verletzlicher Personengruppen durch den Staat aufgegriffen. Die 2013 in Kraft getretene Reform des Familienrechts brachte die Einführung der Familiengerichtshilfe und der Besuchsmittlung. Die Familiengerichtshilfe vereint Expertise aus Sozialarbeit und Psychologie und arbeitet den Gerichten zu, indem sie durch Gespräche die Familiensituation erhebt und beschreibt. Besuchsmittler verfügen über eine Qualifikation aus Pädagogik, Psychologie oder Sozialarbeit und begleiten im Auftrag des Gerichts Kontakte zwischen einem Elternteil, der nicht beim Kind lebt, und dem Kind. Diese neuen Einrichtungen verhalfen dem Kindeswohl als zentralem Anliegen des Familienrechts zu mehr Bedeutung. Die 2018 wirksam gewordene Reform des Sachwalterrechts, das nunmehr als Erwachsenenschutzrecht bezeichnet wird, ist ebenfalls ein großer Schritt vorwärts. Dennoch benötigt das Erwachsenenschutzrecht eine Kulturänderung bei den Gerichten. Gemeinsam mit dem Strafvollzug und den Obsorgeverfahren gehört das Erwachsenenschutzrecht zu den Feldern, in denen besonders viele Beschwerden über die Justiz anfallen. Das darf nicht verwundern: Ich habe so viele Fälle kennengelernt, in denen die Angehörigen eines besachwalteten Menschen im Kreis geschickt werden, wenn etwa ein Rechtsanwalt zum Vertreter bestellt wurde. Ist der Sachwalter bzw. nach neuer Terminologie der Erwachsenenvertreter nachlässig, dann kann es passieren, dass Krankenversicherung, Pflegegeld oder der Anspruch auf Wohnbeihilfe verloren gehen. Die Angehörigen, die mit der pflegebedürftigen Person täglich in Kontakt sind, haben keinerlei rechtliche Befugnis, Angelegenheiten zu regeln, und sind ohnmächtig, wenn die Erwachsenenvertreter oder Richterinnen und Richter nicht mit ihnen sprechen wollen. Hier muss dringend eine Gerichtskultur entstehen, in der sich Richterinnen und Richter bei Problemen mit allen Betroffenen kurzfristig an einen Tisch setzen, um Lösungen zu finden.

Die Aufgaben der Justiz ergeben sich aus Verfassung und gesellschaftlicher Grundordnung. Ein konkreter und detaillierter ausformuliertes Unternehmensziel wäre für ein Ressort mit einer so hohen Zahl an jährlichen Verfahren und Bürgerkontakten dennoch hilfreich. Die meisten großen Betriebe, ob öffentlich oder privat, formulieren eine Zielsetzung und gemeinsame Idee. Dies wirkt positiv auf die Mitarbeitermotivation und die Flexibilität des Systems.

Die fehlende Ausformulierung von Unternehmensziel und Rollendefinition erschwert eine transparente Personalauswahl. Weder Gesetz noch Verordnungen definieren näher, welches Bild der Gesetzgeber von seinem Justizpersonal hat. Ein wichtiger Schritt war die vor wenigen Jahren erfolgte Ergänzung der Gesetze um die sozialen Kompetenzen als

Voraussetzung für das Richteramt und als Ziel der Grundausbildung.

Der unklaren Rollendefinition und dem fehlenden Anforderungsprofil für Richterinnen und Richter, Staatsanwältinnen und Staatsanwälte entsprechend kann auch jedes Fortbildungssystem nur vage sein. Eine durchsetzbare Fortbildungsverpflichtung besteht nicht. Problematisch bleibt auch die Zersplitterung der Kompetenzen bei Personalauswahl und Grundausbildung.

Die Arbeitsleistungen der Justizorgane werden heute, was den Fortgang der Verfahren betrifft, durch ein hochentwickeltes EDV-System detailliert erfasst. Monatliche Prüflisten zeigen, wie Verfahren voranschreiten oder auch stillstehen. Damit konnte die Verfahrensdauer in den letzten zwanzig Jahren enorm verkürzt werden. Dies ist für die Bürgerinnen und Bürger wichtig, denn jedes Verfahren bedeutet eine emotionale und finanzielle Belastung. Der rasche Rechtsschutz ist auch ein Asset für den Wirtschaftsstandort. Gleichzeitig führt das System der Prüflisten jedoch zu einer Fixierung auf die Verfahrensdauer. Andere Qualitätskriterien werden kaum definiert oder kontrolliert. Während die Überprüfung der Qualität der Entscheidungen durch die Rechtsmittel erfolgt, unterliegt die interaktive Kompetenz der Richterinnen und Richter, also der kommunikativen Fähigkeiten, Höflichkeit und Pünktlichkeit, keiner systematischen Überprüfung. Die Zukunft gehört daher einem breit angelegten Qualitätssicherungssystem, für das sich Vorbilder vor allem im Gesundheits- und Universitätswesen finden. Ein wichtiges Element dabei wären Befragungen der Verfahrensparteien und der Rechtsanwältinnen und Rechtsanwälte.

Dort, wo die auf hohem Niveau arbeitende heimische Justiz Schwächen zeigt, gehen diese zumeist auf Steuerungsdefizite zurück. So fehlen in wichtigen Bereichen wie Psychiatrie oder Aussagepsychologie gerichtliche Sachverständige. Hier wären Anstrengungen der Justiz gefragt, gemeinsam mit den Universitäten Ausbildungen zu organisieren und qualifizierte Personen zur Eintragung in die gerichtlichen Sachverständigenlisten anzuregen. Ein anderes Beispiel: In Spanien versucht man, bei allen Gerichtsneubauten und -umbauten nach exakt demselben Schema vorzugehen. So ist etwa der Eingangsbereich mit Infoschalter in allen zuletzt adaptierten Gebäuden gleich gestaltet. Das vereinheitlicht Abläufe, schafft einen Wiedererkennungswert und eine leichtere Orientierung für alle Beteiligten. Es bedeutet Steuerung im besten Sinne.

Reformen leben heute in allen Politikbereichen von der Anhörung und Einbindung externer Fachleute. Im Vergleich zu anderen Ressorts ist das Justizressort immer noch ein vergleichsweise monolithischer, abgekapselter Bereich. So betreuen im Justizministerium Richterinnen und Staatsanwälte auch Bereiche wie Informatik oder Budget. Auch die Öffentlichkeitsarbeit erfolgt ohne in die Verwaltung integrierte Fachkräfte. Dieses starre Konzept der richterlichen Selbstverwaltung, ursprünglich zur Absicherung der Unabhängigkeit der Rechtsprechung entwickelt, ist schlicht nicht mehr zeitgemäß. Die für hohe Qualität unabdingbare interdisziplinäre Zusammenarbeit kommt zu kurz. Die Offenheit für von außen kommende Gedanken ist reduziert. Das Ergebnis sind Defizite in der externen Kommunikation, in der professionellen Außendarstellung oder etwa bei der Umsetzung von Reformen, siehe die für das Gelingen der Strafprozessreform nötige Neuorganisation der Staatsanwaltschaften oder Schwierigkeiten beim Aufbau der Familiengerichtshilfe.

Der geschilderte Mangel an externer Expertise und Kreativität betrifft nicht nur die zentrale Justizverwaltung, er zieht sich genauso durch die in der Praxis wichtigen richterlichen Personalsenate und durch die Justizverwaltung der mittleren und unteren Ebene. Die große Ausnahme bildet die richterliche Fortbildung, in der externe Fachleute in großer Zahl als Vortragende mitwirken. Dieses Fenster zur Welt in Form des

Fortbildungssystems ist für die Justiz mittlerweile existenziell wichtig.

Die Tendenz zur Abschottung besteht bei Justizverwaltung und Berufsvertretungen gleichermaßen. Diese Abschottung führt dazu, dass der in anderen Bereichen des öffentlichen Dienstes wie auch in großen privaten Unternehmen selbstverständliche Gedanke der Diversität zu kurz kommt. Menschen mit migrantischem Hintergrund sind im Justizpersonal unterrepräsentiert. Menschen mit Behinderungen finden oft gar keinen Zugang zu den Justizberufen. Es gilt, behinderte Menschen zum Jusstudium und zum Ergreifen von Rechtsberufen zu ermuntern und sie auf diesem Weg zu unterstützen.

Die Verfassung trägt der Justiz auf, in Straf- und Zivilsachen die Gesetze anzuwenden und durch unabhängige Richter und Richterinnen Recht zu sprechen. Zum Justizressort gehören zudem die öffentliche Anklage und der große Bereich des Strafvollzugs. Betrachtet man diese Aufgaben gemeinsam mit der Bundesverfassung und modernen Grundordnungen wie der EMRK oder der EU-Grundrechtecharta, liegt es nahe, den Schutz der Grundrechte der Menschen als zentrale Aufgabe der Justiz zu definieren. Ziel des Justizressorts muss es sein, allen Menschen den gleichen Zugang zum Recht und faire Verfahren zu gleichen Bedingungen zu garantieren. Die Formulierung eines solchen allgemeinen Unternehmensziels bringt wichtige Fragen auf die Tagesordnung, wie sie auch in anderen europäischen Ländern diskutiert werden. Es geht dabei etwa um den verpflichtenden Rechtsbeistand im Strafverfahren oder um die Sicherung der Position verletzlicher Personengruppen (Alte, Kinder, psychisch Kranke, wirtschaftlich Schwache, Fremdsprachige), sobald diese vor Gericht auftreten. Die Qualität eines Rechtssystems bemisst sich unter anderem am Umgang der Gerichtsbarkeit und Rechtsberufe mit diesen verletzlichen Personengruppen. Dabei ändern sich die gesellschaftlichen Vorstellungen rasch. Hielt man es jahrhundertelang für das Beste der Kinder, wenn alle Verantwortung bei den Eltern liegt, so werden die Kinder seit wenigen Jahren als eigenständige Verfahrenspartei gesehen, denen möglichst frühzeitig Gehör zu geben ist. Die Empfehlungen von Europarat und EU zu einer kindergerechten Justiz stellen enorme Anforderungen an die Justizpolitik.

Der Justiz fehlt das ausformulierte Unternehmensziel, wie es große Organisationseinheiten üblicherweise haben und was bei Personalauswahl und Aus- und Fortbildung eine wichtige Rolle spielt. Die österreichische Polizei etwa hat sich schon vor vielen Jahren als größte Menschenrechtsorganisation des Landes definiert und an der Umsetzung dieses Gedankens im ambitionierten Projekt „Polizei.Macht.Menschen.Rechte" unter Beiziehung externer Expertinnen und Experten gearbeitet. Auch der Polizei gelingt nicht alles, aber ihr Ziel hat sie einmal klar definiert.

Die Unabhängigkeit der Rechtsprechung ist ein zentraler Baustein des Rechtsstaates und einer demokratischen Gesellschaftsordnung. Die Stärkung dieser Unabhängigkeit einzufordern ist wichtig und legitim. Vor allem die richterliche Berufsvertretung (ein Begriff, der endlich die altertümliche Bezeichnung Standesvertretung ablösen sollte) ist gefordert, die Unabhängigkeit verstärkt dahingehend zu kommunizieren, dass es nicht nur um die unabhängige Position und Unversetzbarkeit des einzelnen Richters und der einzelnen Richterin geht, sondern vor allem um die Unabhängigkeit des Rechtsprechungssystems, eben darum, den Bürgerinnen und Bürgern einen gleichen Zugang zum Recht ohne Unterschied ihres Bildungs- oder finanziellen Hintergrunds zu garantieren. Unabhängigkeit ist also kein Selbstzweck, sondern vor allem als Garantie eines fairen und gleichen Verfahrens für alle Menschen zu verstehen. Die Unabhängigkeit ist daher auch eine Verpflichtung der Justiz und der Richterinnen und Richter gegenüber der Bevölkerung. In Artikel II der 2007 verabschiedeten Ethikerklärung der Richtervereinigung heißt es folgerichtig: „Richterliche Unabhängigkeit dient dem Schutz der rechtsuchenden Menschen und darf niemals als Vorwand für Willkür oder geistig oder sozial abgehobenes Verhalten missbraucht werden." Dieses Verständnis der richterlichen Unabhängigkeit als Recht der Bevölkerung muss mit Leben erfüllt werden. Der einfache Zugang zu Gerichtsverfahren beginnt bei der baulichen und für den Internetauftritt notwendigen Barrierefreiheit und reicht über Vorgaben für die Dolmetschung bis hin zu den Gerichtsgebühren. Österreich hat den höchsten Kostendeckungsgrad aller europäischen Justizsysteme – ein Warnsignal, keine Erfolgsmeldung.

Qualitätssprünge in der hoch entwickelten österreichischen Justiz sind ohne mehr zentrale Steuerung nicht denkbar. Das kann man im Personalsektor gut beobachten. Ein paar Jahre lang fehlen Staatsanwältinnen und Staatsanwälte, dann wieder Familienrichterinnen und Familienrichter. Hier gilt es, durch mehr Analyse und Steuerung den mutmaßlichen Personalbedarf in den einzelnen Sparten zu planen und bei der Auswahl unter den Bewerberinnen und Bewerbern besser auf die spezifische Qualifikation zu achten. So lässt die Zusatzqualifikation Wirtschaftsstudium erwarten, dass sich die unter diesem Aspekt ausgewählten Personen für eine Tätigkeit im Unternehmensrecht sowie im Wirtschaftsstrafrecht interessieren, während für den Familienrechtsbereich eher Zusatzqualifikationen aus dem Bereich Mediation, Psychologie oder Sozialarbeit interessant sind.

Das Aufnahmeverfahren für den Justizdienst bietet sich als zentrales Feld künftiger Reformen an. So wie in Europa im Polizeibereich schon lange zentrale Sicherheitsakademien Standard sind, so hat sich auch in den Justizsystemen eine Struktur mit zentralen Justizakademien durchgesetzt. Nahezu alle Staaten verfügen über eine solche Akademie; in Österreich fehlt sie nach wie vor. Eine zentrale Justizakademie bietet die Möglichkeit eines transparenten, gleichen Aufnahmeverfahrens für das gesamte Bundesgebiet und die Chance, die Grundausbildung nach modernsten didaktischen Konzepten als Postgraduate-Ausbildung auszugestalten. Interdisziplinäre Konzepte lassen sich so ebenfalls besser umsetzen.

Spezialisierungen in Grundausbildung und Fortbildung könnten in neuen Bahnen erfolgen. Schwierigkeiten bei der Bekämpfung der Wirtschaftskriminalität und bei der Abwicklung der zivilrechtlichen Anlegerprozesse haben zuletzt eine Fixierung auf die Wirtschaftskompetenz ausgelöst. Das Konzept der Masterlehrgänge und externen Praktika, das für die im Wirtschaftsrecht tätigen Justizorgane umgesetzt wurde, ließe sich im nächsten Schritt auf andere Sparten wie das Familienrecht übertragen. Gerichtsbarkeit benötigt in vielen Feldern hohe Kompetenz in Fragen der sozialen Zusammenhänge oder der Kommunikation mit Menschen in Krisensituationen. Familienrecht, Unterbringungsrecht, Strafvollzug und Erwachsenenschutzrecht erfordern ebenso eine spezielle Ausbildung wie das Wirtschafts(straf)recht. Aus Gründen der Mitarbeitermotivation sollten alle diese Ausbildungen auf demselben Niveau (gleiche Module oder Masterlehrgänge) angeboten und durch eine Ausbildungsverpflichtung ergänzt werden. Moderne Regelungsbereiche wie das Opferschutzrecht oder das Recht der Verbandsverantwortlichkeit stoßen auch deshalb in der Praxis auf Umsetzungsschwierigkeiten, weil keine allgemeine Fortbildungspflicht besteht. Zukunftsweisend wäre es, künftigen Familienrichterinnen und -richtern die Gelegenheit zu geben oder die Verpflichtung aufzuerlegen, Praktika bei Jugendämtern, bei psychiatrischen Einrichtungen, beim Arbeitsmarktservice, in Schulen, bei der Caritas, in Jugendwohngemeinschaften oder bei der Flüchtlingshilfe zu absolvieren. Der Abschluss der speziellen Ausbildung könnte, ähnlich dem Facharztsystem in der Medizin, die Voraussetzung für eine Tätigkeit in Rechtsprechungsbereichen bilden, die besondere Kompetenzen verlangen.

Weitere Systemumstellungen könnten in die Überlegungen einbezogen werden: Derzeit erfolgt die Auswahl von Bewerberinnen und Bewerbern für das Richteramt nach relativ kurzer, nur einige Monate langer Beobachtung. In Österreich werden Menschen sehr jung zu Richterinnen und Richtern ernannt. Einmal ausgewählte Personen verbleiben dann ein Leben lang im Personalstand. Es wäre zu überlegen, von Haus aus mehr Personen in den richterlichen Vorbereitungsdienst aufzunehmen und dann nach einer zwei- bis dreijährigen Beobachtungszeit nur die Besten als Richterinnen und Richter aufzunehmen.

Eine stärkere strukturelle Einbindung externer Personen in den Justizbetrieb scheint notwendig. Sie könnte der Justiz neue Impulse liefern und das gegenseitige Verständnis der (Rechts-)Berufe fördern. Als Mittel dazu ist der (allenfalls befristete) Wechsel von der Anwaltschaft oder Universität ins Richteramt denkbar. Dies würde sich insbesondere für die Senatsgerichtsbarkeit anbieten. Ähnliche Modelle kommen für die Justizverwaltung infrage, etwa die Öffnung der richterlichen Personalsenate für externe Mitglieder aus Anwaltschaft oder auch für Organisationsfachpersonal.

Qualitätserhöhungen lassen sich auch in der Justizverwaltung vor allem durch die Beiziehung externer Expertinnen und Experten erzielen. Eine gewisse Form der Betriebsblindheit stellt sich schnell ein, und externe Inputs ermöglichen es, eingefahrene Abläufe zu hinterfragen, aufzubrechen und Korrekturen vorzunehmen. Der Einsatz externer Fachleute bietet sich vor allem für die Öffentlichkeitsarbeit, bei den Justizombudsstellen und in Budget-, EDV- und Gebäudefragen an. Der Verzicht auf interdisziplinäre Teams hat dazu geführt, dass die Justizverwaltung in den genannten Bereichen den Anschluss an andere Bereiche der öffentlichen Verwaltung, etwa an die Universitäten, verloren hat.

In den letzten Jahren werden immer mehr administrative Tätigkeiten auf Richterinnen und Staatsanwälte übertragen. Sie prüfen die Honorarnoten von Dolmetschenden, sie sehen die Kostenabrechnung von Drogentherapieeinrichtungen durch und nehmen die Addition der einzelnen Posten vor.

Jeden Monat verbringen Richterinnen und Richter in Summe Stunden mit telefonischen Anfragen bei potenziellen Erwachsenenvertretern, Dolmetschenden und Sachverständigen. Alle diese Tätigkeiten sind inhaltlich klassische Sekretariatsaufgaben. Ihre Wahrnehmung durch hochqualifizierte Rechtsprechungsorgane bedeutet einen unvernünftigen Mitteleinsatz und hat bei dem Ausmaß, den sie mittlerweile annehmen, demotivierende Wirkung. Die Gerichtskanzleien arbeiten in den seltensten Fällen wie ein Sekretariat; sie werden dafür auch nicht ausgebildet. In der Regel erledigen sie die streng umrissenen Kanzleiaufgaben. Die Zukunft kann nur darin bestehen, Richterinnen, Richtern, Staatsanwältinnen und Staatsanwälten jeweils ein Sekretariat bzw. Assistenzteam beizugeben. Die Einheiten müssten sich als Teams verstehen, in denen die Entscheidungsorgane Aufgaben an ein Sekretariat delegieren können. Das verlangt auch ein wesentlich breiteres und forderndes Fortbildungsangebot für das nicht akademische Justizpersonal. Die Motivation würde in einem solchen System auf beiden Seiten steigen, denn derzeit erfährt gerade auch das Personal in den Kanzleien zu wenig Wertschätzung.

Die Europäisierung bringt auch für die richterliche Aus- und Fortbildung wertvolle Impulse. Ein- und zweiwöchige Austauschaufenthalte von Richtern wie Staatsanwältinnen innerhalb Europas sind zu einer Erfolgsgeschichte geworden wie einst die ersten Austauschprogramme für Studierende. Der Europarat wiederum bemüht sich um die Harmonisierung der Grundrechtsschulung der europäischen Rechtsberufe. Innerhalb der EU gibt es erste Tendenzen, gesamteuropäische Konzepte für die richterliche Grundausbildung zu entwickeln. Diskutiert wird die Ausarbeitung von Standards für die nicht-juristischen Teile der richterlichen Grundausbildung: etwa zur Vermittlung von Kenntnissen für das Management von Großverfahren und für den Umgang mit Medien und von Grundkenntnissen anderer bei Gericht häufig benötigter Disziplinen. Zudem geht es um berufsethische Fragen, Sprachkenntnisse und um eine Vertiefung des Europarechts.

Diese neuen Ansätze zeigen, dass ein von Dialog, Diskurs und Kommunikation auf Augenhöhe angelegtes Berufsbild von der jungen Generation als selbstverständlich angenommen wird. Auf eine breite Basis gestellt, haben diese Initiativen das Potenzial, eine neue Kultur in den Gerichten und Staatsanwaltschaften zu entwickeln. Von der Masse der Richterinnen und Richter erwartet niemand Heroismus. Zu Bestimmtheit, Empathie und Zugewandtheit zum Menschen verpflichtet die richterliche Unabhängigkeit allemal. Seit der von Justizministerin Maria Berger angeregten Dienstrechtsnovelle 2008 sieht das Gesetz vor, dass Richterinnen und Richter „die uneingeschränkte persönliche und fachliche Eignung einschließlich der erforderlichen sozialen Fähigkeiten" aufweisen müssen. Die von den Oberlandesgerichten zu organisierenden Ausbildungskurse müssen nun auch die „sozialen Fähigkeiten (zB Kritik-, Konflikt-, Kommunikations- und Teamfähigkeit) stärken". Darüber hinaus ist im Gesetz festgeschrieben, dass den künftigen Richterinnen und Staatsanwälten im Rahmen von Kursen, Seminaren, Exkursionen und Übungen auch Gelegenheit gegeben werden muss, Kenntnisse „für das Verhalten im Parteienverkehr, der Kommunikation, des Konflikt- und Zeitmanagements" zu erwerben. Damit hat der Gesetzgeber die sozialen Kompetenzen zu zentralen Kriterien bei Auswahl, Ausbildung und der Dienstbeschreibung von Justizorganen gemacht und folgt dem schon beschriebenen Ansatz eines neuen Humanismus, wie ihn die französische Justizakademie École nationale de la magistrature (ENM) betont. Justizakademien jüngerer Demokratien wie etwa jene Rumäniens folgen einem ähnlichen Gedanken.

THESE 10

UM DEN BERECHTIGTEN ERWARTUNGEN DER BEVÖLKERUNG ZU ENTSPRECHEN, MUSS DIE JUSTIZ EINE VÖLLIGE ÄNDERUNG IHRER UNTERNEHMENS- UND KOMMUNIKATIONSKULTUR ANSTREBEN.

Die Vorstellungen der Öffentlichkeit von Justiz sind einem laufenden Wandel unterworfen.

Die Arbeit von Gerichten und Staatsanwaltschaften ist heute eine völlig andere als vor fünfzig oder zwanzig Jahren. Die Ansprüche an ein faires Verfahren sind gestiegen. Rechtsanwaltschaft und Bevölkerung treten vor Gericht selbstbewusster auf. Die Aufgabe der Richterinnen und Richter hat sich verändert.

Personalauswahl:

Die nächste Generation von Richterinnen und Richtern sollte bunter sein und die Zusammensetzung der Bevölkerung besser widerspiegeln. Anzustreben wäre mehr Mobilität und ein häufigerer und einfacherer Wechsel zwischen verschiedenen Rechtsberufen. Bei der Personalauswahl ist es zukunftsweisend, kommunikativen und sozialen Fähigkeiten mehr Augenmerk zu schenken. Empathiefähigkeit und die Bereitschaft zuzuhören sind zentrale Kompetenzen von Richterinnen und Richtern, Staatsanwältinnen und Staatsanwälten.

Der nötige Paradigmenwechsel sollte im Zusammenwirken mit den rechtswissenschaftlichen Fakultäten der Universitäten erfolgen. Der juristische Nachwuchs sollte vom Beginn des Studiums an völlig anders ausgebildet werden. Durch die Entwicklung von Kreativität, besseren kommunikativen Kompetenzen, von mehr kritischem Denken und mehr politischem Bewusstsein. Eine leicht verständliche Sprache muss vom Beginn der Ausbildung an als hoher Wert vermittelt werden.

Die Justizausbildung benötigt eine Justizakademie, um einen Qualitätssprung zu machen. Eine ressourcenmäßig ordentlich ausgestattete Akademie könnte bisherige Mankos in Personalauswahl und Ausbildung beim Justizpersonal ausgleichen: Sie könnte eine Diversity- und Didaktikstrategie entwickeln, die Gesellschaft durch die gezielte Anwerbung von Menschen mit Migrationshintergrund oder mit einer Behinderung im Justizpersonal besser abbilden und bisher vernachlässigten Bereichen wie politischer Bildung, Soziologie oder Psychologie/Psychiatrie Raum in der Ausbildung geben.

Höhere Durchlässigkeit und Bewegung zwischen den Rechtsberufen bringen mehr Wissen und Erfahrung in die Justiz. Maßnahmen und Strategien, die zum Wechsel zwischen Rechtsanwaltschaft und Richterberuf motivieren, sind hier notwendig.

Zudem benötigt die Justiz mehr wissenschaftliche Studien. Zu nahezu allen Rechtsbereichen besteht wenig interdisziplinäre juristisch-soziologische Forschung. Daher mangelt es in zentralen Feldern wie dem Familen- und Strafrecht an gesicherten Grundlagen und Daten für eine zukunftsweisende Steuerung und Weiterentwicklung.

Die Ressourcenlage der Justiz ist aktuell prekär. Es werden dringend Investitionen benötigt, um den Kanzleibereich der Gerichte zu einem modernen Sekretariatswesen weiterzuentwicklen, in dem die Teamarbeit zentral ist.

Die Digitalisierung des Justizbetriebs muss sich der modernsten Angebote bedienen; durch den Kostendruck der letzten Jahre wurde auf Systeme gesetzt, die schon bei ihrer Einführung veraltet waren. Langfristig ist das der teurere Weg.

Die Justizverwaltung benötigt mehr Flexibilität. Entsprechend ausländischen Vorbildern sollten alle Führungsfunktionen der Justiz neu ausgeschrieben werden. Bewerberinnen und Bewerber sollten sich zu einem auszuarbeitenden Leitbild bekennen müssen, das faires Verfahren, Grundrechte, Bürgernähe und Verständlichkeit in den Mittelpunkt stellt. Die

Leitungsfunktionen bei Gerichten und Staatsanwaltschaften sollten nicht mehr auf Lebenszeit, sondern befristet vergeben werden. In Öffentlichkeitsarbeit oder im EDV-Bereich sollten Fachleute mit Entscheidungsfunktionen betraut werden.

Alle Justizorgane sollten ähnlich dem Bildungs- und Gesundheitssektor regelmäßig mittels Fragebögen durch Verfahrensparteien und Anwältinnen und Anwälte evaluiert werden.

Eine neue Unternehmenskultur im Familien-, Jugendstrafrecht und Strafvollzugsrecht muss durch runde Tische, Fallkonferenzen und kurzfristig einberufene Besprechungen mit allen Beteiligten gekennzeichnet sein.

Epilog

Recht. Gerecht?

Ein Mann um die dreißig, ohne Arbeit, befindet sich in der Parkgarage eines Wiener Lebensmittelmarkts. Dort steht ein Flaschenrückgabeautomat, in den der Mann hineinkriecht. Die Öffnung ist schmal, doch dem Mann kommt nach jahrelanger Drogenabhängigkeit seine Magerkeit zustatten. Sein Vorhaben, ein paar Leerflaschen herauszuholen, scheitert dennoch. Der Mann wird von Ladendetektiven erwischt.

Ein paar Wochen später schildern die Detektive den Vorfall vor einem Wiener Bezirksgericht. Sie müssen schmunzeln. Irgendwie sei es schon schräg gewesen, wie der Mann da mit blutenden Armen auf dem Flaschenband gelegen sei. Er habe sich an den zahlreichen Scherben Arme und Beine zerschnitten. Die Detektive konnten ihn in ihrem Dienstzimmer über eine Videokamera beobachten.

Der gescheiterte Flaschendieb heißt im Gerichtssaal Angeklagter. Die Staatsanwaltschaft legt ihm versuchten Diebstahl zur Last. Der potenzielle Schaden wurde auf rund fünf Euro geschätzt, anhand der Flaschen, die sich in Reichweite des Mannes neben dem Flaschenband befanden.

Der Mann ist, wie Juristen es ausdrücken, umfassend geständig. Seine Mutter, in deren Wohnung er lebte, habe ihn an diesem Tag vor die Tür gesetzt. Er habe nicht gewusst, wohin, und auch kein Geld für Essen gehabt. Wäre das mit den Flaschen gelungen, dann hätte er sich im Markt mit dem Leergutbon eine Leberkässemmel und ein Bier gekauft. Er sei verzweifelt und hungrig gewesen, mehr könne er dazu nicht sagen. Es tue ihm leid.

Die Umstände dieses Falles sind markant, an sich ist es aber ein klassisches Beispiel einer Strafverhandlung, wie man sie täglich bei Wiener Bezirksgerichten verfolgen kann. In Westösterreich ist man großzügiger, da legen die Staatsanwaltschaften die Anzeigen zu solchen Vorfällen oft zurück. In und um Wien wird von Gesetzesbestimmungen, die mit „mangelnde Strafwürdigkeit der Tat" oder „Entwendung" überschrieben sind, kaum Gebrauch gemacht. Anders als bei prominenten Wirtschaftsverfahren gibt es keine Besprechungen hochrangiger Justizbeamter über die Richtigkeit der Anklage. Und so kommen jedes Jahr hunderte Fälle vor Gericht, in denen jemand ein Bier oder ein Fläschchen Nagellack stehlen wollte. Hat der Angeklagte Vorstrafen, so kann er für den gescheiterten Bierdiebstahl für einige Monate ins Gefängnis gehen. Gibt man diesen Angeklagten die Gelegenheit, über ihr Leben zu sprechen, bekommt man ähnliche Biografien zu hören. Oft ging der Tat ein Todesfall in der Familie voraus, der Verlust des Partners oder eines Kindes, manchmal eine Trennung, und oft sind die Angeklagten seit längerem depressiv oder in psychiatrischer Behandlung. Als Erfahrungswert lässt sich sagen: Ungefähr ein Drittel der Angeklagten, die wegen eines Ladendiebstahls oder vergleichbaren Delikts der Kleinkriminalität vor dem Bezirksgericht stehen, zeigen Symptome einer schweren psychischen Erkrankung.

Diebstahl ist strafbar, seit Jahrhunderten und in allen Teilen der Welt. Aber hat der Staat das Recht und die Aufgabe, bei Bagatelldiebstählen das Unglück dieser Menschen mit Gefängnisstrafen zu vergrößern? Was ist denn die Aufgabe des Strafrechts, und wie ist es um den Unrechtsgehalt von Taten wie jener des Leerflaschendiebs bestellt?

Das Strafrecht, so antwortet Wikipedia auf die entsprechende Google-Suche, ziele vor allem auf den Schutz bestimmter Rechtsgüter wie beispielsweise Leben und Eigentum sowie Sicherheit und Integrität des Staates und elementarer Werte des Gemeinschaftslebens ab. Das Strafrecht sanktioniert also die schwersten Verstöße gegen das gesellschaftliche Zusammenleben. Strafgesetzbücher sind in der Regel überschaubar, die vorherrschenden Delikte in Gesetz und Verhandlungssaal sind in den meisten Staaten dieselben: Mord, Raub, Sexualverbrechen, Einbrüche, Drogendelikte,

Diebstähle. Die Vielzahl anderer Gesetzesverletzungen wird als nicht so dramatisch verstanden, dass die Strafgerichte einschreiten müssten. Wer falsch parkt, wer ohne Fahrschein die U-Bahn benutzt, wer den Müll im Park ausleert oder als Wirt die Sperrstunde überzieht, kommt nicht vor den Strafrichter, sondern erhält eine Verwaltungsstrafe.

Die Verhältnismäßigkeit staatlichen Handelns ist ein Prinzip des modernen Rechtsstaats, der Gleichheitssatz ein anderes. Gleiche Sachverhalte sollen gleich behandelt werden, ungleiche ungleich. Misst man das Strafrecht an diesen Maximen, dann stellt sich – nicht nur für Österreich, sondern global – die Frage: Behandelt das Strafrecht alle gleich, handeln die Staaten verhältnismäßig? Schärfer formuliert: Ist das Strafrecht in der Aufklärung angekommen? Ist das Strafrecht konsequent beim Schutz von Gesundheit und Leben von Menschen?

Die Antwort ist einfach und lautet: Nein. Je größer und breiter die Gefährdung von Gesundheit und Menschenleben ist, umso schwächer ist der strafrechtliche Schutz. Und das liegt nicht so sehr an den Strafgesetzen als vielmehr an der Strafrechtspraxis. Weltweit lässt sich beobachten, dass Polizei und Staatsanwaltschaft mit der Verfolgung der schwerwiegendsten Kriminalität überfordert sind – es fehlt gleichermaßen an Kompetenz wie an Mut. Man verfolgt weiter das bereits seit Jahrhunderten Verfolgte. Den Zweck des Strafrechts verfehlt man auf diese Weise immer deutlicher.

Anschauliche Beispiele dafür gibt es sonder Zahl. In Kampanien, in der Gegend von Neapel und Caserta, hat die Camorra seit den 1970er-Jahren illegale Giftmülldeponien angelegt. Haus- wie Sondermüll wurde und wird dort ungesichert ausgeschüttet. Sind die Deponien voll, werden sie mit Erde bedeckt und dienen als Gemüseplantagen. Die Region hat heute die höchste Unfruchtbarkeitsrate Italiens und die meisten Autismusfälle. Die Zahl der Tumorerkrankungen hat sich allein zwischen 2008 und 2012 mehr als verdreifacht. Ärzte sprechen von einer regelrechten Epidemie von Schilddrüsenkrebs. Die Zahl der Leukämiefälle bei Kindern steigt ungebremst an, die Lebenserwartung der Menschen der Region sinkt. Der Chef des Nationalen Krebsforschungsinstituts in Neapel, Giuseppe Comella, stellte vor einiger Zeit fest, es sei eindeutig, dass die Sterblichkeitsrate der Bevölkerung in der Nähe von Müllhalden und Orten, wo heimlich Abfälle vergraben werden, höher ist als woanders. Ein Onkologe aus der Region, Antonio Marfella, berichtet, dass genau jene Krebsarten zunehmen, die auf Umwelteinflüsse zurückzuführen sind.

Das Müllproblem Kampaniens ist ein europäisches. Bereits 1997 sagte der Mafiaaussteiger Carmine Schiavone in einem parlamentarischen Untersuchungsausschuss in Rom aus, die Camorra lagere in Süditalien Giftmüll aus ganz Europa. Schiavone nannte die Namen der beteiligten Transportfirmen, er führte die Ermittler zu den illegalen Müllhalden und erzählte von Lastwagen, die aus Deutschland radioaktive Abfälle in Bleikisten angeliefert hätten. Schiavone erläuterte, wie sein Clan Anfang der Neunzigerjahre mit dem illegalen Müllgeschäft monatlich mindestens 700.000 Euro verdiente und damit Bürgermeister und Polizeibeamte schmierte.

Ernsthafte strafrechtliche Maßnahmen gab es in den knapp zwanzig Jahren seit Schiavones Aussagen nicht. Und so verwundert es wenig, dass vor wenigen Jahren in Kampanien sichergestelltes Gemüse Kadmium, Arsen und Blei in einer Konzentration aufwies, die den erlaubten Höchstwert um das 500-Fache überschritt. Unternehmer, die wissentlich verseuchte Lebensmittel vertreiben, ihre Herkunft verschleiern, sie falsch deklarieren, haben nur in den seltensten Fällen mit strafrechtlichen Sanktionen zu rechnen. Die Gefängnisse der Welt sind voll mit Einbrechern, Dieben und kleinen Drogenhändlern. Diejenigen, die Gesundheit und Leben einer Vielzahl von Menschen durch vergiftete Lebensmittel, durch illegale Rodungen oder Flussverschmutzungen gefährden oder die Kinder arbeiten lassen, sucht man in Haftanstalten vergeblich.

An den Müllverbrechen Kampaniens sind viele beteiligt, vor Ort, aber auch unter den Müllexporteuren in mehreren europäischen Staaten. Sie wissen, dass letztendlich zehn-, wenn nicht hunderttausende Menschen an den Folgen dieser Umweltverbrechen sterben werden, und sie haben dennoch wenig zu befürchten. Das ist beileibe kein italienisches Phänomen. Im westlichen Ungarn brach am 4. Oktober 2010 ein Deponiebecken der Aluminiumhütte MAL AG. Eine meterhohe ätzende Giftschlammflut wälzte sich über das Land. Zehn Menschen starben darin, 200 wurden verletzt. 350 Häuser wurden zerstört, der Schlamm verseuchte Flüsse und den Boden auf einem Gebiet in der Größe von vierzig Quadratkilometern.

2016 wurden alle 15 Angeklagten in erster Instanz freigesprochen – die Katastrophe hätte nicht vorausgesehen werden können und sei nicht auf menschliches Versagen zurückzuführen. 2017 ordnete das Berufungsgericht eine Wiederholung des Verfahrens an. 2019 kam es wieder zu erstinstanzlichen Urteilen mit einigen Schuldsprüchen. Für Sanierungsarbeiten gab die Regierung vierzig Milliarden Forint (130 Millionen Euro) öffentlicher Gelder aus.

Oder Japan: Dort sind nach neueren Expertenschätzungen als direkte Folge der Atomkatastrophe von Fukushima vom März 2011 zwischen 40.000 und 80.000 zusätzliche Krebsfälle zu erwarten, außerdem bis zu 37.000 Krebserkrankungen durch strahlenbelastete Nahrungsmittel. Allein in der Region Fukushima wurden bisher bei mehr als 55.000 Kindern Schilddrüsenzysten festgestellt, die als Vorstufe von Tumorerkrankungen gelten. Der Reaktorunfall in Fukushima wurde zudem erst nach einem Monat von der japanischen Regierung auf die Katastrophenstufe 7 gestellt, also als schwerer Unfall qualifiziert. Genauso lange hatte es im Jahr 1986 gedauert, bis der Atomunfall von Tschernobyl ebenfalls als Katastrophe der

Stufe 7 eingeordnet wurde. Regelmäßig wird die Bevölkerung bei solchen Störfällen zu spät gewarnt, und es gibt weder Konsequenzen für die Verursacher der Katastrophen noch für die Behördenvertreter, die Informationen zurückhalten. Da es keine Konsequenzen gibt, bleibt das Muster immer das gleiche. Auch der Kärntner Fall von HCB-kontaminierter Milch folgt dem bekannten Schema. Als Greenpeace die Giftbelastung der Milch im Dezember 2014 öffentlich macht, weisen Behörden und Politik zunächst jede Verantwortung zurück. Stück für Stück wurde bekannt, dass die Gefahren des Brückler-Baukalks seit 2004 im Umweltbundesamt dokumentiert sind. 2011 erging ein Entsorgungsauftrag zur Verwertung des giftstoffbelasteten Restmülls. Bereits im März 2014 wussten die Behörden von Milchproben, bei denen die HCB-Belastung deutlich über den Grenzwerten lag. Der für Lebensmittelsicherheit zuständige Behördenleiter meint nun, dass das Amtsgeheimnis eine Warnung der Bevölkerung verhindert hätte. Was für eine absurde Rechtsauslegung. Der Sachverhalt wurde angezeigt.

Die Liste der Umwelt- und Lebensmittelskandale ließe sich fortsetzen. Das Strafrecht kommt seiner Aufgabe, die Gesellschaft vor schweren Verletzungen von Eigentumsrechten und vor Gefahren für Leib und Leben zu schützen, immer weniger nach. Weltweit übt sich die Strafrechtspraxis in der Verfolgung von Kleinkriminalität, stecken Polizei und Justiz den Großteil ihrer Ressourcen in die Untersuchung von Delikten, die sich von vornherein durch einen geringen Unrechtsgehalt und geringes Gefahrenpotenzial auszeichnen. Umwelt- und Lebensmittelkriminalität bedrohen weltweit das Leben von Millionen Menschen und haben kaum ein Risiko einer strafrechtlichen Ahndung. Ähnliches gilt für viele Bereiche der Finanz- und Wirtschaftskriminalität, die manchmal Kommunen oder Länder in ihrer Existenz bedrohen oder auf einen Schlag eine Vielzahl von Anlegern um ihr Vermögen bringen. Oft verlieren tausende Menschen über Nacht durch kriminelle

Machenschaften ihre jahrzehntelang angesparten Pensionen. Vielfach ist beschrieben worden, dass die Politik die Kontrolle über das internationale Finanzkapital verloren hat. Global agierenden Konzernen gelingt es, trotz hoher Gewinne durch ausgeklügelte Konzernstrukturen und geschickte Standortwahl die Zahlung von Steuern zu vermeiden. Und genauso schaffen es manche Unternehmen, in einem weitgehend strafrechtsfreien Feld nach Belieben zu agieren.

Eine Ursache des Dilemmas liegt darin begründet, dass das Strafrecht zumeist an den Tatort im Inland anknüpft. Ein europäischer Konzern, der sich irgendwo in der Welt der Kinderarbeit bedient oder die Umwelt vergiftet, wird deshalb in Europa nicht strafrechtlich verfolgt. Das ist nicht zeitgemäß: Wirtschaftliches Handeln kennt keine Grenzen, nur die Strafverfolgung lässt sich noch durch Grenzen behindern. Schwere Vergehen europäischer Unternehmen sollten in Europa genau so verfolgt werden, als wäre die Tat in der Heimat begangen worden. Bei politischen Verbrechen ist diese Systemumstellung bereits vor einiger Zeit geglückt: Diktatoren und Völkermörder werden heute weltweit für ihre Verbrechen belangt, sie können sich nirgendwo auf der Welt sicher fühlen.

Und auch die Konsumentinnen und Konsumenten tragen ihren Teil zur verfahrenen Situation bei, sehen sie doch über Unrecht hinweg, wenn es nur weit genug von zu Hause ausgeübt wird. Kaum jemand würde in Wien ein T-Shirt kaufen, das durch Kinderarbeit in Österreich entstand. Liegt der Produktionsort im fernen Asien, so sinkt das Unrechtsempfinden mit dem Ausmaß der Entfernung. Wenn ein Produzent einen heimischen Fluss mit Abwässern verseucht, wird er auf dem österreichischen Markt recht bald Absatz- und Imageprobleme bekommen; anders, wenn die Flussverschmutzung an einer ausländischen Produktionsstätte stattfindet. Giftmüll wird ja nur deshalb aus Zentraleuropa nach Süditalien verschafft, weil die Lagerung in Ländern wie Deutschland auf den Widerstand der Bevölkerung stieße.

Die Strafrechtspraxis erklärt fehlende Erfolge bei der Bekämpfung der Finanzkriminalität oft mit der Komplexität der Materie und verweist bei der Umwelt- und Lebensmittelkriminalität auf den schwer zu belegenden Zusammenhang zwischen Schadstoffausstoß und Erkrankung. Die Argumentation hat einen wahren Kern, ist aber vor allem eine Ausrede. Es geht nämlich um den Ressourceneinsatz. Würde man ähnlich viele Personen und Geldmittel im Kampf gegen Finanz- und Umweltkriminalität einsetzen wie im Kampf gegen Ladendiebe, dann würden sich schnell ähnliche Ermittlungserfolge und Verurteilungsraten einstellen.

Das Strafrecht mit seinen vielen archaischen Elementen bedarf einer völligen Umorientierung. Wir müssen uns fragen: Ist es gerecht und effizient, Leergutdiebe zu verfolgen, die Untersuchung der Finanzkriminalität aber zu vernachlässigen? Wollen wir weiterhin Angestellte von Supermärkten belangen, wenn ein verdorbener Krapfen verkauft wurde, aber Konzernverantwortliche ungeschoren lassen, die systematisch verbotene Lebensmittelzusätze in die Nahrungskette bringen? Es ist richtig, die Ahndung der Kleinkriminalität hat Modernisierungen wie den Täter-Opfer-Ausgleich oder die Alternative der gemeinnützigen Arbeit erfahren. Seiner Aufgabe, die schwersten Störungen des gesellschaftlichen Friedens zu sanktionieren, kommt das Strafrecht nur völlig unzureichend nach. Wir sollten zumindest die Unverhältnismäßigkeit und Unzulänglichkeit des Systems im Hinterkopf haben, wenn wir die Armen und Kranken durch die Strafjustiz schleusen.